资源环境约束下战略性新兴产业与传统优势产业融合发展研究——以安徽省为例

宋马林　杜俊涛　著

科学出版社

北　京

内 容 简 介

当前，中国面临着经济转型和资源环境保护的双重压力，产业结构升级是实现经济“软着陆”和可持续发展的重要举措。在新一轮科技革命的推动下，中国传统优势产业和战略性新兴产业的发展定位，关系到国家中长期战略目标的落实。如何保持当前经济健康运行及未来经济良性发展，已成为产业结构调整与优化面临的重要问题。本书首先梳理了战略性新兴产业发展的国内外趋势，以及传统优势产业对我国经济的重要作用，认为传统优势产业和战略性新兴产业融合发展符合我国国情；其次，以安徽省为例对战略性新兴产业和传统优势产业的绿色创新能力进行评价，提出二者融合能够有效促进产业的绿色发展；最后，从产业协调发展的角度，分析了当前两种产业的融合程度及融合驱动因素，提出促进它们融合的政策建议。

本书可供与产业、资源和环境相关的政府部门管理人员、科研院所的研究人员及大中专院校师生等阅读。

图书在版编目（CIP）数据

资源环境约束下战略性新兴产业与传统优势产业融合发展研究：以安徽省为例 / 宋马林，杜俊涛著. —北京：科学出版社，2020.9

ISBN 978-7-03-059879-0

Ⅰ. ①资… Ⅱ. ①宋… ②杜… Ⅲ. ①环境资源-影响-新兴产业-产业融合-研究-安徽 ②环境资源-影响-传统产业-产业融合-研究-安徽 Ⅳ. ①F127.54

中国版本图书馆 CIP 数据核字（2018）第 285724 号

责任编辑：杭 玫/责任校对：贾娜娜
责任印制：张 伟/封面设计：无极书装

科 学 出 版 社 出版
北京东黄城根北街 16 号
邮政编码：100717
http://www.sciencep.com

北京虎彩文化传播有限公司印刷

科学出版社发行 各地新华书店经销

*

2020 年 9 月第 一 版 开本：B5（720 × 1000）
2020 年 9 月第一次印刷 印张：16
字数：318 000

定价：138.00 元

（如有印装质量问题，我社负责调换）

前　言

我国已经成为当前世界第二大经济体，在经济建设取得巨大成就的同时也蕴含着危机。生态环境破坏、人口老龄化和外资撤离等问题，导致我国经济进入“L”型增长路径，高投入低产出的发展模式使得我国难以维持“世界工厂”的地位，我国在跨越“中等收入陷阱”上遇到了较大的难题。2008 年金融危机加速了新一轮科技革命的发展，欧美、日韩等发达经济体及巴西、俄罗斯等新兴经济体将产业发展重点放在新兴产业。在此背景下，我国相继出台了战略性新兴产业（strategic emerging industry，SEI）发展决议及“中国制造 2025”，对新兴产业的培育和发展进行了重点布局。

安徽省作为战略性新兴产业重点培育基地及“中国制造 2025”重点示范基地，战略性新兴产业的发展不仅关系到安徽省的产业发展水平，也关系到我国相关产业发展战略目标的实现。然而必须认识到，安徽省产业结构不合理，产业发展水平低，传统产业仍然占据主导地位，这就要求安徽省必须实现战略性新兴产业和传统优势产业（traditional dominant industry，TDI）的有效融合发展。特别是在安徽省面临着资源环境与经济增长的双重约束下，如何促进战略性新兴产业和传统优势产业绿色发展、绿色融合、绿色创新成为安徽省产业发展需要首先解决的问题。

根据现有的产业理论，战略性新兴产业和传统优势产业之间的关系经历了产业关联、产业耦合及产业融合的发展过程，产业关联是基础，产业耦合是过渡，产业融合发展是最终结果。在产业融合发展的过程中，传统优势产业为战略性新兴产业发展提供了基础和支撑，战略性新兴产业促进了传统产业的转型升级。这一过程中除了政策、市场、要素等联系以外，最主要的驱动因素就是创新水平的提升。在资源环境压力下，安徽省要实现战略性新兴产业和传统优势产业的融合，需要将绿色创新、绿色生产和绿色产品贯穿产业融合的各个阶段，以产业融合为契机，提升安徽省产业发展的绿色水平。

本书包括八章的主要内容：第一章总结本书研究的背景、意义及现有研究成果；第二章介绍产业发展和产业融合的概念与理论，奠定全书理论基础；第三章比较分析国际上战略性新兴产业发展的趋势和特点，为安徽省产业发展提供借鉴；第四章总结安徽省战略性新兴产业和传统优势产业发展现状及互动关系；第五章对安徽省两种产业的绿色创新能力进行综合评价与实证分析；第六章采用理论与实证相结合的方法，分析安徽省两种产业耦合的机理、过程和结果；第七章分析安徽省两种产业融合的影响因素，以及产业融合以后对经济系统、绿色发展水平及产业结构的影响；第八章提出安徽省战略性新兴产业和传统优势产业融合发展的原则与措施，为安徽省产业融合提供政策建议。

本书主要以安徽省为例介绍了在资源与环境双重约束下战略性新兴产业和传统优势产业的融合发展。本书的主要特色是，基于资源与环境约束下的安徽省战略性新兴产业和传统优势产业融合这一主题，采用定性与定量相结合的方式，通过对国际战略性新兴产业部门发展情况、安徽省战略性新兴产业和传统优势产业发展现状的介绍，分析安徽省战略性新兴产业和传统优势产业融合的驱动因素、融合过程、融合因素及融合效应。

本书适合产业发展研究及资源与环境经济学等相关领域的研究人员学习，也可以作为政策部门制定产业和环境政策的参考。

本书由安徽省哲学社会科学规划项目重点项目（AHSKZ2014D001）资助，在写作过程中参考了国内外相关文献，在此表示感谢。姚成和周远翔等参与了本书的写作。

本书是关于安徽省战略性新兴产业和传统优势产业绿色创新和绿色融合的初步探讨，由于笔者水平有限，书中难免存在诸多疏漏之处，笔者真诚地恳请各位读者与同行的批评指正，期待和大家一起交流学习。

宋马林　杜俊涛
2018 年 8 月

目　录

第一章　导　论

第一节　研究背景和意义

改革开放以来，我国经济高速增长，综合国力显著提升，经济总量迅速积累并先后超过德国和日本，成为世界第二大经济体，取得了令世界瞩目的伟大成就。然而这一伟大的经济成就背后也隐藏着巨大的危机，其中最为明显的就是生态环境的破坏，以牺牲环境为代价换取经济的粗放式增长，高能源输入、高污染排放及低技术水平成为我国经济发展的主要发展特征。21 世纪以来，随着我国经济发展水平达到一定的程度，出现了人口老龄化问题加剧等一系列问题，劳动、土地和资源等消耗增加，成本上升，依靠高投入低产出的经济发展模式已经很难维持我国“世界工厂”的地位，经济增长速度下降，进入“新常态”。我国工业化和城镇化的发展也都面临着资源枯竭和环境污染加剧等多种阻碍，由此带来产业发展不协调、区域发展水平差异扩大等严峻问题，使得我国可持续发展的能力受到限制。如果不能及时地实现产业发展方式的转移，那么我国在当前的发展路径上基本难以跨越“中等收入陷阱”。

2008 年世界范围内的金融危机冲击了当前世界经济格局，加速了新一轮科技革命的发展，美国、日本、西欧等发达国家或地区开始进行未来产业布局，将产业发展的重点放在新兴产业，特别是在新能源、新材料和节能环保领域加速抢占了产业经济发展的制高点。金融危机虽然对我国经济增长总量带来的影响小于其他发达国家，但是也使得我国经济发展中的矛盾更加突出地显露出来，传统产业在金融危机的冲击下出现大规模的亏损和倒闭现象，社会失业增加，市场需求萎缩。与此同时，要素价格提升及老龄化带来的社会劳动成本升高导致大量外资企业纷纷撤离中国，将劳动力市场迁往南亚及东南亚地区，导致产业“空心化”现象严重。

金融危机的发生虽然会对我国传统产业的发展带来影响，但是归根结底造成我国当前传统产业困境的原因是粗放的经济发展方式，金融危机的冲击无非是加速了矛盾的爆发。为了应对这一冲击，同时为了我国经济的可持续发展，我国在调整传统产业的同时开始放眼未来，着手培育未来经济增长新动力的战略性新兴产业，使得我国在未来经济发展中能够跟上世界经济发展的趋势，占据产品和技术的制高点。

2010年，为了促进我国战略性新兴产业的发展，国务院及有关部门颁布了《国务院关于加快培育和发展战略性新兴产业的决定》（以下简称《决定》），对我国未来产业发展的重点方向进行了规划，划定了未来战略性新兴产业的范围包括高端装备制造业、新能源、新材料、生物技术、信息技术、新能源汽车和节能环保产业等七大行业门类。2012年，为了规范战略性新兴产业发展方向，国务院再次印发了关于战略性新兴产业发展的《“十二五”国家战略性新兴产业发展规划》（以下简称《规划》），在《规划》中明确了我国战略性新兴产业发展的主要任务和重点方向，促进了我国战略性新兴产业向新的阶段迈进。2015年召开的第十二届全国人民代表大会第三次会议再次将战略性新兴产业的发展提上日程，李克强总理在政府工作报告中提出，培育一批新兴产业成为未来的主导产业，实施战略性新兴产业发展等一批重大项目。根据相关发展规划，到2015年战略性新兴产业增加值占到国内生产总值（gross domestic product，GDP）的比例要达到8%以上，到2020年其增加值的比例需要达到了经济总量的15%左右，真正实现七大行业在国民经济中的主导地位，为我国战略性新兴产业的发展提供了基本方向，划定了基本框架，这一文件的颁布标志着战略性新兴产业的培育和发展正式上升为我国产业发展的重大国际战略。

近年来在中央和各级政府的引导和支持下，我国战略性新兴产业的发展保持了良好的增长态势，成为我国经济增长中的新亮点，为我国经济发展注入了新动力。各地区积极展开战略性新兴产业的布局和规划，促进战略性新兴产业规模的扩大，在核心技术和关键领域取得重大突破，并培育了较大一批能够带动战略性新兴产业发展的龙头企业，形成了以龙头企业为主、中小型企业创新的战略性新兴产业集群。虽然近年来在“经济新常态”背景下我国经济发展面临着较大的压力，但是战略性新兴产业的发展依然突出，保持了较高的增长速度。2015年前8个月战略性新兴产业中的规模以上重大行业对GDP的拉动达到了1.4个百分点，在全部工业收入增长中来自战略性新兴产业的贡献超过了70%，实现利润增长13.2个百分点，降低了传统产业增速下降对我国经济增长的不利影响，其经济新动力作用不断凸显。

在产业的发展过程中，东部地区在经济水平、地理位置和产业规模方面比较适应于战略性新兴产业的发展，从而使得东部地区成为战略性新兴产业培育的重点地区。中西部的工业发展时间晚于东部地区，缺乏东部地区相应完善的产业配套体系和工业化支撑，因此战略性新兴产业的发展的基础相对于东部地区更加薄弱。然而中部地区布局战略性新兴产业不仅可以带动中部地区发展，缩小与东部地区的差异，也能够优化战略性新兴产业的布局，从而切合我国对战略性新兴产业发展的战略规划。我国三次产业的布局与东中西部经济差异相吻合，在战略性新兴产业布局上不同地区战略性新兴产业的作用和发展途径各有差异，加上政策的偏向，使得各地区在战略性新兴产业布局和发展上存在鲜明的地区特征。

安徽省作为中部地区长江三角洲经济区的主要省份，在推进战略性新兴产业布局上展开了积极探索并取得了显著的成就。自2012年起，安徽省就颁布了促进战略性新兴产业发展的政策性文件——《安徽省战略性新兴产业“十二五”发展规划》，将战略性新兴产业的发展作为重要的产业布局和产业升级内容正式纳入全省发展规划中。到2023年安徽省成为国家战略性新兴产业发展试点地区，安徽省战略性新兴产业的布局和发展正式进入具体实施和加速推进阶段。

战略性新兴产业的布局和培育是我国对于未来经济发展的战略性布局，是在全球经济危机和国内经济新常态背景下提升经济增长质量的国家级战略，对我国经济发展、产业结构调整和技术进步具有重要的支撑作用。对于安徽省而言，战略性新兴产业的发展对于经济转型、产业结构升级和优化具有指导意义，是安徽省实现中部崛起和承接长江三角洲产业转移的重要举措，与此同时其在安徽省社会经济可持续发展及生态文明建设的过程中发挥了重要作用。相对于东部沿海特别是长江三角洲地区，安徽省处于工业化的中后期阶段，在经济发展过程中传统产业仍然是经济发展的主导力量，在国民经济中占据了较大的比例，战略性新兴产业在规模和实力上仍然难以同传统产业相比，传统产业对于安徽省的经济增长仍然具有举足轻重的影响。特别是安徽省处于承接长江三角洲产业转移的重要位置，对长江经济带的发展也起到重要作用，保持传统产业的优势仍然是稳定经济增长和促进就业的重要内容。而且对传统产业进行技术革新和产业升级仍然可以重塑安徽省产业的竞争力，降低产业转型成本。因此安徽省面临着培育战略性新兴产业和升级改造传统产业的双重任务。

一方面，从未来经济布局来看，安徽省战略性新兴产业的发展程度决定了安徽省整体经济力量和我国产业布局的平衡，开辟战略性新兴产业发展空间，是安徽省争夺未来产业竞争优势，成为地区经济增长极的重要措施。另一方面，从当前产业发展的角度来看，传统产业仍然是安徽省经济增长的主要力量，未来很长一段时间内在满足经济增长水平、人民生活、就业及提供战略性新兴产业工业体系，实现城镇化和工业化的过程中仍然是主导力量。从发达国家的发展规划和发展经验中不难看出，传统产业仍然占据着国民经济的重要地位，在产业升级时并不会淘汰传统产业，而更多的是利用新技术对传统产业进行升级改造，以及通过跨国公司实现产业要素和市场的转移，通过控制核心技术实现产业上游控制。安徽省的工业化和城镇化程度低于中国东部地区更低于发达国家，经济的发展必须保持持续性和良性循环，与省内及区域产业发展相协调，实现产业链的完善。

根据发达国家产业发展的现实经验可知，在任何情况下新兴产业的发展和传统产业的升级是相互促进、相辅相成的。传统产业的发展为战略性新兴产业发展提供完善的工业基础支撑，包括经济水平、要素和市场等；战略性新兴产业的发展可以带动传统产业的发展，为传统产业的升级提供技术改造。因此，促进两类产业协调发展是任何国家产业发展必须要遵循的基本规律，也是适应安徽省当前产业发展阶段的必然选择。安徽省战略性新兴产业处于发展的初期阶段，尚不足以形成产业主导优势，并且安徽省与东部沿海地区在经济水平和产业基础上存在显著差异。无论是我国与发达国家之间的竞争还是在安徽省与中东部地区之间战略性新兴产业的发展上，所有国家和地区的战略性新兴产业发展都处于初始阶段，因此在安徽省培育战略性新兴产业的同时，必须处理好传统产业和战略性新兴产业之间的关系。

基于此，本书主要围绕安徽省战略性新兴产业发展和传统产业融合展开相关研究，意在对安徽省战略性新兴产业发展和传统产业升级转型进行深入分析，探讨两种产业融合的趋势，揭示未来安徽省产业发展的方向。特别是在当前资源环境问题日益严峻的情况下，围绕传统产业发展的资源环境约束，探讨产业发展的绿色创新机制，对于促进安徽省生态文明建设和社会经济发展具有重要的指导意义。

第二节　文 献 综 述

一、战略性新兴产业发展综述

“战略性新兴产业”这一概念是我国产业发展提出来的独特概念，国外现有的研究基本都是基于新兴产业、战略产业或者主导产业展开相关研究的。

艾伯特·赫希曼（Hirschman，1982）最先提出了“战略部门”相关概念，认为这是产业关联发展程度较高时经济体系中产业的投入产出状态。保罗·克鲁格曼（Paul Krugman，2010）则对战略产业（strategic industry）部门的划分进行了研究，提出了不同的产业划分标准。在此基础上，Sturgeon（2002）在对美国新型工业组织模式进行研究时，提出技术经济范式及产业更替等相关概念，这一概念为世界多数国家进行自身战略产业的选择提供了依据。Porter（1996）则对新兴产业和传统产业的关系进行了分析，认为新兴产业很大一部分来源于传统产业的改造，是具备较高的科技含量的产业，新兴产业的发展可以提升产业整体的创新能力并可以有效地降低生产成本。一些学者对新兴产业的发展特征及如何选择新兴产业部门进行了研究，认为新兴产业关联性高、需求市场较大、发展前景较好、就业吸纳能力较高同时伴随着较高的风险性和不确定性，总体而言新兴产业具有较好的发展前景（Kremer，1993；Geels，2002；Claude-Gaudillat and Quelin，2003）。Day 等（2004）认为技术的创新是推动战略性新兴产业发展的根本动力。

战略性新兴产业包含战略产业和新兴产业两个概念的主要特征，我国战略性新兴产业的内涵与主要的发达国家和新兴经济体的“主导产业”含义基本一致。Rostow（1990）明确地界定了“主导产业”的定义和范围，认为要实现一个国家或者地区的经济持续发展，就要重点发展产业部门中的“主导部门”。随着主导产业概念的不断发展和成熟，筱原三代平（1990）的“两基准理论”成为新兴产业发展过程中所需要遵循的基本准则，“两基准理论”是产业收入弹性基准和生产率上升率基准的简称。特别是“技术经济范式”这一概念被提出并扩展到主导产业研究的相关领域，Freeman和Perez（1988）将战略产业或者主导产业的发展原因归结到技术经济范式上，认为技术经济范式决定了这些产业发展的模式和水平。Keizera等（2002）认为，一个产业能够成为主导产业必须具备较强的产业关联、发展效应及就业效应，主导产业应该是一个地区进行社会经济活动的重要核心，加强主导产业的建设和扶持可以带动区域经济水平的整体提升。

国内外关于主导产业选择方面的研究，积累了丰硕的成果。Chenery 和 Wantanabe（1958）在对于主导产业确定方面，最先使用了产业关联分析法。Kilkenny 和 Nalbarte（2002）在进行主导产业的研究过程中，基于产业关联的角度对主导产业选择的方法进行了研究。Sudaryanto（2003）则采用模糊多属性决策方法进行主导产业的选择，并将环境因素纳入指标体系，评估主导产业的环境影响。Klepper（2010）在分析硅谷和底特律两个地区产业集聚的原因时，发现产业内部可以发生演变和蜕化是新兴产业的重要特征，这一特征可以被运用到产业的选择上。

自我国 2010 年战略性新兴产业决议发布以来，国内对于战略性新兴产业的相关研究主要从以下四个方面展开。

第一，战略性新兴产业的概念和特征。王忠宏和石光（2010）认为，战略性新兴产业是具备全局性、长远性、导向性及动态性等基本特征的产业，在我国当前经济发展和产业转型过程中发挥了不可替代的重要作用。王新新（2012）以我国战略产业提出的产业和经济背景为基础，对比我国社会经济发展现状对战略性新兴产业的概念和特征进行了界定和研究。刘洪昌（2011）同样认为战略性新兴产业是具有战略性、关联性、导向性和风险性的产业，同时从创新的角度出发，认为战略性新兴产业代表了我国科技创新的需求与方向。吴传清和周勇（2010）认为战略性新兴产业具备联动性、全局性和潜导性的基本特征，同时具备了战略产业和新兴产业的主要特征。贺正楚和张蜜（2011）认为战略性新兴产业相比于主导产业、高新技术产业和支柱产业，最突出的特征是关联性、倍增性及长远性等。林学军（2012）从外部性、创新性、风险性和地域性等方面总结了战略性新兴产业的特征及对区域经济和产业结构的影响。胡大立等（2017）认为战略性新兴产业最突出的特征是创新性，其是我国产业向全球价值链高端化发展的重要路径，战略性新兴产业的发展需要技术链的驱动。

第二，关于战略性新兴产业的选择。主要集中在对于战略性新兴产业选择的基本原则和选择方法的基本研究。

首先，关于战略性新兴产业选择的相关原则。冯赫（2010）基于产业内涵的视角，认为战略性新兴产业的选择应该是新兴产业和战略性特征的交集。朱李鸣（2010）在进行优势产业的主导产业的选择时，认为最主要的五项产业基本特征是带动性、成长性、对接性、附加值和优势度。郭连强（2011）及程宇和肖文涛（2012）认为战略性新兴产业是符合科技发展趋势、区域经济状况及区域资源禀赋的产业，并且受区域内文化和要素等内部或者外部优势的影响较大。刘洪昌（2011）将战略性新兴产业的选择归纳为六项基本原则：国家意志导向、市场需求状况、可持续发展能力、技术创新水平、产业关联程度及就业吸纳能力等。敖永春和金霞（2012）认为战略性新兴产业选择最重要的五项内容分别是：综合效益水平、产业带动能力、产业可持续发展能力、技术发展水平和区域比较优势等，将战略性新兴产业的选择原则确定为产业定义和区域产业发展潜力等方面。宋德金和刘思峰（2014）从各地区战略性新兴产业选择存在的问题出发，总结了符合地区发展特色的战略性新兴产业选择的标准。于会娟和姜秉国（2016）认为选择战略性新兴产业应该遵循产业成长潜力大、综合效益好、经济和环境正外部性及技术路径明确等原则。

其次，战略性新兴产业选择的方法。贺正楚等（2010）综合利用层次分析法和模糊综合评价法，对湖南省的能源汽车等相关工业部门的选择进行了分析。贺正楚和吴艳（2011）基于 Weaver-Thomas 评价模型构建战略性新兴产业综合评价指标体系，对湖南战略性新兴产业部门的选择进行了评价。龚新蜀和李津津（2016）构建了 TOPSIS-灰色关联度模型对丝绸之路核心经济带的战略性新兴产业选择进行了评价。张敬文等（2016）基于偏最小二乘-结构方程模型（partial least square-structural equation modeling，PLS-SEM）对战略产业技术创新联盟进行了相关研究。沈孟康（2012）、熊兴华（2015）在研究广东和浙江两个地区战略性新兴产业选择时，将因子分析法引入综合评价取得了良好的评价结果。刘艳（2013）、黄海霞和张治河（2015）针对战略性新兴产业依托部门，对战略性新兴产业的集聚、资源配置、技术配置进行了研究。杨栩等（2017）以黑龙江省为例运用 DMF-AHP-EM-WT 模型进行了战略性新兴产业选择的研究。

第三，关于战略性新兴产业发展和培育的研究。李晓华和吕铁（2010）认为战略性新兴产业的发展要采取开放的发展模型，支持中小企业发展，发挥政府在创造市场需求和促进创新方面的作用，加强知识产权保护并与传统产业结合发展。林学军（2012）认为战略性新兴产业的发展最重要的是发挥政府的引导和扶持作用，针对战略性新兴产业部门制定相应的发展战略。赵玉林和石璋铭（2014）在对战略性新兴产业的资本配置效应及其影响因素等的研究中发现，现阶段制约我国战略性新兴产业发展的主要因素是资本配置效率较低，提升产业技术效率、建立市场金融机制及突破融资限制是促进我国战略性新兴产业发展的重要措施。汪涛等（2016）认为在战略性新兴产业发展的过程中可能会遇到创新过程的“失灵”问题，需要进行政策的干预，并以新能源汽车为例提出战略性新兴产业不同阶段创新失灵的干预目标和政策工具。于津平和吴小康（2016）通过理论模型研究了政府补贴对于战略产业成本的影响，结果表明在生产成本优势越明显的地区，政府对于战略性新兴产业的产业补贴率就越高，政府产业补贴可能存在逆成本优势选择现象。黄建康等（2016）以江苏省为例研究了金融支持对战略性新兴产业上市公司的影响，其认为对战略性新兴产业的扶持应该从政策性金融、资本市场、风险投资及银行信贷等方面提供全面的支持。

第四，战略性新兴产业与传统产业的关系研究。在我国当前处于工业化发展阶段的国情下，如何处理战略性新兴产业和传统产业的关系一直是研究的重点。周叔莲和裴叔平（1984）研究了传统产业和新兴产业的关系，认为需要巩固传统产业的地位，根据条件重点培育新兴产业，并强调利用新兴产业发展的技术服务于传统产业。Momaya 和 Ajitabh（2005）指出在新兴产业发展过程中，一旦忽略传统产业的发展就会对区域就业产生不利影响。Chakrabarti 和 Lester（2002）提出了传统产业和新兴产业融合发展的观点。熊勇清和李世才（2010）从耦合的角度进行分析，提出了战略性新兴产业和传统产业之间耦合的关系及内容、耦合的主要阶段及作用机制。凌江怀和胡雯蓉（2012）研究了广东省战略性新兴产业和传统优势产业上市公司的数据，发现产业规模的扩张及股权资本的配置对于战略性新兴产业的发展和经营绩效的提升起到了重要的促进作用，但是对于传统产业则恰好相反，制约了传统产业绩效的提升。孙军和高彦彦（2012）通过产业理论分析发现，传统产业和战略性新兴产业之间是一种良性互动的关系，升级改造以后的传统产业可以成为战略性新兴产业部门，战略性新兴产业的发展促进了传统产业的转型升级。陆立军和于斌斌（2012）采用进化博弈的基本理论研究了战略性新兴产业和传统产业的发展，发现这两种产业的演化路径及企业行为存在产业融合的路径。张银银和邓玲（2013）在分析文献的基础上研究发现，创新驱动是传统产业向战略性新兴产业发展的最主要的内在驱动力。熊勇清和郭杏（2014）以两部门模型和计量模型相结合为基础展开了战略性新兴产业和传统产业关联的研究，发现战略性新兴产业对传统产业的溢出效应十分明显，且存在区域差异，其认为各地区应该结合自身的特点选择战略性新兴产业部门。周远翔（2015）以安徽省战略性新兴产业和传统产业的耦合发展为基础，建立 Weaver-Thomas 模型，评价了安徽省这两种产业的耦合效果和耦合的可持续性。李少林（2015）通过对战略性新兴产业和传统产业的协同度空间效应研究，发现政府的资金支持对于这两种产业的协调发展没有显著影响，这两种产业的发展协同度形成的“双峰逼近效应”反而会倒逼政府在产业发展中的定位。孙军和高彦彦（2012）认为新兴产业的发展和传统产业升级之间不是相互矛盾的关系，而应该是一种良性互动的关系，这两种产业可以实现螺旋式上升融合发展。

黎春秋和熊勇清（2011）认为战略性新兴产业可以有效地带动传统产业发展，产生溢出效应、转换效应及联动效应。陆立军和于斌斌（2012）对战略性新兴产业与传统产业融合行为的研究发现，政府在这一过程中起到了重要的引导作用。柳光强和田文宠（2012）发现税收优惠是促进战略性新兴产业发展的重要因素。贾根良和杨威（2012）以美国新兴产业扶持为研究对象，认为我国应该借鉴美国对民族产业的支持政策和方针来支持战略性新兴产业的发展。苑清敏和赖瑾慕（2014）分析了传统产业与战略性新兴产业的耦合关联性，认为两者之间存在动态的耦合演化趋势。王宇和刘志彪（2013）在一般均衡的框架下分析了政府补贴对于新兴产业和传统产业发展的影响，发现两个产业之间存在双向知识溢出，政府对这两种产业的补贴需要考虑产业发展与融合状态，对不同阶段采取不同的补贴措施。梁威和刘满凤（2017）认为战略性新兴产业和传统产业之间需要协调发展，通过构建产业耦合模型，显示我国各地区产业耦合水平差异较大，因此需要建立战略性新兴产业和传统产业发展协调机制。梁军和赵方圆（2016）研究了新兴产业和传统产业的相互影响，发现城市化水平、产业集聚及研发投入等对于两种产业互动的影响存在显著的区域差异。陈晓永和张会平（2013）通过博弈矩阵分析研究战略性新兴产业和传统产业之间的进化策略，发现博弈结果取决于收益差异，两种产业之间存在着非线性递增关系。王小明（2016）认为传统优势产业和战略性新兴产业之间的融合可以划分为三种状况：清晰状态、模糊状态及均衡状态，两种产业从边界清晰到融合发展。

二、绿色创新综述

对于“绿色创新”，当前尚没有统一的概念界定，一般被称为“环境创新”、“生态创新”或者“可持续创新”等（Schiederig et al.，2011）。部分学者更加倾向于使用诸如环境创新或者生态创新的概念，虽然表述有所不同，但是学者们将这些定义都视作相同的概念来解读（Thomas et al.，2007）。本书将统一使用“绿色创新”，并对相关研究成果进行综述。

（1）对于绿色创新的概念界定研究。Fussler 和 James（1996）首次提出了绿色创新的基本理论，指出所谓的绿色创新是指既能创造价值又能有效地降低生态环境污染的新产品或者服务的生产过程。以此为基础，Hemmelskamp（1997）指出绿色创新是能够减少环境污染和生态破坏问题的创新。Klemmer 等（1999）认为绿色创新是为了能够保持生态环境的可持续性和有效减轻对资源环境的破坏，而进行的产品和工艺创新。Bcisc 和 Rcnnings（2003）将能够降低环境消极破坏的活动都归结为绿色创新的范畴。Huber（2004）认为绿色创新的本质是创新，运用新技术来减少生产过程中的环境污染，使得产品生产过程更加清洁和高效。Chen 等（2006）认为绿色创新包括绿色工艺和绿色产品两个方面，涉及产品设计、资源节约、减少污染和废物利用等多个环节的技术创新。Oltra 和 Jean（2009）从更为宏观的角度认为，绿色创新是指促进资源环境可持续发展的技术和实践创新。Carrillo-Hermosilla 等（2013）认为凡是涉及环保能力提升或者减少环境破坏的行为都可以归结为绿色创新范畴。

应瑞瑶和周力（2009）认为绿色创新包含一切可以促进经济、能源与环境协调发展的创新性或者创造性活动。周力（2010）认为绿色创新主要体现在资源节约、污染减排等方面，绿色创新可以定义为通过对产品、技术或者观念的创新实现企业与经济环境系统协调的创新活动。焦俊和李垣（2011）认为可持续发展是绿色创新活动的基本前提，绿色创新是以产品的绿色功能和绿色品质为目标的经济、环境协调发展的系统工程。张钢和张小军（2011）、张小军（2012）认为可以将绿色创新归纳为引入环境绩效并减少环境污染的经济发展体系。聂爱云和何小钢（2012）则认为绿色创新的本质是能够提高经济和环境绩效的创新活动，能够有效地减少资源消耗和生态环境破坏的风险与危害。付帼等（2016）认为绿色创新是一个全局发展的概念，主要用于解决经济与环境的协调发展、人与自然的协调发展问题。宋马林等（2010）认为绿色创新是一个包含环境污染"非期望产出"最小化和经济发展"期望产出"最大化的经济环境协调发展系统。

（2）绿色创新影响因素的探讨。Cleff和Rennings（1999）采用多变量分析法分析企业调查数据时发现，绿色产品创新受到战略性市场目标的重要影响，"软调控"对于绿色创新水平的提升具有显著的影响。Brunnermeier和Cohen（2003）通过分析美国制造业产业，发现污染减排支出的增加导致企业申请更多的环境专利，这虽然提升了绿色创新水平，但是片面地增强当前环境规制强度并不会带来直接的绿色创新能力提升。Segura-Bonilla（2003）认为绿色创新实际上创造了更多的价值，绿色创新能力促进了经济发展水平的提升，但是绿色创新的实现依赖于创新体系的支撑。de Vries和Withagen（2005）以环境专利申请量作为绿色创新的指标变量进行研究，发现企业污染排放数量增加会迫使政府出台更为严格的环境限制，从而影响企业的绿色创新行为，绿色创新实际上与环境强度存在正相关关系。Rehfeld等（2007）以德国制造业企业为研究样本，发现环境管理体制、技术推动及市场因素等对于企业的绿色创新行为具有明显的促进作用，但是经济因素却明显地阻碍了德国制造业企业绿色创新水平的提升。Eiadat等（2008）发现企业的绿色创新水平与企业经营绩效之间存在着密切的关联。Kammerer（2009）在研究德国家电制造业企业绿色创新问题时，发现消费者利益是推动绿色创新和绿色产品生产的重要因素。Qi等（2010）分析了建筑行业的绿色创新，认为企业规模和环境规制是建筑行业绿色创新的重要影响因素。Demirel和Kesidou（2011）从企业调查的数据入手，发现外部政策工具和企业内部因素有效地促进了企业的绿色创新，企业的机器生产促进了污染控制和清洁生产技术的发展，而环境规制促进了环境技术的研发和污染控制。Shu等（2016）研究了中国绿色管理对企业绿色创新的影响，发现对于较为激进的绿色创新活动，政府在这一过程中起到了十分关键的调节促进作用。Song和Wang（2015）将生产“拥挤”（production “congestion”）纳入环境效率评估中，发现虽然生产性技术变革无法缓解生产拥挤，但是绿色技术变革可以通过提高环境效率来改善环境拥挤状况。

Journal（2016）研究了经济合作与发展组织 30 年的专利数据，发现行业层面的能源价格影响了绿色创新，计量结果显示能源价格上涨 10%导致绿色创新数量增加约 3.4%。Kong 等（2016）以中国 198 家制造业企业为例，分析了先进制造业如何影响绿色创新，发现设计和内部环境协作是影响制造业绿色创新的两个重要维度。Dawson 等（2015）研究发现绿色农业创新可以推动非洲地区农业增长，并有效地减少贫困问题。Song 和 Zheng（2016）研究安徽省热电企业时发现，绿色技术的引进是提升企业能源利用效率的关键。

国内学者也对相关问题展开了深入的分析和研究。刘文辉（2009）从人力资本的角度，阐述了绿色人才在绿色创新中的重要作用。甄志勇和毕克新（2011）以黑龙江绿色制造业为例，分析了地方政府政策对绿色创新行为的引导和促进作用。毕克新等（2014）以制造业绿色创新为例进行研究，发现创新资源特别是外商直接投资（foreign direct investment，FDI）极大地促进了制造业绿色创新行为的发生和成果。王宇露和江华（2012）将企业绿色创新的动机归结为企业面临的外部环境行为，如政府的环境规制或者居民的环保诉求等。张钢和张小军（2014）将企业创新的动机归结为预期经济收益、冗余资源及利益相关者的外部压力等三个方面。王洪波等（2017）从微观的企业视角进行分析，认为绿色创新与首席执行官（Chief Executive Officer，CEO）的调节焦点具有重要关联。马媛等（2016）从外部商业环境的角度分析了其对绿色创新的影响，认为外部网络支撑、政策预期、管理者感知、利益相关者压力和创新不确定性五个因素构成了影响资源型企业绿色创新的驱动因素。宋马林和金培振（2016）将微观与宏观相结合研究我国地方保护导致的资源错配，发现以市场分割为表现的地方保护导致了资源错配的发生，由此产生了环境福利损失。减少地方保护是提升区域绿色创新和环境绩效的重要措施。

三、文献评述

通过对传统产业和战略性新兴产业的相关研究的总结，可以看出国内外学者对战略性新兴产业和传统优势产业的融合的研究取得了丰硕的成果，从不同角度分析了战略性新兴产业的培育发展及传统优势产业的升级转型，形成了一批具有较高学术价值和应用价值的文献，也为本书的相关研究提供了思想、方法和内容等多方面的借鉴。通过梳理相关文献发现，战略性新兴产业是我国提出的新概念，国际上的相关研究较少，我国也是在近几年开始对这一概念进行集中研究，大多数以政策性研究和定性分析为主，这是因为对产业缺乏明确的界定，战略性新兴产业提出时间短，数据积累少。在传统优势产业和战略性新兴产业的相关研究中，学者们达成的一致观点是战略性新兴产业的发展和传统优势产业的升级应该是相互协调和相互促进的，不可偏颇其一。但是对于两种产业融合程度、融合机理、融合影响因素及融合带来的影响等方面的研究较为薄弱，缺乏理论和实证层面的深入剖析。从当前研究的现状来看，这两种产业发展的统计数据较少，缺乏针对我国的实证研究，因此结合我国国情进行合理的定量分析十分关键。

上述研究从不同方面对战略性新兴产业和传统优势产业融合发展进行了分析，取得了一定的成效。但是，考察具有安徽区域特征的两者间的关联和作用机理，依然是一个值得深入研究的课题。尤其是尚未发现反映生态文明水平的资源环境因素被纳入相关研究中，这将不利于两种产业的融合发展，也最终会制约经济社会整体的可持续发展。本书立足于安徽省传统产业和战略性新兴产业耦合机制、耦合驱动因素和耦合影响等层面展开研究，为安徽省乃至国家层面进行战略性新兴产业布局与传统产业融合提供良好的理论和技术支撑。

第三节　研究思路和内容

一、研究内容和研究思路

本书的主要内容是研究资源环境约束下安徽省战略性新兴产业和传统优势产业融合发展，主要从以下方面进行阐述。

第一，已有研究成果的梳理。本书以第一章介绍了安徽省战略性新兴产业和传统优势产业融合的背景、意义。对已有的研究取得的成就和不足进行梳理，得到本书的创新之处。另外介绍了本书的研究方法、研究思路和本书的整体框架。

第二，概念和理论分析。战略性新兴产业是我国重点发展的新兴产业，第二章对战略性新兴产业和传统优势产业的含义、内容进行了界定。并结合相关经济理论为本书奠定理论基础。产业结构演变理论证明，制造业的高端化发展是产业转变的必然趋势，战略性新兴产业是对传统产业的升级和突破；区域分工理论借鉴了绝对优势理论、比较优势理论（也称相对优势理论）和产业集聚理论，分析在当前国际分工背景下发展战略性新兴产业是必然选择；发展阶段理论立足于我国尚处于产业发展阶段，是新兴工业化国家，技术力量和比较优势都要弱于发达国家，战略性新兴产业获得发展并与我国传统优势产业相互融合，符合我国发展中的制度条件和经济条件，是我国获取比较优势、战略优势的重要内容。

第三，现状分析。本书以第三章和第四章为主要内容对战略性新兴产业发展、战略性新兴产业和传统优势产业融合的现状进行分析。首先，总结当前国际上战略性新兴产业发展的基本趋势，从分行业和分区域角度分析发达国家和新兴经济体的战略性新兴产业发展经验，总结战略性新兴产业发展的产业政策和产业特点。其次，对安徽省战略性新兴产业和传统优势产业发展的特点进行总结。最后，分析了安徽省战略性新兴产业发展的优势、传统产业发展的现状及两种产业之间的互动关系。

第四，绿色创新能力评价。本部分以第五章为主要内容，构建在资源与环境约束下安徽省战略性新兴产业绿色评价模型，分析安徽省当前战略性新兴产业绿色发展的动态变化。研究在资源与环境约束下战略性新兴产业发展的阶段特征，为安徽省战略性新兴产业发展和其传统优势产业融合提供政策基础。

第五，产业融合机理与实证分析。本部分集中在第六章。首先分析了安徽省当前产业融合的容积、动因及作用机制。其次采用耦合协调度模型对安徽省分行业、分地区的战略性新兴产业和传统优势产业融合进行分析。最后总结安徽省产业融合的基本特征，为安徽省两种产业进一步融合提供建议。

第六，产业融合的影响因素和影响效应。本部分从两个层面进行分析：首先，从战略性新兴产业和传统优势产业融合的影响因素分析，分析了资本、劳动力、对外开放水平等对于安徽省两种产业融合的影响。界定产业融合的主要驱动因素，为政府引导两种产业融合并制定合理政策提供依据。其次，分别分析了两种产业融合对安徽省经济增长、绿色全要素生产率和产业结构的影响。战略性新兴产业和传统优势产业的融合需要考虑经济、资源环境和产业转换等方面的约束，在这一路径下结合产业融合的空间效应，对两种产业的融合效果及未来趋势进行实证检验。

第七，在当前我国大力发展战略性新兴产业的政策引导下，结合安徽省产业发展、经济水平和资源环境约束等实际情况，提出促进安徽省战略性新兴产业和传统优势产业发展的政策建议。从产业融合的原则、定位和支撑体系几个层面建立完整的产业支撑发展体系。明确了产业发展战略、政府角色、企业定位等，为安徽省战略性新兴产业和传统优势产业建立有序融合提供支撑。

二、主要观点和创新之处

（一）重点和难点

本书在梳理相关文献的基础上，试图分析在资源与环境约束下的传统优势产业和战略性新兴产业融合发展的演化路径、结果、影响，最终给出相关的政策建议。本书拟突破的重点和难点主要体现在以下几个方面。

重点：①准确把握在资源与环境约束下传统优势产业与战略性新兴产业发展的互动演化机制及演化路径并加以合理引导；②战略性新兴产业和传统优势产业融合发展的关键节点、对融合的路径影响，以及其对生态效率的影响；③政府在融合发展中的定位及考虑非期望产出的政策效果评价指标体系的构建。

难点：笔者将从理论与实证入手，分别研究安徽省传统优势产业和战略性新兴产业融合发展的演进路径，这对引导产业可持续发展具有重大意义。而识别影响演进路径的关键因素和关键环节是本研究的难点。由于战略性新兴产业与传统优势产业没有统一细分产业指标，在不同发展阶段界限也会发生变化，建立考虑非期望产出的合理的耦合评价体系及政策效果评价指标有一定的难度。

（二）主要观点

本书的主要观点包括以下几个方面。

第一，传统优势产业和战略性新兴产业需要在资源与环境约束下融合发展，协同共赢。

第二，传统优势产业当前仍需继续巩固并积极借助战略性新兴产业的技术创新加快转型升级，传统优势产业将为战略性新兴产业的发展提供市场、资金、平台等，支持并促进战略性新兴产业的发展。

第三，传统优势产业升级成功后也可以是战略性新兴产业，而具有较高的生态效率是战略性新兴产业最终发展成为优势产业的关键因素之一。

第四，政府应当通过财政、税收、金融、人才引进、公共信息平台等政策扶持手段引导、促进传统产业和战略性新兴产业绿色环保可持续融合发展。

（三）主要对策建议或理论创新之处

第一，揭示在资源与环境约束下传统产业与新兴产业在发展过程中直接和间接相互影响的机理、途径与适应机制。

第二，基于生态效率的视角，检验安徽省传统优势产业和战略性新兴产业的融合发展路径选择及关键影响因素，明确这些因素对路径选择的重大影响，揭示传统产业与新兴产业之间社会经济空间动态互动的数量关系。

第三，完善产业经济学的演化-发展理论体系，厘清在资源与环境约束下各个产业经济系统动态耦合互动关系。通过跨学科的理论与实证研究，采用计量经济模型分析系统之间的关系，建立这两类产业融合发展的关联度、持续性、融合度、融合效果评价模型。

第四，模拟各种发展情景的成本与效益，为安徽省制定相关产业发展政策提供科学依据。

第二章　战略性新兴产业发展理论研究

本章主要对安徽省战略性新兴产业发展及其与传统优势产业的融合进行理论分析，奠定全书的理论基础。第一，对战略性新兴产业和传统优势产业的概念进行界定；第二，结合产业结构演变理论说明战略性新兴产业发展的必然性和我国战略性新兴产业发展的科学性；第三，以区域分工理论为依据说明如何构建区域战略性新兴产业发展比较优势；第四，以发展阶段理论说明战略性新兴产业和传统优势产业融合的必要性。

第一节　相关概念界定

一、战略性新兴产业定义

（一）相关产业概念

战略性新兴产业是我国在2008年金融危机以后提出的概念，是适应我国国情的特有概念，国外相关文献较少涉及这一概念，其主要包含“新兴产业”和“战略产业”两个层面的含义，是指虽然在我国经济增长和国民经济发展中具有重要地位但是目前尚未形成一定规模，在未来一段时间内重点培育的潜在主导产业。2009年，时任副总理李克强在我国财政支持新兴产业发展的座谈会上，首次提出了战略性新兴产业这一概念，提出未来战略性新兴产业是我国经济的新增长点，是促进我国经济平稳较快发展潜在的主要产业动力之一，这是我国首次从国家层面提出这一概念。之后“战略性新兴产业”作为官方概念出现在各主要官方媒体，我国出台了一系列政策法规以促进战略性新兴产业发展，形成了完整的战略性新兴产业发展框架。

与战略性新兴产业相关的产业概念众多，如主导产业、先导产业、战略产业及新兴产业等，战略性新兴产业与这些产业密切关联却又有不同的内涵。

主导产业是在国民经济中占据主要地位，对一个国家或者地区的经济发展具有绝对支撑作用的产业，主导产业的产出占据了国民产业部门产出的绝大部分。一个国家或者地区的主导产业的形成与本国家或者本地区的发展战略和资源区位优势密切关联，同时关系到本地区未来产业的发展方向。能够形成主导产业的地区一般具有自身的禀赋优势，为其他行业的发展提供动力。一般在进行主导产业研究时，定义一个国家或者地区的某个产业是否属于主导产业需要关注这一产业是否满足三个特征：是否能够依靠技术进步和创新形成新的生产函数；是否能够持续有效地带动地区经济增长；是否具有技术扩散效应，能够决定本国家或者本地区国民经济中其他行业发展的方向和程度。

先导产业不同于主导产业，在国民经济中所占的比例低于主导产业，对于其他产业部门起到了导向的作用。先导产业是指在国民经济发展中处于优先发展地位的产业。一般而言，先导产业属于收入弹性较高、技术先进的产业，这种类型的产业全要素生产率提升潜力较大，在产业结构中属于偏向于高级化的产业，但是由于技术限制和发展阶段的制约，先导产业即使具有较大的市场潜力和经济拉动能力，其对于经济的促进作用也低于主导产业，是经济发展的未来方向。

战略产业是一个国家或者地区政策引导发展的产业部门，是为了实现特定的经济目标，如产业结构转型、国际贸易发展或者实现技术进步、促进社会就业等特定的目的设定的产业部门，现阶段的战略产业集中在技术水平较高及对经济促进作用较大的产业部门。战略产业具备较大的技术外溢，无论是其自身还是其带来的溢出效应都能够带来巨大的社会经济效应。由于战略产业是未来技术发展的预测产业，当前产业存在的基础较为薄弱，仅仅依靠市场力量很难完成产业体系的构建，因此需要国家对其进行大力的政策支持和保护，利用宏观经济手段促进战略产业发展。

新兴产业是指当前高新技术和成果诞生并转化为实际产业的经济部门，也称“朝阳产业”。新兴产业是相对于已经成熟的传统优势产业而言的产业，其具体的标准、产业特征等尚未存在统一的界定。对于新兴产业的出现，在初始阶段这一产业属于一种知识形态，随着技术的发展逐渐形成了一种新的产业部门。新兴产业在发展过程中存在自身显著的特点，首先，新兴产业缺乏显性需求，产业处于发展的初期阶段，消费者的认知水平比较低，主要的消费集中在政府部门扶持采购和部分企业的少量使用，尚未在消费市场和生产市场上大规模流行。其次，新兴产业没有特定的技术、设备和产品等，企业生产依托于传统优势产业部门的市场和设备。最后，新兴产业尚未形成完整的产业链，产业链的形成是传统优势产业和新兴产业之间界定的主要参考之一，新兴产业没有成熟的上游产业链，与其他部门之间的关联尚不密切。

综合以上产业部门的定义和特点，可以得到战略性新兴产业的定义：战略性新兴产业是依托于我国的资源和区域优势发展起来的，以先进技术发展应用为基础，将战略产业和新兴产业相互融合，适应我国产业发展和技术进步的产业部门。战略性新兴产业能够引起社会新的需求，成长速度和综合效益较为优秀，对于我国国民经济发展具有深远的影响和意义。

（二）战略性新兴产业划分

根据我国战略性新兴产业发展的界定，将战略性新兴产业部门进行了详细的划分，主要包括节能环保产业、生物产业、新能源产业、高端装备制造业、新材料产业、新一代信息技术及新能源汽车七大产业类型。

1. 节能环保产业

节能环保产业是指以节约能源和资源、保护生态环境为主要目的发展的产业，是为我国经济社会可持续发展提供基本技术和设备的产业部门。主要包括节能产业、环保设备产业和资源利用产业三个产业大类，具体而言可以将其划分为六大领域：高效节能产业、节能技术和装备、节能服务产业、环保产品、环保服务及先进环保技术和装备。根据我国“十二五”规划的主要内容，未来我国节能环保领域重点发展资源循环和先进环保的主要装备、产业并提供相应的服务。节能环保产业包含节能和环保两个层面的含义，节能是指降低能源和资源消耗，通过技术水平提升、生产效率提升从而实现在能源投入不变的情况下产出的增加，并节约能源和减少资源消费总量，寻找替代能源。环保产业是指在国民经济中用于治理环境污染，以保护自然生态环境为目的的产业部门，涉及产业的环保技术应用、生产和流通领域及环保技术服务等。环保产业并不是单独的一个产业，而是与其他产业形成交叉渗透的综合性产业。

节能环保产业以节约资源和能源为目的，发展国民经济中的循环经济，为生态环境保护提供基本的技术、设备和服务支撑。节能环保产业与其他产业关联密切，产业链覆盖产业上中下游基本所有的产业部门，具有较强的产业吸收能力。并且，节能环保产业属于技术密集型产业和资本密集型产业，为其他部门的技术进步提供支撑。发展节能环保产业是经济结构转型升级和结构调整的内在要求，在我国推进节能减排建设、发展绿色环保经济建设中发挥了极其重要的作用，也是我国发展资源节约和环境友好型社会的基本目标，在应对全球气候变化、抢占未来国际竞争技术制高点的过程中具有极其重要的战略性地位。

一般而言，国际上普遍将节能环保产业从狭义和广义两个层面进行划分，狭义的节能环保产业主要涉及环境污染排放相关的内容，如事前治理、事中管控及事后处理等阶段。广义的节能环保产业除了包括狭义的节能概念的内容以外，还包括从能源和资源开采到生产、消费及处理再循环等资源社会生产的所有环节，包括产品、技术和服务等多个方面。随着中国经济的进一步繁荣发展，工业化和城市化进程必然是不断加速的，这一过程会随着资源消耗总量的增加、环境污染的加剧导致国家和社会民众对于环境问题越来越关注。全球各国重视环保产业的发展，使之不仅成为经济增长的又一支撑动力，也成为各国进行技术革新和经济结构调整的关键目标。自“十五”以来，我国对于节能环保产业的大力投入不仅遏制了我国生态环境的恶化速度，也从各个层面带动了环保相关产业规模的扩大，使得环保产业从无到有，从依托其他产业到形成独立的产业部门，涉及的领域和深度不断增加，节能环保产业的规模和水平得到了明显提升。自2007年以来，环保支出成为国家预算支出的重要组成部分，标志着我国对于环保问题的重视程度，政府对于环境问题有了新认识并配套出台了相关的新政策。这一思路带动了中国经济的高速增长和环保产业的发展，人们需要沿着这一思路不断探索发展节能环保产业的新的理念。对于未来的发展，不能以牺牲环境为代价，需要正确地为生态环境铺垫可持续发展的道路；此外对于已有的污染，需要加强监督和治理，大力调整能源和产业结构。“十二五”发展纲要再次将节能环保纳入发展的重要内容，确定了降低单位GDP能耗及减少污染排放总量的目标，为了实现这一目标，必须从技术和设备上扶持节能环保产业，支持企业更新节能环保设备，为实现经济转型奠定产业基础。可以说节能环保产业是我国经济调结构、促发展的必然选择。

2. 生物产业

生物产业的基础是生物技术的发展和生命科学理论的进步，主要是综合利用信息学、工程控制、系统科学等一系列理论和科学技术手段，对生物自身所包含的功能和作用机理进行理论和应用研究，主要涉及生物的细胞理论、分析理论、结构和功能理论等，通过对动物、植物和微生物的特征进行研究并进行改造以服务于工业生产和生态环境改造等。生物产业是利用这一特征进行社会生产和服务的产业总称，包含生物医药、生物能源、生物农业、生物材料和生物环保等产业部门。生物产业的发展既具有悠久的利用历史，又是当前技术革命最新发展的领域之一。人类对于生物的认知发源于动物驯养、植物栽培及人体研究；生物相关的产业发展则集中在医疗、餐饮和工具制造等方面。生物产业的发展和需求带动了相关技术的发展，技术进步又进一步促进了生物产业向高端层次发展，生物产业从生物工艺逐渐发展到生物技术。20世纪随着第二次工业革命和第三次科技革命的推进，生物工程领域不断扩展，生物医学、细胞工程、发酵工程等逐渐兴起并走向成熟。基因技术的出现给生物工程领域带来了巨大的变革，生物技术得到了飞速发展，与此同时信息工程和计算机技术的进步带动了人工生物技术、生物合成技术和纳米生物技术的突飞猛进，开启了21世纪生物工程的新一轮产业革命。当前生物能源领域、生物材料领域、生物医学领域和生物信息技术领域成为生物工程的新兴产业领域。

生物产业是将现代生物技术及生物科学领域应用到社会经济、科学研究等领域的总称。生物产业是当前具有发展潜力和活力的重要行业。生物技术已经成为现代科技研究和开发的重点。当前生物产业发展最为活跃的因子主要集中在生物医药产业，涉及现代医药、生物医药工程、疫苗与诊断试剂等领域，关系到现代人类的健康与生存。近年来，在全球范围内生物技术和与生物相关的产业呈现不断扩展的趋势，大多数发达国家和发展中国家新兴经济体逐渐重视生物产业的发展，将生物产业特别是生物医药作为获取未来经济技术竞争和综合国力竞争优势的一个重要领域进行部署。在发达国家，生物技术已经发展形成了较为完整的产业体系，成为经济的一个新的增长点，生物产业每年平均增长速度接近30%，是全球经济增长速度的8～10倍。

虽然我国对生物技术研发应用和产业化发展支持的时间相对于其他战略性新兴产业较早，但是发展程度较低。“十一五”以来，我国为了加强对生物产业的支持力度发布了《促进生物产业加快发展的若干政策》及《生物产业发展“十一五”规划》等一系列支撑生物产业发展的政策，着力推进生物产业的科技研发和创新成果转化，建设了一批具有影响力的生物产业重大基础设施。在生物产业相关领域，取得了疫苗与抗体、转基因作物育种、细胞治疗、生物能源作物培育等大量关键技术的突破与创新。生物产业化项目专利申请和产业化总量大幅增加。相关产业特别是生物医疗产业的产业融资、外资和跨国合作取得了较大的进展。“十一五”规划期间，我国生物产业总产值实现了年均22.9%的增长速度。2011年，我国生物产业总产值接近2万亿元，规模不断扩大。生物产业的主要发展领域，如生物医药、生物制造、生物农业、生物能源等也基本形成了完善的产业链，培育了一批销售超过100亿元的大型生物产业企业。我国在生物技术研究与开发、相关配套产业培育和研发成果市场应用等方面也取得了较大的成就。特别是在当前我国人口老龄化、能源资源短缺、食品安全问题不断发展的困境下，维持经济稳定和保障居民健康，需要加快生物产业领域新型药物、新型农作物和绿色能源的发展应用。我国在《“十二五”国家战略性新兴产业发展规划》中明确地将生物产业作为主要发展行业，明确了生物产业的重点发展方向，将生物医药、生物医学工程、生物制造和生物农业作为主要发展的四个战略方向，并对未来生物产业制定了详细的发展规划。

3. 新能源产业

新能源是指传统化石能源以外的其他能源产业，一般专指清洁能源。新能源主要来源于自然界，直接或者间接地来源于太阳和地球内部热能，是非常规能源的总称。一般而言，新能源包括太阳能、生物质能、风能、核能、地热能等。新能源产业是指以新能源利用为基础的产业，包括新能源的开发与开采、新能源的利用、新能源相关服务等，涉及能源装备、能源汽车和能源基础设施等。新能源产业是衡量国家或者地区产业的主要依据之一。世界各国把握新能源发展的重要机遇，把发展新能源及其相关产业作为当前科技潮流的主要趋势，努力依托新能源产业发展来推进产业结构的调整升级。我国也提出了发展能源产业的战略，相继出台了一系列的能源产业发展政策措施，将新能源领域建设成我国发展的主要能源产业领域，建立了大量的新能源产业发展基地和企业。我国的地热能、海洋能和氢能发展规模较小，处于起步阶段；虽然风能、生物质能和太阳能的开发利用范围逐渐扩大，但是技术水平仍然不高，缺乏自主研发能力。新能源产业的发展不仅关系到未来经济的增长，也关系到国家的战略安全。当前我国经济处于高速发展阶段，能源需求总量不断增加，石油等资源对外依赖程度较高，新能源产业的发展为我国能源自给自足提供了良好的契机。

当前世界能源格局主要以化石能源特别是石油为基础，但是我国的能源储备以煤炭为主，石油资源短缺难以满足社会经济发展的需求。发展新能源产业将会降低化石能源的需求量，减小石油进口依赖度，极大地保障我国能源的安全，维护国家稳定。能源产业的发展也能促进能源多元化，无论是传统常规能源还是新能源，单一能源在特定时期并不是无限供应的，因此加强能源多元化其实就是给予了能源更多的替代选择，避免同一种能源被过度开发，新能源产业的发展带动了能源多元化。另外，由于新能源依赖自然环境，风能、生物质能、太阳能等具有明显的区域分布，地区差异化更加明显，单一能源开发运输成本相比于传统能源成本更高，因此因地制宜地发展新能源是必然选择。这样不仅可以增加安全性和可靠性，也能提高能源开发的效率和使用的便利度，改变当前世界能源布局。

4. 高端装备制造业

高端装备制造业代表了制造业的先进技术水平，是制造业中具有高价值、高技术含量的产业部门，处于制造业价值链顶端。高端装备制造业最为显著的优点就是产业关联程度较高、技术和资本密集同时具有较强的劳动力吸引能力。目前我国经济出现的新常态，处于产业结构升级和经济转型的关键性时期，因此需要正确地调整产业发展结构。我国经济在发展过程中，劳动资源密集型产业对于就业和经济发展做出了巨大的贡献，随着经济增长，需要向资本技术和技术密集型产业进行转变，一旦产业转变衔接不恰当，就会使得我国面临严重的经济问题，出现“结构性减速”状况，并容易陷入“中等收入陷阱”。产业结构调整不及时及高端装备制造业发展不均衡，容易使我国的技术受制于发达国家，改革开放以来所取得的所有经济成就将会受到损失，同时我国当前经济发展的良好局面将会受到较大冲击。因此，无论是经济发展、国防安全还是在未来经济主动权争夺上，大力发展高端装备制造业对我国具有十分重要的现实意义。

在当前世界科技竞争日益激烈的情况下，发展中高端装备制造业不仅是制造业的必然趋势，也将会是政治经济和科学技术竞争的制高点。在我国产业转型及寻找经济发展新动力的背景下，高端装备制造业被作为国家战略产业进行重点培育。“十二五”规划将高端装备制造业的范围划定为以下产业部门：航空装备业、轨道交通装备制造业、卫星制造与应用业、智能装备制造业和海洋工程装备制造业等。

航空装备业主要包括航天器的制造和服务，包含飞机等航空设备、航空发动机和航空配件的制造和服务等。随着当前技术的进步和世界交流的日益广泛，民用航空的不断发展极大地提升了航空装备制造业的社会需求量。由于航空装备业在各国的发展水平差异较大，需要完善的工业体系支撑，因此这一产业具有较高的技术含量，相关产业的经济附加值较高，在当前世界国际贸易中是国家创收的主要来源之一。航空装备业最核心的配件是航空发动机系统，这也是我国目前航空装备制造业最为薄弱的基础。我国大型飞机发动机技术不成熟已经成为我国航空装备制造业相关产业发展的最大瓶颈，导致我国军用飞机落后于欧美国家和地区，极大地削弱了我国的国防力量。虽然在2015年中等功率涡油发动机研制成功使我国航天发动机取得了极大的进步，但是高端和大功率发电机仍然缺乏自主产权，且进口受到极大的限制。因此，我国航天发动机制造业行业仍然是关系国防安全的重要行业，仍然需要足够的财政资金进行支持，以提升我国的国防力量并促进我国贸易的发展；其他与航天设备相关的产业如航空电力、通信服务、航空座椅配套设备等种类繁多，市场需求巨大；能够有效地拉动制造业上游和下游产业的发展，形成较为完整的工业产业链，并延长现有的产业链，强化产业关联，对于产业发展起到了巨大的推动作用。目前我国航空装备制造业相关产业基本形成了较为完整的产业体系，在全球航空装备业中占据较大的份额。但是在部分高端核心零部件、飞机整体设计特别是大飞机设计及通用飞机设计上存在较多技术的限制。

航空装备业及与其相关的产业对于装备制造技术和工艺水平要求较高，在未来一段时间内都将处于全球装备制造业价值链顶端。航空装备业及其相关产业的发展对于电子设备、高性能材料、高性能通信设备、精密仪器和仪表等行业起到了绝对的拉动作用。根据美国兰德公司的市场报告可知，航空装备业的主要收入来源是飞机及其配套设备的销售收入。配套设备的销售收入是航空装备本身销售收入总量的15倍，另外，飞机产业整体收益比超过了1∶80，对于劳动就业有巨大的拉动作用，带动就业比例高达1∶12。航空装备业具有广阔的发展前景，在推动国内新兴产业市场和消费市场方面发挥了巨大的作用。

随着世界交流的日益频繁及技术水平的不断进步，未来全球的飞机数量将会不断增加，特别是发展中国家不具备飞机装备制造业的完整工业体系，具有较大的进口能力和消费需求。我国在航空装备业发展的过程中，需要面对较为强劲的国际竞争压力，与欧美和俄罗斯等航空装备强国进行国际市场的争夺。美国作为世界上航空装备业规模最大的国家，与欧洲占据了当前全球航空装备业80%以上的市场，我国的航空装备制造业产业体系虽然完整，但是尚无法满足国内需求，产业发展整体较为落后，国际市场规模较小，市场价值较小，虽然近年来我国实行了一系列的政策措施，对航空装备业发展进行了扶持，但是与世界先进水平仍然存在较大差距。

在高端装备制造业中，卫星设备是航天设备的主要产业方面，卫星装备业不仅包括卫星制造和卫星发射，还包含卫星相关的服务产业，如卫星发射服务业和卫星通信服务业等。与此同时，卫星产业与其他制造业部门联系紧密，如与精密仪器制造业、高温材料产业、高性能助推燃料产业和高性能金属产业等都具有较强的关联。卫星发射可以承接国际上其他国家的卫星任务。卫星地面服务设计的内容更加广泛，如城市规划、地理测绘、卫星导航、应急管理、气象和军事等。我国卫星产业发展具有较强的自主产业发展能力，能够独立、安全地发射卫星，并建立了“北斗”系列卫星，作为全球定位系统（global positioning system，GPS）卫星系统的替代卫星，为我国的通信和国防做出了重要贡献。

轨道交通装备制造业是指与铁路交通和城市轨道交通相关的产业，一般而言，轨道交通装备制造业主要设计的产品包括：动车组、高铁、客运和货运列车、城市轻轨和地铁、轨道铺设工程及养路工程设备、交通信号和交通调配系统及其他主要的交通配套设置。这一产业包含我国当前客运、货运等主要运输系统的运行装备的制造。我国幅员辽阔，拥有着十分复杂的铁路交通网及城市轨道和地铁交通系统。为了能够满足我国目前日益增长的货运和客运需求，全面发展更为安全、便捷、经济的铁路和城市轨道交通装备制造业是十分必要的。我国轨道装通设备制造业不仅需要满足国内市场的需求，在此基础上还需要积极扩大国外市场份额。近年来我国轨道交通特别是铁路交通道路网不断完善，逐渐形成了覆盖大多数城市和地区的高速铁路网，高铁和动车技术领先，极大地提高了全国大部分地区之间人员和物资流动的速度及便捷度。随着城市化的推进，城市规模扩大，城市轨道交通的市场份额不断扩大，缓解了城市交通压力，缩短了市郊距离，解决了交通尾气等问题。我国当前的高铁技术及地铁建设技术在全球占据着重要市场，需要我国不断强化自身的技术水平，优化国内交通网，扩大世界市场份额。

高端装备制造业的发展水平代表国家制造业和经济的综合实力，甚至部分高端装备制造业的发展水平涉及国防安全。当前各国将未来发展领域定位为天空资源和海洋资源，这些领域成为未来各国争夺的重点，关系到人类生存，各国也基本提出了高端装备制造业的发展战略，在未来航空航天、海洋开发等重点领域进行发展。

5. 新材料产业

新材料产业是指新出现并具备优异功能和特殊用途的材料研发与生产产

业，是当前材料产业发展的主要领域。当前新材料产业涉及的产业部门主要包括：高性能基础材料研发和生产产业、高性能复合材料产业、先进结构产业等相关产业部门。按照用途可以将新材料划分为：信息材料、能源材料、生物材料、纳米材料、汽车材料、稀土材料、超导体材料、新型化工材料等多种材料。新材料产业具有高技术含量、高附加值等特点，应用范围较为广泛，除了应用到战略性新兴产业的新一代信息技术、高端装备制造业、环保产业等以外，还应用到传统领域，能够对传统领域的工艺、技术和材料进行广泛的替代和改造，与其他产业部门具有较强的关联性，是产业发展的基础性工程。新材料产业的发展代表了一个国家的产业基础，是一个国家经济社会发展水平和技术进步的重要指标之一。

当前世界新材料产业发展主要集中在以下三个方向。

第一，基础性材料领域。基础性材料是指新材料产业中，为其他产业发展提供基础性产品和材料的产业部门。例如，其他产业的基础零部件用钢、先进建筑材料、新进纺织材料及绿色材料等。基础性材料产业的发展为其他产业提供稳定可靠的零部件材料，提升了产业品质，延长了装备寿命，降低了企业的生产成本。基础性材料产业是其他产业关键的上游产业部门。

第二，关键战略材料领域，关键战略材料产业主要是为其他战略性新兴产业提供基础材料支持的产业，战略性新兴产业对于高温材料、半导体材料、显示材料、稀土材料具有较高的需求。关键战略材料领域的发展水平关系到整个战略性新兴产业发展的水平。关键战略材料领域主要以新一代信息技术材料、新型能源材料、生物医用材料等为重点。

第三，前沿新材料领域。前沿新材料产业主要是当前产业化应用需求较少，但是对于未来产业发展具有较大影响的材料产业部门。前沿新材料领域主要是以新材料的研发为主，突破现有材料的限制，重点发展智能仿生材料、记忆合金材料、液态金属、高分子材料等。前沿新材料领域的范围并不是一定的，而是随着技术发展不断出现新材料。

新材料产业在战略性新兴产业和传统优势产业发展中均具有重要地位，我国当前新材料产业加速发展，形成了多个全国重要的产业基地。化工材料、轻型合金、纳米材料、石墨烯等逐渐形成全国性的产业集群和布局。随着全球新一轮产业转移的开展，以及电子产品的不断普及和更新换代，我国将成为全球潜力最大的新材料市场。

6. 新一代信息技术

当前信息技术产品的不断发展和推广应用使得通信等信息产业得到了长足的发展，并不断向其他领域扩展延伸，成为当前带动经济增长和技术进步的重要力量。新一代信息技术不仅仅是无线电通信、计算机等产业的升级，而且是当前新兴产业整体平台的转移和产业领域的扩展。我国当前定义的新一代信息技术主要从以下几个方面重点建设：下一代通信技术、三网融合、物联网、新型平板显示、高性能集成电路和云计算。

下一代通信技术是指在互联网协议（internet protocol，IP）地址的基础上发展的信息传导系统，能够以多种形式存储和交换信息。在统一的平台下有效地实现音频、视频和信号的管理与传输，下一代通信技术主要发展领域为3G（第三代移动通信技术，3rd-generation mobile communication technology）、后续标准4G（第四代移动通信技术，4th-generation mobile communication technology）及IPv6协议（互联网协议第6版，Internet Protocol Version 6）等方面。在光通信方面，主要是实现光纤网络的技术突破和产业化应用，采取多种建设模式，以我国当前信息通信领域的用户需求为导向，建立服务于用户的光纤宽带接入计划，全面提升我国的互联网速度。在电信领域，重点发展方向是固网建设，同光通信网络建设一起提升我国移动通信的速度。

三网融合是指电信网、广播电视网和移动互联网的融合，实现三种网络在内容和应用上的有机结合。当前在全球范围内三种网络的相互协调发展成为基本趋势，改变了过去三网分离带来的信息流通障碍、重复建设成本过高、产业间竞争削弱国家整体竞争力的现状。在三网融合的发展趋势下，实现区域乃至全国性的网络才是整合信息资源、实现产业发展的基本趋势。

物联网（internet of things，IOT）是当前新一代信息产业发展的新兴领域，2009年美国政府在提出建设智慧型基础设施时将物联网作为其中的一个概念提出。物联网是指以互联网为核心，将互联网延伸到用户端和物品端，实现物物相连，通过智能识别与定位技术，进行准确的信息交换和通信。物联网连接了用户和物品，使得自身的产业链较长，关系到多种行业的发展，涉及了传感器、装备制造业、软件、芯片等，同时提升了传统优势产业在市场中的地位，带动了全产业链的发展。当前物联网领域发展较为迅速的主要集中在手机支付、导航、智能交通和监控等。

新型平板显示产业主要集中在电子纸、发光二极管（light emitting diode，LED）背光灯、高端触屏及平板显示上游材料等领域。随着电脑、平板及手机等的发展，对显示屏技术的进步提出了较大的要求。新型显示屏发展的主流方向是高精度及多点触摸等关键领域。高性能节能电力是在传统集成电路（integrated circuit，IC）发展出来的领域，市场规模十分庞大；集成电路是高端仪器仪表的主要材料，在推动科研技术基础设施发展、尖端武器系统研制等方面具有较大的优势。我国当前的集成电路市场依然达不到世界发达国家的水平，因此需要在高性能集成电路上实现技术的突破。云计算则是指较大规模数据和分布式运算技术，是当前大数据领域及计算机发展的重要方向，云计算目前仍然处于综合概念阶段，未来发展空间和方向较多，具有较大的发展潜力，无论是软件还是硬件开发、平台建设、产品服务和应用等，都是未来计算机等相关技术发展的重点产业部门和新兴领域。

7. 新能源汽车

新能源汽车是指采用新能源作为动力，替代常规能源燃料的汽车，是我国提出的概念，国外通常称其为替代能源汽车。我国是世界上第一大汽车消费国，汽车能源消耗和环境污染给我国能源安全和可持续发展带来严重的威胁。新能源汽车具有能源清洁、成本较低、可持续性较好等特点，因此新能源汽车在我国未来汽车产业发展中起到了重要的导向性作用。

新能源汽车首先能够改善我国能源特别是石油能源紧张的状况和解决环境污染的现实问题。节能环保和安全不仅是汽车行业发展的永恒主题，也是自汽车行业出现以来一直没有解决的严峻问题。汽车消耗的主要能源是石油和电力资源，这些都是稀缺资源，且石油具有不可再生性。从未来产业发展的角度出发，解决能源稀缺的问题是新能源汽车发展的迫切要求。从创新性而言，汽车行业同样具有生命周期产业的阶段性特征，随着社会整体技术的不断发展，汽车行业也必然不断地进步。汽车行业的独特性要求当前的新能源产业是对传统汽车行业的技术颠覆。自汽车行业发展以来，在能源方面基本没有较大的进步，一旦汽车行业止步不前，带来的影响是多方面的。新能源汽车从技术上对汽车的动力进行升级改造，适应汽车行业和国民经济整体升级的要求。汽车行业的技术进步可以带动相关产业的发展。因此，从能源安全、环境保护和技术进步等方面综合考量，新能源企业的发展应该作为我国汽车产业发展的重要战略方向。

（三）战略性新兴产业特点

我国重点扶持的 7 种战略性新兴产业涉及未来经济发展的不同方面，这些产业虽然不同，有各自的发展特点，但是也存在一些共同的特征。如我国界定的 7 类产业都属于高技术产业，产业之间关联性强，行业发展具有战略性、创新性、关联性、突破性和风险性等。

第一，战略性。战略性新兴产业发展的第一特征是国家战略性部署，体现了国家战略目标。战略性新兴产业发展的根本目的是国家安全、社会发展和人民生活的整体利益。战略性新兴产业发展的程度在国民经济发展中的地位十分重要，甚至与我国的国防安全及综合国力竞争等关系密切。合理地发展战略性新兴产业有利于促进我国经济结构调整，改变我国经济下行的趋势，促进经济发展方式的有效转变。战略性新兴产业的发展还可以解决经济可持续发展问题，缓解当前我国面临的资源压力和环境污染。通过对战略性新兴产业的培育和发展，部分战略性新兴产业部门在未来可成为影响我国经济的主导产业和支柱产业。

第二，创新性。战略性新兴产业是技术高度密集型产业，对于技术的发展要求较高。战略性新兴产业发展的核心是技术水平和自主知识产权。战略性新兴产业相关部门对于研发投入具有较高的依赖性，创新的方向代表了当前世界范围内先进技术的发展方向。由于战略性新兴产业的市场潜力和技术特征，相关产业具有较高的生产效率，其已成为当前主要经济体发展的重点产业。战略性新兴产业的技术发展对于国民经济各部门具有引领作用和导向作用。战略性新兴产业的技术水平、产品质量及市场潜力等都代表了未来产业发展的基本方向，对于国民经济的拉动作用是稳定且长期的。

第三，关联性。战略性新兴产业之间及战略性新兴产业与传统优势产业之间具有较强的关联性，存在溢出效应。战略性新兴产业以前沿产业和基础战略产业为主，在国民经济发展中占有较大比例且具有重要地位，产业关联程度高，与国民经济产业具有极强的上下游关联关系，所以与其相关的产业链较长，可以带动与其相关的产业或者配套产业部门的兴起与发展，且有利于促进产业之间的技术关联，延长产业技术链，提供更多的就业岗位，并显著提高社会整体消费能力和消费水平，为国民经济和社会发展做出极大贡献。战略性新兴产业以前沿性产品为主，市场需求前景广阔且具有长期发展的巨大潜力。战略性新兴产业的发展代表了当前和未来一段时期内先进的技术及产品发展趋势，无论是在当前社会发展还是在未来经济发展方向上都起到了重要的引领作用。

第四，突破性。战略性新兴产业能够突破原有的资源和技术约束。当前各国发展的战略性新兴产业部门主要依托新能源的不断开发和新技术的不断进步，从而为整个经济发展的产业提供基本动力。战略性新兴产业本身融合了新兴技术和新兴产业两方面的特征，从而在其发展过程中可以推动经济增长方式的有效转变，为新一轮产业革命提供多方面的支持。

第五，风险性。战略性新兴产业对于技术的依赖性决定了其同时具备技术发展的不确定性。战略性新兴产业是先导性和探索性的产业部门，在内容和形式上都是对现有产业发展的极大突破，缺乏产业发展经验和技术标准。相关技术的创新和产品生产的标准往往通过实践进行总结，通过突破自身获取发展，导致其风险性的增强。在技术研发标准、市场需求方向、产业发展体制、产业升级的方向和内容等方面不确定性较强，另外，由于产业政策往往具有滞后性，在产业发展初期相关的基础设施和产业政策不完善，加剧了战略性新兴产业面临的投资和发展的不确定性。战略性新兴产业的领域不是一成不变的，而是具有动态可变性，进一步强化了风险性。战略性新兴产业的发展是一个动态可变的过程，随着经济社会的发展和技术的进步，战略性新兴产业的概念也在不断更新，技术的进步带动了战略性新兴产业发展内容和方向的改变，现有的战略性新兴产业随着技术的成熟可能变为传统优势产业部门。部分技术标准随着产业概念的不断完善需要不断地调整和适应，如果对于战略性新兴产业的发展趋势判断失误，将会给我国产业的整体发展带来较大的损失。

二、传统优势产业

传统优势产业没有特定的概念，一般是相对于战略性新兴产业而言的，发展时间长、市场份额较大且产业体系较为完整的产业部门。由于传统优势产业的发展基本趋向于成熟稳定，产业的技术创新相对较少。当前，大多数劳动密集型产业属于传统优势产业，特别是低端加工制造业和与能源相关的行业。由于发展速度逐渐放缓及技术创新水平的限制，传统优势产业一般伴随着较为严重的污染和较低的生产效率，导致经济增长动力不足和生态环境恶化等一系列问题。由于在当前传统优势产业发展的过程中，技术水平相对较低，产品附加值也较低，在生产技术不断进步的背景下，传统优势产业发展陷入困境，逐渐沦落到相关产业链的中低端水平。趋于稳定的市场使得其市场竞争能力较低。传统优势产业对于国民经济的贡献度开始呈现下降的趋势。但是由于传统优势产业发展时间较长，市场份额占有度较高及产业规模较大等，传统优势产业知识产权和品牌制度得到了极大的积累，社会认可度较高，传统优势产业在创造就业岗位、促进经济稳定增长等方面仍然占据着十分重要的地位，是国民经济发展的核心。

传统优势产业与战略性新兴产业一样具有十分明显的产业发展特征，具体而言主要包括以下内容：①发展时间较长。传统优势产业以劳动密集型和资源密集型产业为主体，主要是第一次工业革命和第二次工业革命以后开始出现并发展的产业部门。我国的传统优势产业发展时间相对较长，部分产业自新中国成立以来就存在，改革开放以来发展起来的产业也基本属于传统优势产业。②要素依赖性较高。当前传统优势产业主要是第二产业相关部门，多数传统产业以劳动密集型和资源密集型产业为主。传统制造业部门对于低成本劳动要素的依赖性较高，在传统重工业产业部门，能源依赖性十分严重。要素依赖性决定了传统优势产业在产业关联中始终处于产业的中上游位置。③产品附加值较低。战略性新兴产业与传统优势产业之间最显著的差异就是对于技术的依赖性。传统优势产业对创新要求低，多数产业生产仅仅依靠大量熟练劳动，巨大的市场份额是传统优势产业利润的主要来源，因为多数产品不需要进行创新，所以其属于较低附加值产业。④生产闲置率较高。传统优势产业存在和发展的时间较长，导致其在运行的过程中资源配置不合理，另外大多数传统优势产业的市场已经十分巨大，基本接近于饱和状态，市场处于买方市场，供大于求，使得传统优势产业的产品生产和服务被大量闲置。

⑤技术较为成熟。传统优势产业发展时间较长，是第二次工业革命的新兴产业部门，其生存和发展所依靠的生产技术发展较为成熟且十分稳定。另外，大多数传统优势产业以劳动密集型产业为主，使得传统优势产业在概念界定上更多的是通过技术水平进行判断的，传统优势产业的技术特征与劳动密集型产业的技术特征存在较多的相似性。⑥概念具有相对性。传统优势产业在不同时期的界定是不同的，当前所说的传统优势产业是相对于新兴产业概念而言的，战略性新兴产业是新兴产业中具有战略性发展意义的产业部门。传统优势产业与新兴产业之间主要是在时间和空间上的差异。从时间上来看，传统优势产业在刚出现时也属于新兴产业，随着技术的积累和市场的扩大，新的技术催生出新的产业。当前的新兴产业随着技术的成熟也会逐渐成为传统优势产业，并被其他产业替代。在新兴产业内部，不断有新的产品被推出，原有的产业随着技术的成熟变成传统优势产业。从空间上的差异来看，我国东部、中部和西部产业发展水平的梯度差异就是典型的代表。某一行业最先出现在东部，随着时间的推移和技术的成熟，变为传统优势产业，但是这一产业在中西部则属于新兴产业。因此，在对传统优势产业进行界定时，需要综合考虑产业发展时间、技术水平、产业发展地域和产业生命周期等多层面内容。

第二节 产业发展理论

传统优势产业和战略性新兴产业的发展、耦合与交替的实质是产业不断演进发展的过程，经历新产业出现、与传统优势产业融合发展并最终取代传统优势产业等阶段。产业发展理论的实质就是演进，产业发展理论研究的主要内容就是产业的诞生、成长、成熟和衰退阶段及各个阶段所对应的外部环境和产业内部环境的变化等内容。

一、产业结构演变理论

产业结构演变理论是指在社会生产的过程中，国家或者地区的产业发展的资源配置和产业比例的变化，以及产业之间关联的相互作用的变化。在社会发展的不同阶段，社会分工导致的产业分化和产业演变不断发展，产业的主导形式不断地深化发展，从而形成了多层次的产业范畴。作为相互联系的产业部门，产业之间的联系也是不断深化和复杂的，产业之间各类直接和间接的经济联系形成一个有机的函数运动，一个新产业的发展与壮大必然伴随着其他产业发展条件的变化。战略性新兴产业的出现和发展同样与其他产业部门形成直接或者间接的联系，从而包含于产业结构演变的整个过程中。

1940年，克拉克（C. Clark）在配第（William Petty）关于劳动力流动性和国民收入之间相关关系的基础上提出了配第-克拉克定律。该定律认为随着社会经济水平的不断提升，劳动力开始在产业部门之间转移，从第一产业逐渐向第二产业转移，进一步地，随着居民收入水平的不断提升，第三产业部门逐渐成为劳动力转移的重点领域。根据这一理论，在经济发展水平越高的地区，农业部门的劳动力水平占比越低，第二产业和第三产业的占比越高。与之相反，在人均收入水平越低的国家和地区，第一产业部门的劳动力总量占比也就越高。

配第-克拉克定律的主要理论来源是配第关于产业间相对收入差距的描述及费希尔的对于产业部门的三次划分方法。在进行研究时，配第-克拉克定律将产业部门随着时间发生的变化与该国家或者地区的人均国民收入相对应，以劳动力为主要衡量指标分析在经济发展情况下劳动力在产业部门之间的配置水平变化规律。配第-克拉克定律依托三次产业部门的划分，从时间和横截面上将劳动配置与经济水平相对应。一方面，随着时间的推移和居民收入水平的提升，劳动力从第一产业向第二产业和第三产业进行转移配置；另一方面，在同一时期，人均收入水平较高的国家或地区第二产业和第三产业劳动力比例大于人均收入水平较低的国家或地区。

由于第一产业部门以农业部门为主，当居民人均收入水平提升到一定程度以后，农业产品的需求难以随收入同步增加，农产品收入弹性下降。此时随着人均收入水平的不断提升，农业收入弹性远远低于第二产业和第三产业的收入弹性，社会资源和劳动力开始向收入弹性更大的第二产业和第三产业部门转移。在三次产业之间的对比表明，第一产业中的农业部门生产周期较长，农业部门在短时间的技术进步远远低于工业部门，工业部门的技术突破可以促进农业的发展，因此依靠农业投资获取的收益会随着农业规模的扩大和实践的增加出现规模报酬递减的情况，而工业部门相比于农业部门处于规模报酬递增的阶段，加强工业投资是降低成本和增加收入的主要途径，这就促进了第二产业和第三产业的发展。

战略性新兴产业和传统优势产业同样符合这一特征。相对于传统优势产业，第三产业的收入弹性属于递增状况，传统优势产业的技术基本属于成熟状态，技术突破的概率较小，其一旦实现技术突破会转换成新的新兴产业部门，而不再属于传统优势产业部门，因此战略性新兴产业和传统优势产业的关系类似于农业和农业部门的相互关系。从规模报酬上来看，战略性新兴产业的规模报酬远远大于传统优势产业，传统优势产业处于规模报酬递减的阶段，其资源配置优势必然低于战略性新兴产业。但是考虑到安徽省战略性新兴产业发展的阶段，安徽省处于中部地区，产业发展滞后于东部沿海地区，使得其战略性新兴产业部门的发展滞后于传统优势产业。安徽省人均国民收入水平较低，根据配第-克拉克定律可知，在空间上，安徽省尚未达到战略性新兴产业发展的规模报酬阶段，因此安徽省促进战略性新兴产业的发展需要结合传统优势产业的升级改造。

库兹涅茨（Simon Smith Kuznets）在配第-克拉克定律的基础上进行扩展，更加侧重于研究产业结构演变的诱因，根据国民经济部门的生产特征，将产业部门分为农业、工业和服务业三个部门。库兹涅茨研究发现，随着时间的推移，农业部门占总的国民收入的比例和农业劳动力占总的劳动力的比例呈现不断下降的趋势。对于工业部门和服务部门而言，库兹涅茨法则认为，农业产值和劳动力是逐渐向这两个部门转移的，工业和服务业在国民经济产值和劳动比例中的地位逐渐提升。

在产业结构演变理论中，除了配第-克拉克定律和库兹涅茨法则外，还有一种重要的理论，被称为技术升级与产业链延伸理论，虽然这一理论缺乏系统总结，但是目前其在理论和实践中具有重要地位。该理论认为，在没有新的产业出现的情况下，已有产业可以通过自身技术的不断升级对自身进行改造，提升自身产品的质量。这在特定情况下也会催生新的产品和技术，从而形成新的产业。在战略性新兴产业中，一部分新产业的形成依赖于技术创新，另一部门新产业诞生于旧的产业部门，如高新技术改造传统优势产业形成的光电产业和电子汽车产业等。随着社会经济发展和企业管理水平的提高，多数企业能够跳出企业生命周期的怪圈，从而通过自身技术革新实现产业生命周期阶段的改变。除了技术水平外，另一个影响新产业形成的重要驱动就是产业价值链延伸，通过产品自身的提升，延长产品产业链，提升产品附加值，使得产品中含有更多的技术含量，这也是催生新产业的主要途径之一。因此，战略性新兴产业和传统优势产业之间并不是相互矛盾地存在，而是通过对新技术的应用，传统优势产业部门能够实现自身技术水平的提升和产业链的延长，从而出现新的与战略性新兴产业关联的部门，产业升级的关键不再是旧的产业淘汰，而是一个落后技术不断淘汰、新技术不断扩展应用的过程，战略性新兴产业和传统优势产业是相互依存的关系，两者之间可以有效地协调融合。

二、区域分工理论

战略性新兴产业的布局、战略性新兴产业与传统优势产业的融合都是区域分工理论的重要内容。所谓的区域分工理论是指地区的产业发展需要根据自身主观和客观条件进行准确定位，发挥区域优势，避免劣势，挖掘区域发展潜力。战略性新兴产业概念的提出表现了我国对于战略性新兴产业扶持的决心，为了国家的整体利益和长远利益对部分新兴产业进行合理的扶持，并进行区域布局，正是区域分工合作理论的具体应用。

亚当·斯密首先提出了比较优势理论，1776 年，亚当·斯密在《国富论》中对国际分工和经济发展水平之间的相互关系展开了讨论，被称为“绝对优势理论”。这一理论认为，不同的国家或者地区在生产产品时会出现差异，导致某一区域的部分产品或者产业具有自身独特的优势。在相同的产业部门或者产品相同的情况下，由于贸易的存在，各国家或者地区可以根据自身优势生产成本较低的产品，从而实现区域贸易的发生并产生贸易利润。

1817年，大卫·李嘉图阐述了比较优势理论的基本内容，在《政治经济学及赋税原理》一书中，以劳动价值论为基本的理论基础，以两个国家为基本模型对这一理论进行了解释。该理论将国际贸易的最初界定为生产技术的相对差异，而并非绝对差异，并这一差异的存在导致相对成本的不同。每个国家或者地区在进行贸易的同时会根据利润最大化原则——“两利相权取其重，两弊相权取其轻”。对于具有比较优势的产品进行集中生产，通过进口具有“比较劣势”的产品降低自身的生产成本。该理论在更为普遍的基础上解释了贸易产生的基础和贸易利得，是对绝对优势理论的有效发展。

大卫·李嘉图继承了亚当·斯密的经济自由主义，认为在充分的贸易自由的情况下，每个国家或者地区应该将资本投入那些最有利可图的行业部门，这样可以实现个人利益和国家利益的有机结合，从而推动国家工业基础的发展，促进经济分配的合理性。通过利益交换可以实现个人与社会、国家之间文明的交流和联系。虽然大卫·李嘉图的这一思想存在较多争议，特别是自由贸易思想受到历史条件的限制具有局限性，但是其提出的资本投入最为有利的行业的理论却成为产业政策和国际贸易的基本规则，对古典国际贸易理论的发展做出了极大贡献。比较优势理论除了适用于国际贸易问题以外，对于其他经济问题也具有广泛的适用性，当前的战略性新兴产业正是“最为有利可图”的行业，这也是各国努力发展战略性新兴产业的初衷。

20 世纪初，俄林（Ohlin）和赫克歇尔（Heckscher）在比较优势理论缺陷的基础上，从生产要素比例出发解释了生产成本和商品价格的差异，说明比较优势的产生并非是由于生产技术的差异。该理论认为资本、土地与劳动力等要素通过影响劳动生产率和生产成本而产生作用，商品生产之间要素配置的差异导致生产性资源配置或者要素禀赋的差异才是贸易产生的基础，从而有效地扩展了传统的比较优势理论。

20世纪80年代，由于传统优势产业比较优势理论自身存在的缺陷及传统优势产业发展过程中暴露出的生产力严重不匹配问题，克鲁格曼（Krugman）和赫尔普曼（Helpman）提出了新贸易理论，将规模经济引导到比较优势分析中。该理论认为，不同国家或地区之间在进行贸易时，具有相似技术的国家或地区更加倾向于进行同类产品的贸易，这是国家根据产业规模收益递增的基本理论进行专业化生产的结果。贸易优势与国家生产要素禀赋差异之间的关系并不大，国家或者地区对于产业的发展可以说在一定程度上有历史的偶然性。在竞争条件不同或者产品贸易相似的条件下，生产技术的变化决定了要素的需求和回报。通过改变生产技术可以有效地对生产要素的需求结构和收益格局进行调整，从而可以在相似的要素配置条件下影响贸易，有效地促成同类产品的贸易。与此同时，该理论还认为，由于不完全竞争和收益递增的广泛存在，国家或者地区在进行贸易时可以有效地采取战略性贸易政策，创造对自身有利的竞争条件。在部分产业部门规模经济效益十分突出的情况下，发展这些部门并促进其获得比较优势，可以促进全球专业化格局的形成，并改变产业的发展方向。

除了比较优势理论以外，区域分工理论中产业集群理论也是解释战略性新兴产业发展的重要支撑理论之一。产业集群理论是 20 世纪 80 年代出现的一种经济理论，其基本含义是，在特定区域内的特定领域，企业间的集聚形成了关联产业和专门化的制度及协会，从而有利于市场竞争机制的形成并降低交易成本，使得企业共享基础设施和经济的正向外部性，进而形成产业发展的集聚效应和规模效应，提升区域整体的产业和经济竞争力。产业集群理论作为产业空间组织形式的重要理论，得到了国内外学者的极大关注，特别是该理论对于竞争优势的分析，使其在国家或者地区产业规划和发展中的地位越来越重要。特别是对于发展中的国家和地区而言，在城市的发展和规划中，产业集聚的相互关联是进行产业基础分工、延长产业链、细化分工及降低生产成本的重要形式。产业集聚可以使得人才更为集中，技术交流更为便捷，降低公共服务的成本，形成区域独特的竞争优势。特别是产业之间的关联及产业链的发展是产业集群形成的重要基础。当前在各国战略性新兴产业发展过程中都将新兴产业的发展以产业基地的形式展现，并与传统优势产业之间形成十分紧密的产业链，可以看出产业集聚在战略性新兴产业发展中起到了重要的推动作用。

三、发展阶段理论

产业发展的过程是一个阶段性进步的过程，多数研究对于产业发展阶段的认知，仅仅停留在第一产业向第二产业和第三产业演进上。但是产业内部、不同地区之间由于发展阶段的差异，其产业演进的过程和阶段存在较大差异，从而形成不同的产业发展阶段理论。

（一）产业发展阶段理论

产业发展阶段理论以钱纳里工业化阶段理论和霍夫曼理论为主要内容，阐述了产业发展从低级到高级的基本特征。

1. 钱纳里工业化阶段理论

钱纳里工业化阶段理论主要解释了制造业内部的产业转换，认为产业之间的关联效应为制造业内部的结构变动奠定了基础。在研究中，钱纳里发现制造业受到人均国民生产总值（gross national product，GPN）、投资率和需求的影响相对较大，但是对于初级工业品输出率的影响较小；并根据人均GDP将工业发展从不发达向成熟发展的阶段划分为三个主要阶段和六个发展时期。

首先，第一阶段是初级产品阶段，包含不发达经济阶段和工业化初级阶段两个时期。初级产品阶段是指在经济发展初期，制造业部门以低端制造业为主，如食品加工和纺织等。在不发达经济阶段，产业仍然以农业发展为主，现代化的工业部门极少，生产力水平十分低下。工业化初级阶段相对于不发达经济阶段，工业化水平略有改善，产业仍然以农业部门为主，但是向现代化工业发展的趋势明显，劳动密集型产业开始集中出现。

其次，第二阶段为产业中期阶段，包含工业化中期和工业化后期两个发展时期。在产业中期阶段，制造业部门在经济发展中处于主导地位，石油化工等重工业部门发展迅速。当处于工业化中期阶段时，制造业由轻工业向重工业部门发展，重工业代替轻工业成为主导产业，第三产业开始发展，此时劳动密集型产业仍然是主导产业，第三产业尚未超过第二产业。随着第三产业的发展，中期产业开始进入第二阶段，即工业化后期阶段，此时第三产业成为区域经济的主导力量，服务业发展迅速。

最后，后期产业开始分化为后工业社会和现代化社会，劳动密集型产业开始逐渐向技术密集型产业发展，知识密集型产业从服务业中分离出来。

根据钱纳里的理论可知，当前世界产业发展的基本特征是第三产业快速发展。在发达国家，第三产业对经济的贡献达到了70%以上，发展中国家部分新兴经济体第三产业的发展也超过第二产业并成为主导产业。因此，当前产业发展处于工业化后期社会向后工业化社会转变的阶段，此时产业发展的基本趋势是以技术密集型产业和知识密集型产业为主导，而战略性新兴产业的发展顺应了这一产业发展基本阶段理论，战略性新兴产业以技术和知识密集型产业为主，带动相关产业及生产性服务业的极大发展，可以为人们提供现代化、多样化及个性化的产品。

2. 霍夫曼理论

霍夫曼理论是霍夫曼（W. C. Hofmann）根据工业化早中期的发展经验总结出来的基本理论。他把工业化阶段中产业结构特征向工业化后期进行推算，其基本内容包括：资本资料工业占制造业的比例不断提升并超过消费资料工业的比例。

其含义是国家或者地区的工业化无论从哪个时期开始，都会表现为相同的发展趋势，即随着工业化进程的不断发展，消费部门与资本部门的净产值之比是不断下降的，其中霍夫曼公式为

霍夫曼比例 = 消费资料工业净产值/资本资料工业净产值

根据霍夫曼比例，可以将产业发展的工业化阶段按照四个阶段进行划分。第一阶段，消费资料占据了制造业的绝对统治地位，资本资料比例较小，消费资料净产值是资本资料的 5 倍以上；第二阶段，资本资料快速发展，且增长速度快于消费资料，但是资本资料总量仍然低于消费资料，消费资料仍然高于资本资料 2.5 倍以上；第三阶段，消费资料和资本资料规模相同，两者的净产值实现了均衡，但是资本资料的发展速度明显快于消费资料，消费资料的增长速度继续放缓；第四阶段，资本资料超过消费资料且比例不断提升，资本资料的净产值首次超过消费资料。

根据霍夫曼理论的基本内容可知，在工业化的过程中，资本资料的比例不断上升并最终超过消费资料是必然趋势，资本资料必然成为产业发展的主导部门。事实证明霍夫曼的理论符合工业化前期阶段的特征，德国、日本等发达国家的发展经验也从不同侧面印证了霍夫曼理论的正确性。战略性新兴产业的七大产业门类，主要是工业部门中的资本资料，虽然霍夫曼两部门假设忽略了服务业的发展，但是在战略性新兴产业发展过程中，重点培育资本性产业是未来产业发展的必然趋势。

（二）国家发展阶梯理论

巴拉萨（Balassa，1982）在新古典贸易理论的基础上提出了关于国际贸易的优势转移假说，根据这一假说形成了阶梯比较优势理论。这一理论认为各国的比较优势和进出口商品的结构改变是由于生产要素的不断积累。新古典贸易理论习惯上按照发达阶段和落后阶段对国际分工进行两极化划分，但是巴拉萨则认为经济发展阶段是阶梯化发展的。发展阶段是一个连续更新的过程，中间存在过渡阶段而非两极化中断的。根据发展阶梯理论的基本阶段划分，巴拉萨将当时的世界划分为四个阶梯：第一阶梯是欧洲、美国、日本、韩国等发达国家或地区；第二阶梯是当时世界新型工业化国家，如巴西、新加坡、墨西哥等；第三阶梯为刺激新兴工业化国家，如东盟各国、中国、印度；第四阶梯为世界其他发展中国家。2008 年金融危机以后，世界阶梯的划分发生了较大变化，中国、俄罗斯、巴西、印度和南非等“金砖五国”成为仅次于第一阶梯的新型工业化国家。

根据这一发展阶梯划分，各阶梯之间的比较优势是一个动态变化的过程。各国按照自身所具有的比较优势发展相关产业进行商品出口，能够利用自身优势产

业取代更高阶梯所在国家发展阶段升级以后淘汰的产业。在这一格局中，无论是发达国家还是信息工业化国家都会根据自身的比较优势发展不同的新兴产业部门，与此同时淘汰不再具有发展潜力和比较优势的产业，向下一发展阶段的国家进行产业转移。以国际贸易和出口为发展导向的国家可以利用自身所具有的比较优势，获得进入更好发展阶梯的机会。但是与此同时，发展中国家在国际竞争中难以获得比较优势，面临着阶梯攀登失败的风险。这是因为国际竞争的加剧导致发展中国家需要不断地适应新的国际分工，由于技术和资本的限制，发展中国家在竞争中甚至难以维持现有的状态。发展中国家更多地依靠自身廉价的劳动力、丰富的资源及巨大的市场潜力进行初级产品的加工制造，使得发展中国家成为国际经济增长的引擎。发展中国家贸易和发展政策的一致性导致贸易保护主义盛行，加上技术标准由发达国家主导，发展中国家必须进行生产技术的升级改造以适应这一国际贸易现状，但是技术进步速度限制了发展中国家产业转型的速度，从而难以扭转对发展中国家发展和贸易造成的损失。

多勒尔（Dollar，1993）以发展中国家为例，研究比较优势在技术和制度方面的扩展，认为发展中国家虽然在世界技术进步与技术创造的过程中落后于发达国家，但是发展中国家的比较优势获得及经济增长都对技术进步存在较大依赖性。当前的国际趋势表明，发展中国家希望从发达国家引进有利于自身发展且适应自身制度的先进技术，这一理论得到了实证研究的支撑（Barro，1989）。研究表明各国经济增长与工业设备、劳动力素质及对外开放之间存在较高的相关关系，落后地区的经济发展可以从先进技术的引进中获得巨大促进作用。然而技术引进能够对经济增长起到作用，需要依赖于相应制度的支持，如教育体制、经济体制和对外开放体制等。多勒尔认为制度作用于先进技术，需要较长时间的积累，只有这样发展中国家才能从知识积累中获得长期收益，强调了技术进步和制度激励是发展中国家获取比较优势的源泉。

巴拉萨和多勒尔的发展中国家比较优势理论，在我国的问题上引起了广泛的争论。其焦点是这一理论在指导我国经济发展中的作用。林毅夫等（1999）认为赶超战略对我国经济发展带来了巨大危害，无法保障中国经济的持续高速增长，我国应该制定出符合我国发展阶段的比较优势制度。林毅夫等（1999）在总结赶超战略的危害时认为，赶超战略失败主要是由于这一战略为了实现少数产业的赶超牺牲了整体的经济发展，我国现有的技术和资源不足以支撑经济结构和经济总量的整体提升。赶超战略对于产业部门的扶持违背了市场资源配置规律，导致了不符合资源禀赋比较优势的产生。这一比较优势是以扭曲价格并长期依赖国家政策形成的，是不可持续的。因此，林毅夫认为我国经济发展应遵循比较优势理论，充分利用我国的技术条件和资源禀赋。

但是国际贸易产品中，发展中国家以劳动密集型产业为主导产业，发达国家主导产业虽然不是劳动密集型产业，但是并不代表其不存在相似类型的产业，并凭借自身优势，以资本和技术替代劳动，使得发展中国家的劳动密集型产业很容易失去比较优势。另外，发达国家由于技术和资本替代了更多的工作岗位，为了缓解就业压力，通常会建立贸易壁垒来阻碍发展中国家产品的进入。这就使得发展中国家在国际贸易中难以同发达国家公平竞争，从而陷入“比较利益陷阱”，处于国际贸易中的不利地位。我国产业发展为了摆脱这一不利局面需要将比较优势转换为竞争优势，其中转换的关键是高新技术的发展，特别是将高新技术与我国丰富的劳动力相结合，并制定促进技术进步的贸易政策，通过扶持处于幼稚期的高新技术产业获取经济增长和产业转型的内生比较优势。

综上所述，发展阶段理论可以为我国产业发展提供良好的借鉴。我国当前处于新型工业化国家发展阶段，需要重点培育自身的比较优势和竞争优势。战略性新兴产业是当前产业发展的基本趋势，技术含量高，成为各国争夺的未来科技制高点。对战略性新兴产业的培育符合我国当前的历史发展阶段和国情，是我国迈入第一阶梯国家行列的重要机遇。

第三章 战略性新兴产业发展的国际经验

本章主要介绍国内外主要发展经济体及新兴经济体的战略性新兴产业发展现状与规划，为安徽省战略性新兴产业发展提供借鉴。由于与国外对于战略性新兴产业的定义存在较大的差别，为了数据的可比性，以我国划分的七大重点战略性新兴产业部门为依据进行分析。重点分析各经济体及各产业部门的发展特征、发展模式、产业政策等。

第一节 国外战略性新兴产业的发展特征

一、国外战略性新兴产业总体发展特征

战略性新兴产业的发展受到世界各国的重视，主要的发达国家和发展中国家新兴经济体都开始逐渐重视战略性新兴产业的发展，各国对于战略性新兴产业的概念、定义和发展路径各有差异，也较少有其他国家对战略性新兴产业具体行业进行划分，为了统计口径一致性，我国颁布的相关产业统计数据依然以我国对于战略性新兴产业的行业划分为依据。当前战略性新兴产业的发展有两个重要节点：一个是2008年金融危机冲击导致的世界新兴经济增长点的转移；二是2012年以后我国明确颁布的扶持战略性新兴产业发展的相关政策。

总体上战略性新兴产业的发展处于快速发展阶段，新产业不断涌现，原有产业向产业化和应用化发展。2012～2016 年在世界范围内战略性新兴产业的专利申请量不断攀升，如图 3-1 所示，从 2012 年的 618 221 项上升到 2016 年的 776 045 项，总的发明专利量达到约 357 万项，年均增长率达到了 5.8%。为了给安徽省经济发展提供有效的借鉴，笔者总结了世界当前战略性新兴产业发展的基本特点，并按照产业部门，对相关产业的基本发展情况进行介绍。

（一）环保产业

当前环保产业领域的竞争成为各科技竞争的一个主要领域，特别是在 2008 年全球金融危机以后各国纷纷出台促进环保产业发展的政策措施，并以减排规则和碳关税来建立全球贸易壁垒，主要经济发达国家主导全球经济新规则，迫使发展中国家生产成本提升，国际竞争的准入门槛不断提高。发达国家的生产已经符合特

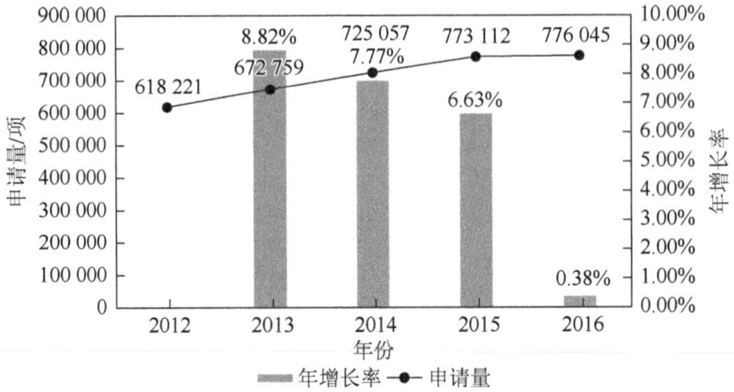

图 3-1 2012～2016 年世界范围内战略性新兴产业发明专利申请量

定的技术标准，能够对清洁生产领域的成本进行有效控制，从而建立起遏制发展中国家发展速度的绿色壁垒，在完善环保技术支撑下的发达国家市场体制深入经济活动的各个层面。环保问题具有多样性和复杂性的特点，环保产业以技术创新为基本主线发展，是环保技术不断应用和产业化的结果，不仅保护了生态环境，也促进了产业整体技术水平的提升。

当前环保产业发展最为完整的主要是美国、日本、欧洲和加拿大等国家和地区。其中美国是环保技术领域最大市场的国家，环保产业总值占据了世界环保市场三分之一以上的份额。其次是日本，其在洁净产品设计和生产方面的巨大优势使得日本绿色生产设备和绿色汽车占据了世界的主要市场，形成了一批具有国际影响力的大型跨国公司。

随着全球一体化进程及环境保护和人类可持续发展呼声逐渐提高，环保产业市场在不断扩大，2010 年全球环保市场总规模达到了 10 573.54 亿美元，2010～2015 年呈现不断上升的趋势，2016 年全球环保产业产值相对于 2015 年略有下降，但是依然高于 2014 年，如图 3-2 所示。

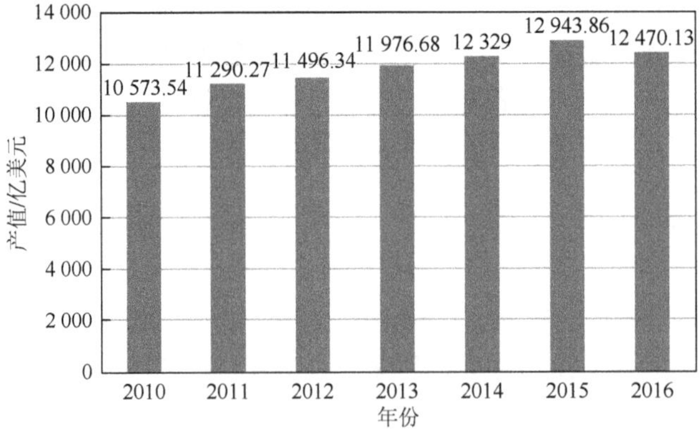

图 3-2 2010～2016 年全球环保产业市场规模

从环保产业的细分行业来看，水供应/废水处理、回收/循环、废弃物管理占据了环保市场的绝大部分市场份额，是当前环保产业的主要产品和服务内容，2016 年水供应/废水处理市场规模达到了 4444.22 亿美元，创造了历史新高。表 3-1 为世界环保产业市场主要结构，由表 3-1 可以看出：环保服务涉及的产业部门主要是环境咨询及相关服务，2010 年其市场规模就达到 380.03 亿美元，到 2016 年增长到 452.60 亿美元，环保服务作为环保产业和第三产业的综合部分，随着经济水平的增长和环保技术的变化必定会进一步扩大市场份额。环境监测、仪器仪表和分析及海洋污染防治分别属于环保设备产业和海洋环保产业。环保设备对于技术水平要求较高，主要掌握在美国、日本和欧洲主要发达国家市场，是未来环保产业重要的发展方向之一。海洋环保作为近年来受到重视的领域，由于其界限性及治理难度较大，除极少数国家开始进行海洋环保以外，大多数国家和地区不具备海洋环保产业治理和形成相关产业的能力。

表 3-1　世界环保产业市场主要结构　（单位：亿美元）

项目	2010 年	2011 年	2012 年	2013 年	2014 年	2015 年	2016 年
水供应/废水处理	3 793.33	4 038.17	4 111.86	4 283.67	4 472.20	4 308.07	4 444.22
回收/循环	3 017.97	3 233.67	3 292.69	3 430.26	3 601.11	3 478.09	3 578.57
废弃物管理	2 272.81	2 426.30	2 470.58	2 573.81	2 687.04	2 598.75	2 670.23
空气污染	447.97	474.42	483.07	503.26	536.30	524.87	532.95
污染土地复垦和整治	431.60	462.23	470.66	490.33	517.73	497.64	514.49
环境咨询及相关服务	380.03	408.13	415.58	432.93	455.45	444.76	452.60
噪声和振动防治	102.59	110.48	112.49	117.19	123.54	120.65	122.77
环境监测、仪器仪表和分析	70.31	75.67	77.06	80.27	86.13	85.98	85.58
海洋污染防治	56.93	61.20	62.32	64.93	69.15	67.60	68.72
总计	10 573.54	11 290.27	11 496.31	11 976.65	12 548.65	12 126.41	12 470.13

（二）新能源产业

当前新能源的利用主要涉及风能、太阳能、地热能、生物质能和核能等。从全球风电利用水平来看，2015 年全球新增风电 630 467 兆瓦，其发电总量等于 60 座标准核电站发电总量之和。随着当前风电利用技术的进步和成本的降低，特别是日本福岛核泄漏事故发生以后在世界范围内核电站建设出现停滞现象，风力发电成为主要的开发能源，从而使得风力的发电总量超过核电，成为清洁能源领域所占比例最大的新能源。从图 3-3 可以看出 2005 年全球风力发电累计装机量仅有 59 091 兆瓦，到 2016 年总量增长到 486 794 兆瓦，增长量超过了 7 倍。

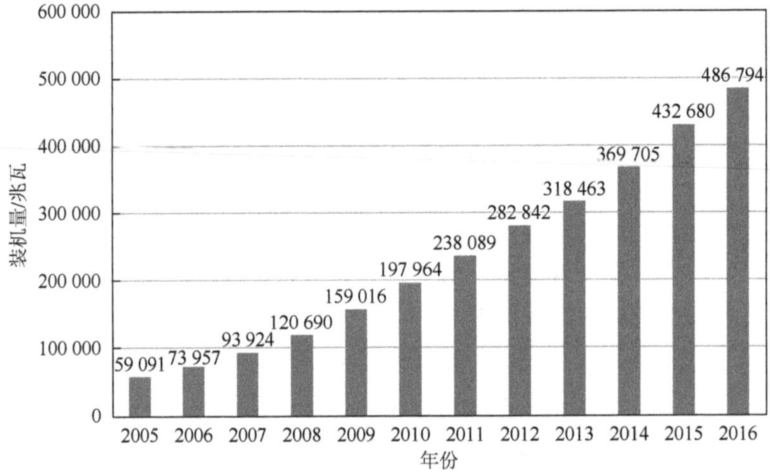

图 3-3　2005～2016 年全球风力发电累计装机量

资料来源：全球风能协会

从图 3-4 可以看出 2005～2012 年全球风力发电新增装机量呈现增长的趋势，2009 年出现快速增长，主要是因为金融危机以后各国重视清洁能源产业的发展，开始将发展目光转向风力能源领域，2013 年风力发电新增装机量出现较大幅度下降，但是 2014 年和 2015 年风力发电新增装机量继续维持增长的态势。

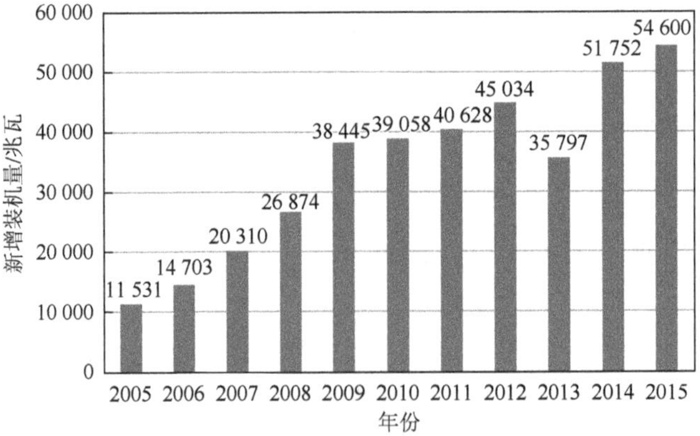

图 3-4　2005～2015 年全球风力发电新增装机量

全球太阳能发电总量不断上升，太阳能利用技术不断成熟，应用领域不断扩展。2007 年全球太阳能新增装机量仅有 2.5 吉瓦，2011 年以后开始迅速增长，2015 年全球太阳能新增装机量达到了 50.9 吉瓦，2016 年再次出现跳跃式增长，GTM Research 的调查数据显示，2016 年仅中国太阳能新增装机量就达到了 34 吉瓦，印度在 2017 年超过日本成为太阳能利用领域的全球第三大市场。根据预测，未来全球太阳能新增装机量将会进一步攀升，预计到 2020 年以后全球太阳能新增装机量将会超过 100 吉瓦，如图 3-5 所示。

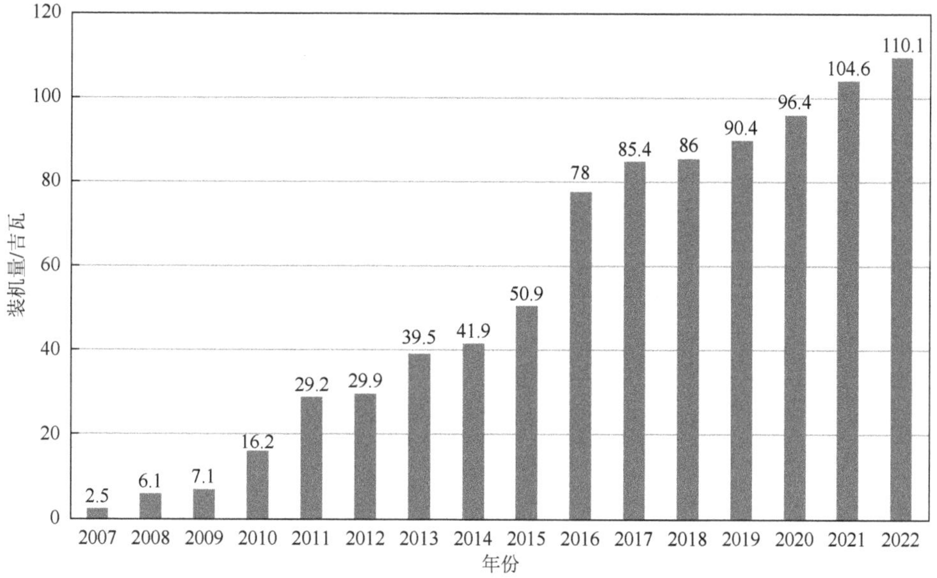

图 3-5　全球太阳能新增装机量及预测装机量

2020、2021、2022 年数据为预测值

由图 3-6 可知，2007 年全球生物质能新增装机量达到 3400 兆瓦，2007～2011 年生物质能新增装机量保持增长的趋势，2012 年下降到 5700 兆瓦，2011～2014 年呈现波动状态，主要是由于生物发电可能危害农业生产因此受到部分国家和地区质疑，导致其增长缓慢，另外风力发电技术成熟起来，挤占了生物发电的市场份额。2015 年随着生物质能技术成熟，新增装机量快速增长，2015 年新增装机量达到 11 200 兆瓦，首次突破 10 000 兆瓦。2007～2015 年全球生物质能累计装机量保持稳定增长，从 2007 年的 52 600 兆瓦上升到 2015 年的 106 000 兆瓦，累计装机量翻了一番，基本保持年均 9.15%的增长速度。

从全球生物质能发电总量来看，2007～2017 年全球生物质能发电总量不断攀升，2007 年全球生物质能发电量仅有 1089.6 亿千瓦时，到 2015 年上升至 3896.2 亿千瓦时，增长量超过了 2 倍，特别是在 2012 年以后，全球生物质能发电量突飞猛进，仅

2012年全球生物质能发电量相比于2011年增长了82.11%，达到3670亿千瓦时，如图3-7所示。

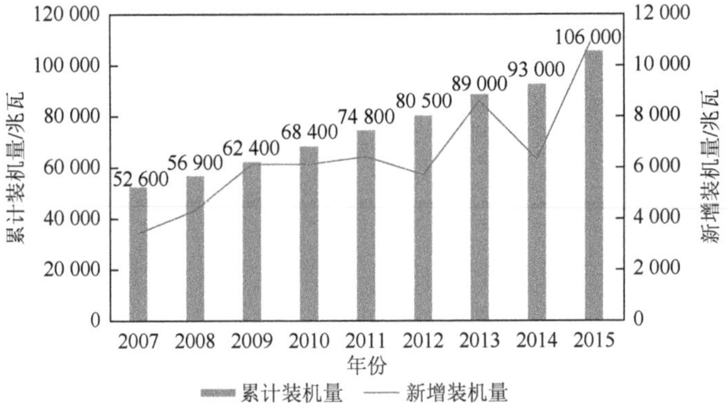

图3-6　全球生物质能累计装机量和新增装机量

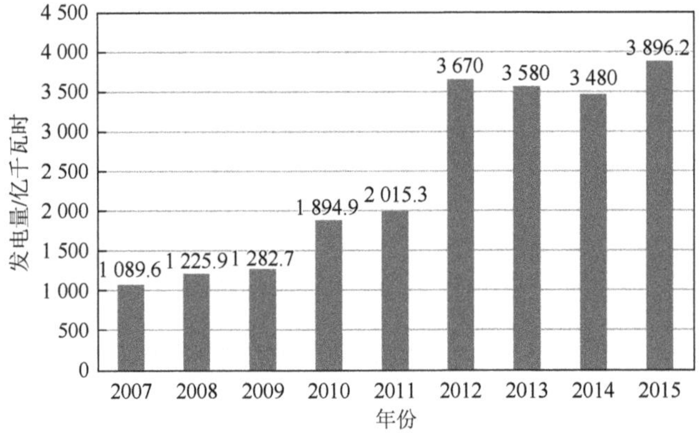

图3-7　全球生物质能发电量

从全球生物质能和垃圾发电累计装机量来看，欧洲地区生物质能利用水平较高，2007年欧洲生物质能及垃圾发电累计装机量达到16.8吉瓦，占到了全球装机总量的31.9%，2007～2015年欧洲地区生物质能发电累计装机量基本维持在全球30%左右的市场份额。亚太地区生物质能装机总量位居第二位，主要是中国、日本等地区生物质能发电总量较大，亚太地区人口密集，生物质能装机总量虽然较大，但是各国生物质能利用效率却低于欧美地区。美国生物质能装机总量是所有地区中降低最为明显的，2007～2015年生物质能和垃圾发电累计装机量从22.2%下降到14.1%，得益于美国太阳能发电和风力发电技术的进步及页岩气等新能源的开发，美国非粮食作物更多地用于出口。巴西作为发展中国家，生物质能和垃圾发电累计装机量从2007年的6.8%快速增长到2015年的14.4%，发展最为迅速。由于受到经济水平和技术的限制，中东、非洲及美洲其他地区的生物质能发展较为落后，如图3-8所示。

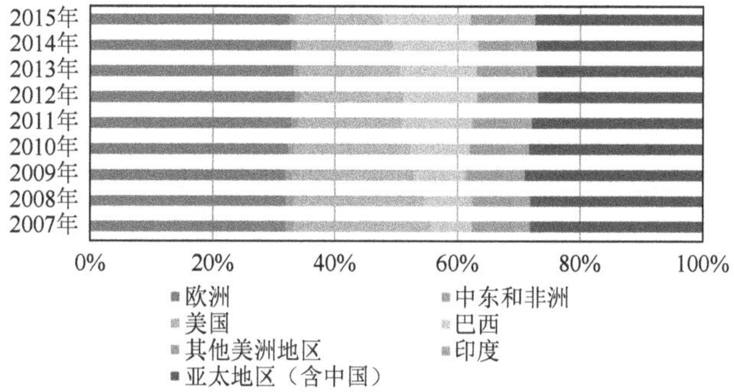

图 3-8　2007～2015 年全球生物质能和垃圾发电累计装机量比例

（三）新一代信息技术

新一代信息技术具有较高的科技含量、较低的能源消耗，特别是第三次科技革命的本质就是在信息技术主导下的产业革命，因此信息技术和信息安全不仅关系到国家经济的增长，也涉及国家安全和稳定。当前全球信息产业进入成熟发展的阶段，新技术不断涌现，既有的技术走向成熟化和产业化，信息产业市场规模不断扩大。根据统计数据可知，2016 年全球信息产业市场总规模达到了 3.87 万亿美元。从图 3-9 可以看出，在 2010 年以前全球新兴产业规模波动较大，2010 年以后增长速度波动较为规律。2010～2013 年新兴产业年均增长率达到了

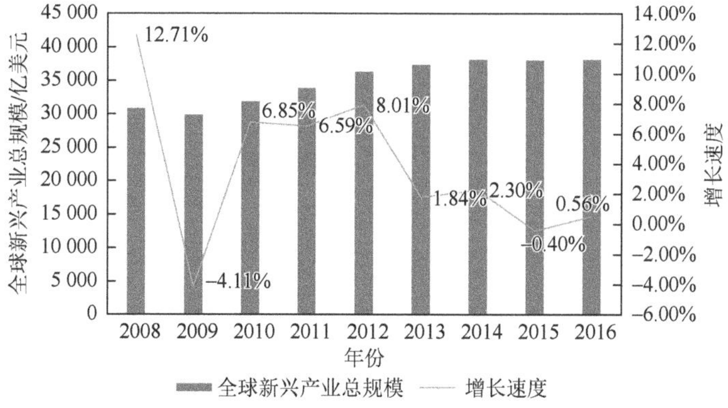

图 3-9　全球信息产业市场规模

5.82%，2013 年以后全球新兴产业发展的增长速度波动较小，2014～2016 年的年均增长率约为 0.82%，低于全球经济增长速度，说明新兴产业的发展已经形成较为成熟的市场，现有的新兴产业领域增长速度开始放缓，产业进入成熟阶段。

信息产业的发展可以分成三个主要层级：终端层、网络层和应用层。其中终端层是新兴产业增长最为核心的驱动力，位于新兴产业的第一层级，根据统计数据可知，2016年全球终端层市场规模达到15 606亿美元，网络层市场规模为14 959亿美元，居于第二位；应用层市场规模为8160亿美元。终端层的市场规模较大，主要是因为互联网服务的发展和内容消费的高增长带来的拉动效应。而网络层的增长，主要是由于光纤网络的迅速普及及移动宽带在世界范围内的扩展。

从信息产业链来说，信息产业主要包含信息制造业和信息服务业两大部分内容。信息制造业以信息软件制造为主，2016 年全球新兴制造业市场总规模达到了 11 879 亿美元，占据了较大的市场规模。从信息制造业的分类来看，信息终端总的收入规模在 2016 年达到了 5120 亿美元，网络设备制造规模达到了 2304 亿美元，而企业硬件和软件制造业总的规模为 4455 亿美元。信息终端和企业软件仍然是信息制造业的主要内容。信息服务业可以被划分为三个部分：信息消费、宽带消费和企业服务。信息消费和宽带消费是信息服务产业的主要内容。根据 2016 年统计数据可知，信息服务链市场总规模达到了 26 848 亿美元，信息消费和宽带消费规模分别为 10 486 亿美元和 12 656 亿美元，企业服务规模达到了 3706 亿美元。

终端层和应用层是新兴产业发展的关键部分，新一代信息产业发展无论是从短期还是从长期来看，终端和应用两个层面都是新兴技术投入的重点部分。特别是新技术不断发展，区块链和云服务逐渐替代了企业的软件和硬件设施，这就使得新兴产业终端层和应用层得到增长。根据图 3-10 可知，从 2008～2016 年全球信息产业终端层和应用层的规模比值来看，其均值为 1.76，这意味着终端层市场大于应用层。2008～2016 年终端层和应用层的规模比值不断波动，可以将其划分为四个主要

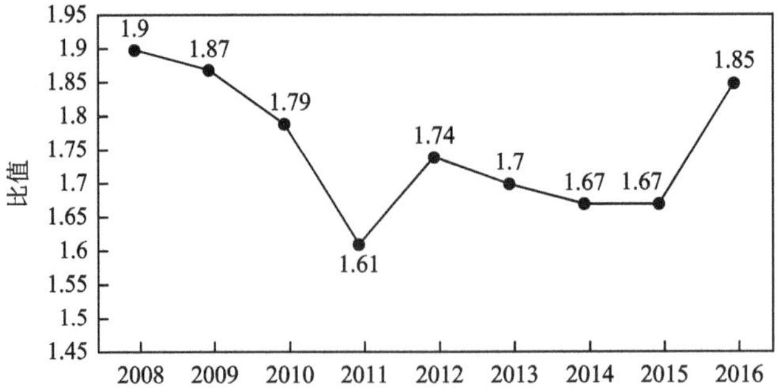

图 3-10　全球信息产业终端层与应用层的规模比值

阶段：2008～2011 年比值快速下降，2011～2012 年及 2015～2016 年比值迅速攀升，2012～2015 年比值缓慢下降。由于云服务、区块链等新一代信息技术的发展尚未全面产业化，企业终端层和应用层的规模比值也出现此消彼长的变化。

（四）生物产业

在生物产业的发展中，各国逐渐重视生物技术的研发和应用，将其作为未来经济主要增长点之一进行培育。美国依据自身经济水平及技术的领先地位，开始从政策和产业层面对生物产业进行扶持，欧盟将生命科学作为 7 个优先发展的领域之一，且仅生物产业一项就占据了全部研发费用的 45%。

当前生物产业最为活跃的领域是生物医药，部分发达国家在生物医药领域占据着绝对的主导地位。截至 2017 年底，全球生物技术药物超过了 2200 种，其中有 1700 种进入了临床试验阶段，自 20 世纪 90 年代以来，生物药品的年均增长率超过了 30%，远远高于传统医药行业 10%的增长速度。

全球4362家生物技术公司中欧洲和美国占据了76%以上，销售额占到了全球生物技术公司的93%以上。美国作为生物技术的龙头，开发的产品和市场销售额均占据了全球70%以上的份额，其中美国生物产业最主要的特色是高昂的研发投入，科学研究与试验发展（research and development，R&D）投入占据了美国生物产业的59%。欧洲地区的生物产业以英国和德国最为突出。英国是在生物医药领域仅次于美国的第二研发强国，剑桥生物技术产业园是世界上最大和最顶尖的生物技术产业园之一。德国则是欧洲生物医药的研发中心。亚太地区的生物医药发展较为落后，占据了全球生物医药销售的3%左右，其中主要以日本和印度为代表，我国生物医药发展明显落后于日本和印度，且多数生物医药产业缺乏自主研发，以服务和生产外包为主。

（五）高端装备制造业

高端装备制造业的几个重点领域，如航空装备制造业、卫星制造与应用业、轨道交通装备制造业、海洋工程装备制造业及智能装备制造业在全球范围内分布极不均匀，主要的领先地区集中在欧美地区，如俄罗斯、欧洲各国、美国和加拿大等，韩国、日本和新加坡的装备制造业发展迅速，在发展中国家中，除了中国、印度和巴西装备制造业水平较高以外，其他发展中国家装备制造业比较落后或者基本为零。

美国和加拿大地区的航空装备制造业、卫星制造与应用业、海洋工程装备制造业及智能装备制造业居于世界领先地位。欧洲装备制造业主要领域发展较为全面，在欧洲一体化进程下各国装备制造业相互协作，整体水平较高，俄罗斯继承了前苏联先进的航空装备制造业和卫星装备制造业，但是其他装备制造业领域相对较为落后，日本轨道交通和智能制造业、精密数控机床、工业机器人水平居于世界领先地位，韩国和新加坡的海洋工程装备制造业占据了国际较大范围的市场，钻井平台、钻井船等大型设备生产和市场竞争能力较强。

（六）新材料产业

新材料产业发展的突出特点是各国进行的较大规模的研发投入，使得新材料产业领域和内容不断延伸，新材料产业发展的主要衡量依据是专利申请总量。图3-11为新材料产业全球专利申请的国家分布情况，可以看出日本新材料产业专利申请总量居于世界第一位，占据世界总量的45%，其次是中国和美国，分别占据全部原创专利的19%和15%。韩国专利申请较为领先，位居世界第五位。欧洲地区（不包括德国）新材料产业发展水平较低，德国新材料专利申请量占比大于欧洲其他国家和地区。

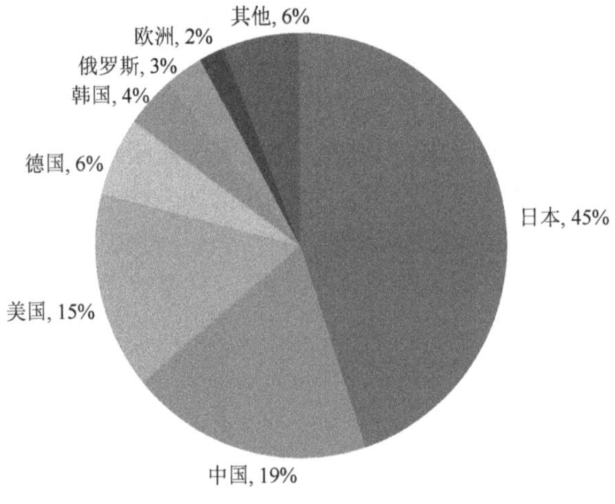

图 3-11　新材料产业全球专利申请总量原创国家（地区）所占比例

从图 3-12 全球专利申请量来看，日本专利申请总量达到了 617 716 项，虽然我国以 252 990 项的总量居于第二位，但是日本新材料专利申请量是我国的 2.44 倍以上，我国新材料产业还有较大的发展空间。欧洲地区德国新材料产业发展水平较高，法国、英国和意大利的新材料产业在欧洲地区发展程度较高。

从新材料产业类型来看，新材料产业主要包含四大关键领域：新型功能材料产业、先进结构材料产业、高性能复合材料产业、前沿新材料产业。根据表 3-2，从主要原创国家（地区）专利申请量来看，在新材料产业四大关键领域中，日本专利申请量占据第一位，日本先进结构材料产业和高性能复合材料产业分别以158 627项和154 109项占据了六个主要国家（地区）的50%以上，新型功能材料产业和前沿新材料产业专利也占据了主要国家（地区）接近半数的专利总量。其次我国新材料产业专利数量居于第二位，约占主要国家（地区）专利申请总量的20%，与日本新材料产业的发展具有较大的差距。欧洲地区主要是德国新材料产业的发展水平较高，欧洲除德国以外的其他地区专利申请总量低于韩国。

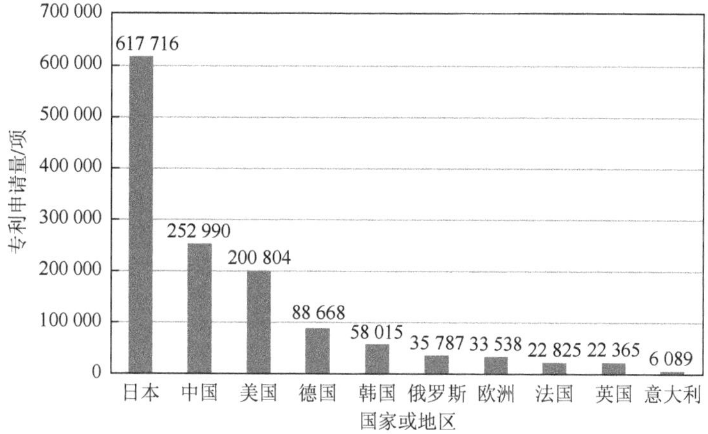

图 3-12　全球范围内专利申请量

表 3-2　新材料产业主要国家（地区）专利分布

国家（地区）	新型功能材料产业/项	先进结构材料产业/项	高性能复合材料产业/项	前沿新材料产业/项
日本	389 225	158 627	154 109	28 052
中国	177 939	58 058	50 825	12 446
美国	133 370	39 887	56 071	9 401
韩国	41 616	11 399	9 824	2 556
德国	59 623	17 700	23 661	3 282
欧洲	21 846	8 043	10 636	1 628

注：欧洲地区不包含德国。

从细分产业来看，其他新型复合材料、其他高性能复合材料和新型膜材料的专利申请量总数达到了714 975项，占据了新材料专利申请总量的50%以上，其中其他新型功能材料和新型膜材料属于新型功能材料，可以看出新型功能材料在新材料产业领域的重要基础性地位。其他高性能复合材料专利申请量达到了270 984项，占到了新材料产业申请总量的 20%，工程塑料材料申请量达到了 181 935 项，这两项属于高性能复合材料和先进结构材料，其重要性可以与新型功能材料相比。生物材料、纳米材料、超导体材料、高纯金属冶炼材料和智能材料的专利申请量在新材料产业中占据较少的比例。智能材料专利申请总量仅有 9014 项，占据全部新材料产业专利申请总量的 7%以下。这些产业属于新材料领域的高端产业，研发投入成本高，中小型企业准入门槛高，技术不成熟，产品主要面向研发和科研领域，尚未形成较大的产业化发展趋势，但是这些产业逐渐受到各国的重视，也是未来新材料产业发展的主要方向，如图 3-13 所示。

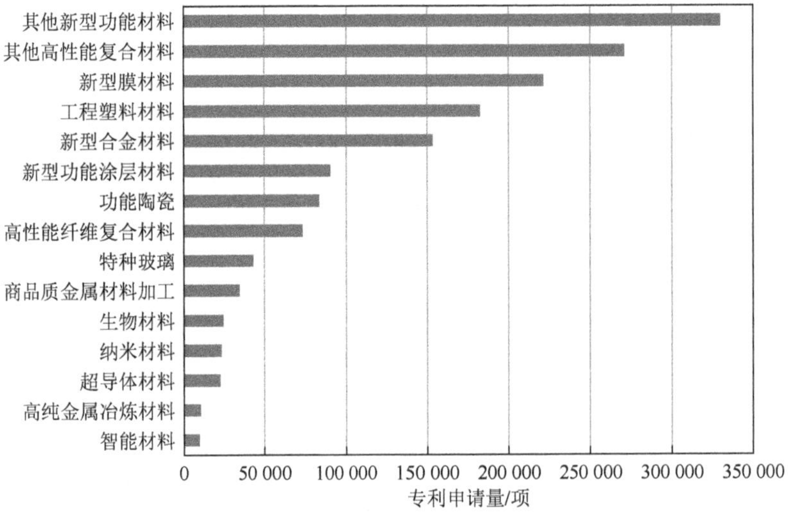

图 3-13　新材料领域专利申请量

（七）新能源汽车

新能源汽车是指除使用汽油、柴油发动机之外所有的能源汽车，包括使用非常规燃料作为动力和使用常规燃料采用新型车载动力驱动的汽车。新能源汽车由于较低的尾气排放、较为清洁高效的能源利用而成为汽车市场发展的重要力量，在全球大气污染和能源危机的背景下发展新能源汽车对各国家和地区具有重要的战略地位。据不完全统计，截至2017年全球液化石油气汽车达到了400万辆，天然气汽车达到了100万辆。全球新能源汽车以中国、欧盟和美国为最主要的生产地和消费地。2016年仅在中国出售的新能源汽车总量达到了32万辆，占到了全球新能源汽车总量的41%左右；欧洲以20.7万辆位居第二位，占全球新能源汽车总量的27%；美国以15.9万辆，21%占比居于世界第三位，中国、欧洲和美国占据了全球新能源汽车的89%，如图3-14所示。

新能源汽车包括纯电动汽车、混合动力汽车、燃料电池电动汽车及其他新能源汽车等，中国新能源汽车以电动汽车为主。2016 年全球新能源汽车销售总量达到了 77.4 万辆，相比于 2015 年增长超过 40%，约占到了全球汽车总量的 0.82%。2015 年我国以 33.11 万辆的电动汽车销售量，超过欧美成为世界上最大的电动汽车市场。2011～2013 年中国电动汽车占比出现下降的趋势（图 3-15），2014 年以后战略性新兴产业支撑计划发挥作用，电动汽车销量开始迅速增加并跃居世界第一位，日本的电动汽车销量在全球的比例持续下降。

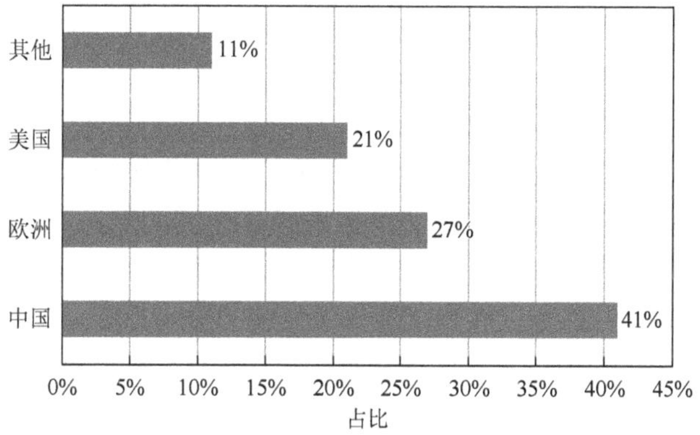

图 3-14　2016 年全球新能源汽车全球销量构成

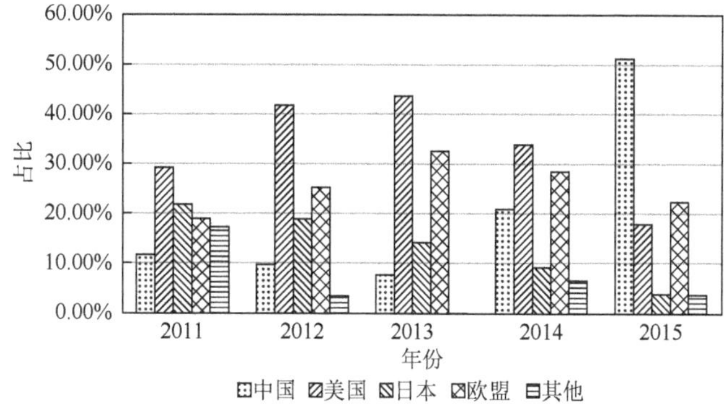

图 3-15　2011～2015 年全球电动汽车市场占比

二、主要国家战略性新兴产业发展特征

（一）美国

美国新兴产业的发展始终围绕着“再工业化”这一战略核心。自奥巴马政府

以来美国产业政策的重点就转移到新能源产业和新一代信息技术产业发展上来，逐渐加强对于先进制造业、生物医药产业、电动汽车产业、新材料产业及新一代信息技术产业的构建和发展。

自20世纪末以来，美国经济增长的主要动力来源是生物科技和电子信息技术的快速发展。2008年的金融危机给美国经济带来了重大影响，美国开始从产业角度思考转型升级，特别是面临着内部和外部环境恶化、能源危机带来的冲击，美国开始以新能源为主要产业方向开展能源产业的扶持政策，以此为契机提出了《能源新政》，将经济增长的方向转向能源安全。2009年《美国复兴与再投资法案》的颁布将美国产业发展的方向进一步地规范到科研、教育、能源、生物医药和生态环境保护方面。2009年美国环保企业数量达到了15万家，为美国经济贡献了1%的GDP总量，产业规模达到2250亿元，其中大型公司占据了全部收入的40%，更多的产值创造来源于中小企业的相互竞争。其中发展最为迅速的是美国可再生能源，2009年就已超过汽车产业成为国民经济最大的支柱产业，产值超过2400亿美元。美国的环保产业在设备生产方面具有全球独特的竞争力，尤其是在水污染和大气污染治理设备领域，成为全球环保设备的技术标准。自20世纪以来，加利福尼亚州、得克萨斯州、宾夕法尼亚州和纽约地区已经形成了较为完善的环保产业链，近年来伊利诺伊州、新泽西州和马萨诸塞州等地区环保产业也得到了迅速发展，在美国和全球居于前列。截至2015年美国环保产业市场规模达到了2340.40亿美元。2010～2015年美国环保产业市场规模一直维持在2000亿美元以上，如图3-16所示。

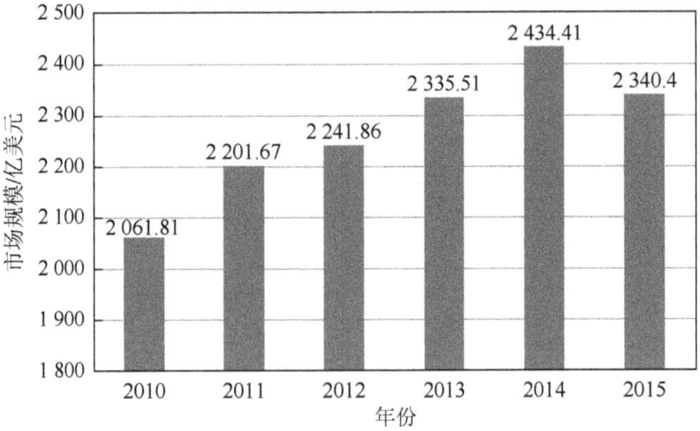

图3-16　2010～2015年美国环保产业市场规模

从环保产业分类上来看，美国环保产业主要涉及三个方面的内容：环保服务、环保设备和环境资源，具体的服务项目涉及污染物的处理、设备和服务，具体内容如表3-3所示。

表 3-3　美国环保产业分类和内容

分类	内容
第一类：环保服务	
环保测试与分析服务	提供环境的分析测试服务
废水处理工程	对生活污水、工业废水进行处理和负责公共废水处理设备的建造
固体废弃物和危险废弃物管理	处理工业固体废弃物、医药废弃物、核废料及其他危险废弃物
环境修复服务	对受污染地区进行环境清洁
咨询与设计服务	对工程设计和方案进行环境评估与环境监管
第二类：环保设备	
污染处理设备	为水污染、大气污染和废弃物污染处理提供清洁、存储和运输等设备
环保信息系统	环境监管的仪器生产和环保管理的信息软件生产
清洁技术和预防设备	为工业生产的污染预防和处理提供设备和技术
第三类：环境资源	
水资源使用	向家庭提供清洁水源
资源回收	向企业回收可用于循环利用的材料
清洁能源	提供太阳能、风能等发电系统、技术和服务

数据来源：公开数据整理。

根据图 3-17，2015 年美国环保产业中比例最高的是环保服务产业，占到了全部环保产业比例的 56.40%，创造了美国环保产业产值的半数以上，其次是环保设备，占到了 22.30%，最低的是环境资源，由于这一产业市场本身就相对较小，占环保产业的比例约为 21.30%。可以看出美国环保产业的发展以服务项目为主，重

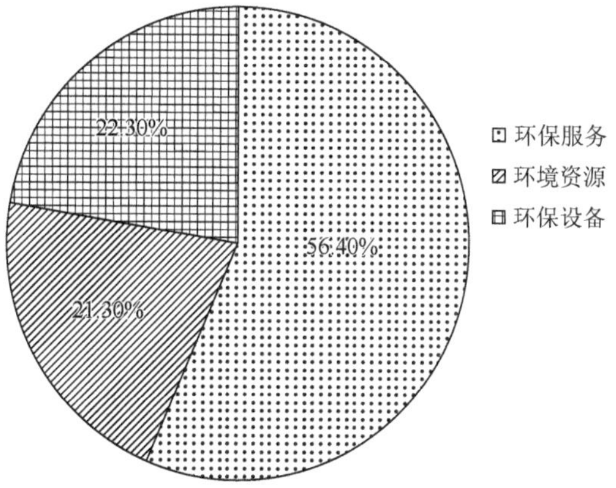

图 3-17　2015 年美国环保市场格局

视环保技术的应用，这不仅符合环保产业高技术水平的要求，也符合当前经济部门以第三产业发展为主的趋势，带动了第三产业相关部门产业的发展，延伸了环保产业链。

在新一代信息技术方面，美国重点发展智能电网和物联网工程。自2011年起美国开展宽带刺激计划，加速智能电网的建设，对计算机技术、网络平台和关键信息系统进行大规模的建设。随着网络和信息技术的不断发展，现有的网络基础设施难以保障国家安全，信息技术发展的需求越来越大。1996年，克林顿政府颁布第13010号行政令对基础设施建设提供保障。2014年，美国再次颁布的《提升关键基础设施网络安全的框架规范》确定了信息技术发展的基本框架，2017年这一框架得到了进一步的扩展，将关键网络设施的安全保障纳入其中，增加了对网络供应链风险管理（supply chain risk management, SCRM）的考虑。在物联网领域，2015年美国投入1.6亿美元来开展以物联网平台为基础的“智慧城市”计划，将物联网安全与物联网应用作为新一代信息技术的主要内容。2016年美国互联网巨头微软、英特尔、通用电气和思科等联合成立开放连通基金会（Open Connectivity Foundation，OCF），开展互联网产业标准体系的建设。2016年，美国国家标准与技术研究院公布《网络物理系统框架》，开始对物联网领域的因素、术语和智能制造等展开定义和进行技术参考，与此同时美国白宫追加8000万美元预算展开互联网领域的技术开发与应用。在大数据领域，美国也处于世界领先水平，在2012年启动大数据概念、技术和标准界定并在2015年成立大数据公开工作组（NBG-PWG），将大数据正式纳入新一代信息技术领域。

在生物医药产业领域，美国的生物医药居于世界领先地位，是美国新的经济增长点。根据图3-18，美国2015年医药市场的规模达到4155亿美元，预计到2020年美国医药产业的规模将会达到5480亿美元，每年的增长速度达到了5.6%。

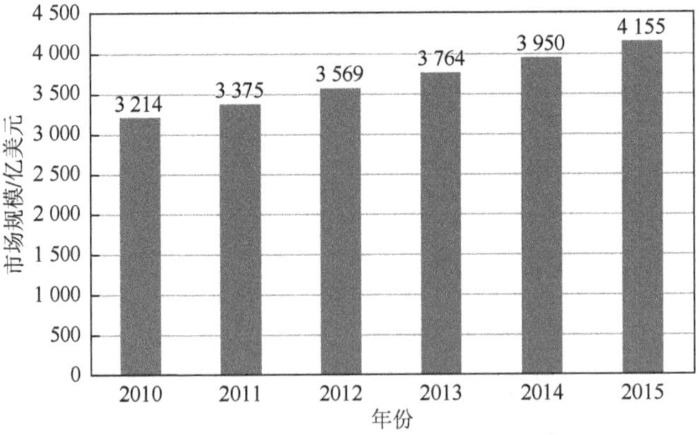

图 3-18　2010～2015 年美国医药市场规模

特别是当前全球老龄化进程发展不断加速，慢性疾病、顽固性疾病及传染性疾病的蔓延，全球范围内的医疗保健支出不断上升的背景下，作为世界最大的医药出口国，美国医疗的世界市场不断扩大，同时国内需求也在不断攀升，2010年美国医药市场规模仅达到3214亿美元，此后一直处于不断上升的趋势。

生物产业涉及医药、农业、环境、海洋、能源和化工等多个领域，当前世界各国 60%以上的生物产业集中于生物医药产业。美国的生物医药产业同样领先世界，是美国高新技术产业的核心产业部门，也是美国高新技术发展的核心驱动力。美国是生物医药相关产业专利主要申请国，其生物医药专利占到了世界生物医药专利的半数以上，与此同时生物医药公司和医药销售市场的半数以上也都被美国控制。美国作为全球生物产业的主要集聚基地，形成了高度集聚的产业集群。在当前美国产业布局中，形成了旧金山、波士顿、北卡罗来纳州研究三角园区、华盛顿、圣迭戈五个最大的生物技术产业集聚区。其中，半数以上的生物医药产业集中在美国旧金山的硅谷，仅硅谷的销售收入就占到了美国全部生物医药产业的 57%以上，且以每年接近 40%的速度增长。由图 3-19 可以看出，美国生物制药行业规模在 2010～2015 年呈现平稳的增长态势。

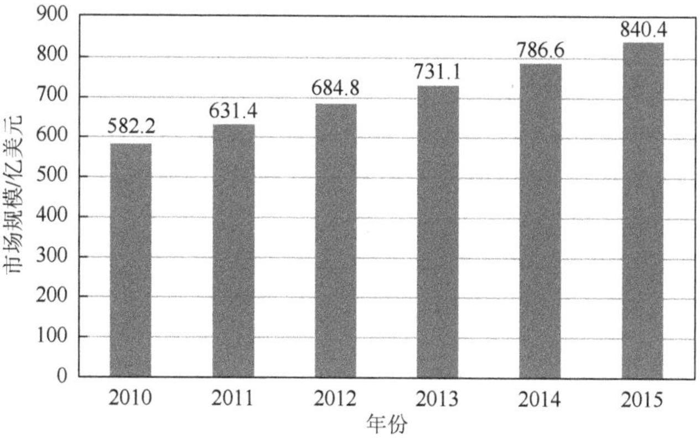

图 3-19 2010～2015 年美国生物制药行业市场规模

美国高端装备制造业发展最为突出的领域是以国防工业为基础的装备制造业部门。特别是美国工业发展规划，自奥巴马政府确定了围绕“重振制造业”的发展方针以后，美国始终以建立大工业为目标，利用自身的创新优势，开展了美国高端国防制造业建设，推动了美国高端装备制造业的发展，主要进行了包括智能制造、太空制造、复合材料制造等与国防相关的工业部门的发展，带动了美国整体装备制造业水平的进一步提升。除此之外，智能制造业是美国装备制造业发展的又一重要领域，3D 打印、云计算和大数据等产业的技术得到突飞猛进的进步，并开展了“智能工厂”和“智能生产”的建设。2011 年，美国政府提出重点发展新一代机器人并发布《确保美国先进制造业的领先地位战略》。2012 年美国政府发布《工业互联网》战略，围绕智能机器与人类发展相互融合的发展核心，将智能制造业作为美国未来装备制造业的重要部门进行发展。2012～2014 年，相继出台了《先进制造伙伴计划》、《美国制造业促进法案》、《振兴美国制造业和创新法案 2014》、国防部《制造技术（ManTech）战略规划》等，重点支持绿色、智能、可持续的国防高端装备制造业。2012 年美国组织实施“国家制造创新网络”（National Network for Manufacturing Innovation，NNMI）计划（后改名为“制造业美国”计划），吸引社会资金建立制造业创新机构，截至 2016 年制造业创新企业成立的 8 家企业中仅有两家尚未与美国国防部建立长期联系，其余企业都或多或少地参与到美国国防装备制造业的发展中，这对促进美国国防高端制造技术的突破和高端装备制造业的创新发展具有深远意义。

新材料产业被誉为“发明之母”和“产业粮食”，每项新材料的出现基本都伴随着科学技术的突飞猛进，科学史上的重大突破都依赖于相对应的新材料的发展。新材料产业的发展对其他产业起到了引领和支撑作用，是最具推动力的基础技术。美国将新材料产业作为经济发展和国家安全的六大产业部门之首进行扶持，在美国 22 项关键支持技术中，新材料产业占据了 5 项，分别是材料的合成和加工、电子和光电材料、复合材料、陶瓷、高性能金属和合金。美国新材料涉及国防工业和航天工业，以国防采购行为推进的新材料产业促进了政策发挥极大作用。自 2000 年美国执行国家纳米技术计划（National Nanotechnology Initiative，NNI）以来，对纳米技术材料进行支持，2001 年美国 NNI 得到了 5 亿美元的支持，在 2005 年这一预算增长到 10 亿美元。此后以基金 20%的速度攀升。

（二）欧洲

欧盟为了应对世界气候变化，各成员国在 2008 年就已经达成促进可再生能源发展和能源效率提升的“20-20-20”战略并形成法律约束，“20-20-20”即到 2020 年温室气体的排放在 1990 年的基础上减少 20%，可再生能源占能源消费总量比例提升到 20%，能源效率提高 20%。欧盟节能环保产业作为各成员国的国家战略进行推进，2013 年欧盟投资 1050 亿欧元发展节能环保和相关产业，2013 年欧盟主要国家（法国、德国、英国和意大利）[①]环保产业规模总量达到了 1022.56 亿英镑。

法国节能环保产业的发展位居全球第四，2017 年环保市场约达到 800 亿欧元，企业数量达到了 1.2 万家，其中大多数环保企业以中小企业为主，为法国创造了数量极多的就业岗位。环保产业总规模在 2015 年达到了 248.14 亿英镑，2010～

① 虽然英国已脱离欧盟，但是现有历史统计数据依然将其归到欧盟成员国进行分析。

2015 年法国环保产业呈现较为平稳的增长趋势。英国环保产业发展规模也相对较大，当前英国拥有生物质能发电站超过 370 座，装机容量达到 848 兆瓦，水电站 200 个左右。在太阳能和风能利用领域，英国具有 8 万多个太阳能热水系统及 1000 多个离网型太阳能光伏发电系统，在光伏发电领域居于世界领先地位；风力发电厂达 110 多个，发电量达到了 1338 兆瓦时，如图 3-20 所示。

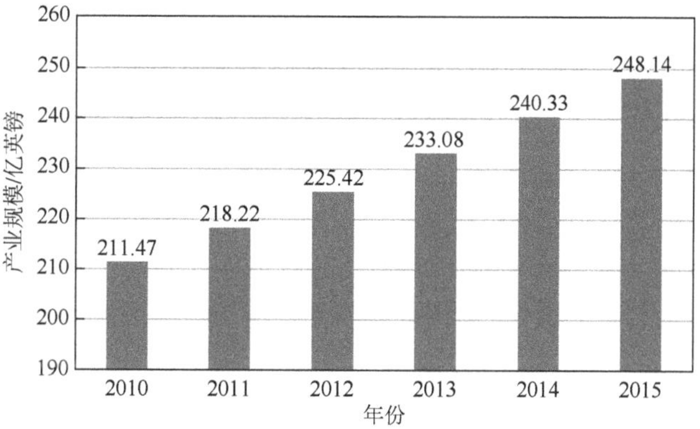

图 3-20　2010～2015 年法国环保产业规模

《欧盟 2020 战略》将新一代信息产业作为主要发展的领域之一纳入《欧洲数字化议程》，提出构建统一的数字化市场，这一议程包含四部分内容：数字市场开发、电子商务发展、数字化统一市场信任体系和电信统一服务市场，其主要内容始终围绕新一代信息技术的发展和应用，为了促进四项计划的实行，欧盟在 2012 年通过了《促进电子商务行动计划》。欧洲新一代信息技术产业的发展重点集中在以下方面：构建信息领域统一标准、建立高速互联网、加强信息技术领域研发、加强信息技术应用、加大信息安全监管、加强信息化宣传和教育。为了实现这些目标，2011 年欧盟通过《欧洲标准规则》，要求为欧盟信息化标准的建立提供相关的法律和法规，并建立欧洲统一的信息技术标准平台，要求政府、企业、服务和科研等领域努力推动信息标准工作。2011 年欧盟实行“连接欧洲通信”项目，投入 92 亿欧元建设欧洲地区的高速宽带网络，并加速建设欧洲数字化服务体系。信息技术领域的发展主要依托“地平线 2020”科研规划对新兴技术的研发加强投入。对于信息技术的应用而言，主要应用领域集中在绿色发展上，特别是智能电网的建设。2016 年《欧盟 5G 行动计划》（5G for Europe：an Action Plan）正式颁布实施，根据这一规划，欧盟成员国的 5G 业务到 2025 年实现主要城区、公路和铁路的覆盖，完善欧盟整体的信息网络，为制造业的发展奠定基础。

在生物制药领域，欧洲各国发展水平较高，其中英国生物制药产业综合实力最高，其中公共研究基金达到了 4921 个，位居欧洲最高地位，同时生物技术公司数量和生物医药产业的从业人口高于其他欧洲国家，其次是德国，公共研究基金数量、生物技术公司数量和从业人口仅次于英国位居欧洲第二位，但是专利申请和授权量居于欧洲最高水平，因此德国是欧洲生物医药产业重要的研发基地。表 3-4 为 2016 年欧洲生物制药产业发展的基本情况。

表 3-4　2016 年欧洲生物制药产业发展情况

国家	公共研究基金/个	专利申请项/亿元	专利授权量/个	生物技术公司数量/个	从业人口/人
英国	4 921	409	236	1 875	235 000
德国	3 379	1 194	570	1 305	151 475
法国	3 061	909	387	600	98 810
荷兰	2 174	259	162	462	35 000
西班牙	2 140	2 166	99	628	27 578
瑞士	1 105	845	319	281	15 362
瑞典	1 198	125	91	596	40 764
比利时	1 220	269	126	300	30 000
丹麦	983	366	162	160	40 000
意大利	2 058	189	145	290	6 874

注：公共研究基金数量的数据来源于欧盟共同研究与发展新兴服务网站（CORDIS）中“生物技术类别”；专利数据来源于欧洲专利局数据 2016 年“生物技术”和“药物”专利申请量；其他数据来源于公开数据统计。

在新材料产业领域，欧洲整体发展水平较高，新材料以德国、英国和法国等国家和地区为代表。欧洲企业发挥传统优势，寻求更大的突破。高技术产业的不断创新，推动了新材料行业的发展。同时电子产品的需求量逐年增加，推动了上游化工材料企业的增加。在未来很长一段时间内，包括半导体功能材料、液晶功能材料、高性能聚合物结构材料在内的新材料产业将持续景气。德国企业中世创(Siltronic)于 2017 年占据了世界市场 15%的份额，是当之无愧的半导体产业巨头，德国林德（Linde）掌握着电子特种气体技术一体化布局的技术，德国科思创（Covestro）拥有聚碳酸酯完整的产业链布局，德国默克（Merck）是世界上较早布局液晶材料市场的企业，德国化工巨头巴斯夫（BASF）在电子材料领域占据重要位置，另外法国液化空气（Air Liquide）等公司在电子气体材料领域占据了 23%以上的份额，2017 年电子气体部门营业收入超过了 16.44 亿欧元。这些欧洲企业起步早，具有领先的技术优势。同时利用成熟的管理运营体系，紧跟迅猛的市场变化，目前在新材料行业保持优势地位，占据了较大的市场份额。但是由于近年来全球半导体中心开始向亚洲转移，欧洲新材料企业也开始在业务范围和区域上受到新兴市场的冲击。

（三）新兴经济体

新兴国家在当前世界经济发展中的地位越来越重要，在全球科技竞争中成为重要的新兴力量，特别是近年来伴随着全球创新要素的转移与重新配置，为部分国家实现科技创新提供了重要的契机。2008 年全球金融危机以后，主要新兴经济体开始对高科技产业进行大力支持。在金融危机期间，全球企业的研发受到了较大规模的冲击，然而只有新兴经济体的中国和印度实现了企业研发的增长。因为与我国同处于新兴经济体的地位，其他国家发展战略性新兴产业的良好经验对于我国相关产业的发展具有较强的借鉴意义。

巴西以生物能源产业为基础。巴西是传统农业国家，热带作物特别是甘蔗和油料作物产量较大，因此巴西战略性新兴产业培育重点以能源工业为基础，重点发展纤维乙醇产业，同时巴西依靠自身丰富的风能发展风电产业，并进行核能建设，在世界新能源发展领域实现了重要的突破。特别是生物能源领先世界，在全球能源利用中生物能源占据了世界主要能源消费市场的 13.6%，欧美发达国家和地区占据了 6%左右的比例，而巴西生物能源占总能源消费量高达 44%，成为当前世界上唯一不供应纯汽油的国家。巴西生物乙醇燃料生产量排名全球第一，消费量保持了全球第二的地位。巴西同时积极开发其他新能源，鼓励和支持风电项目和核电项目，成为南美洲最大的核电拥有国，巴西核电总量占到了全部能源生产量的 4%左右。为了支持新兴产业特别是新能源产业的发展，巴西在金融和人才方面进行了较大规模的政策支持，实施了包括成立专项发展资金、完善信贷支持和降低贷款利率等的金融财政政策，引进了海外高端人才和熟练技能工人。

俄罗斯以装备制造业为重点发展领域。俄罗斯继承了前苏联强大的工业基础，是传统的制造业大国，在当前战略性新兴产业发展的重要节点，通过对自身制造业市场的细分实现产业的创新发展。俄罗斯利用自身良好的重工业基础，走差异化竞争路线，通过传统优势产业与新兴部门的结合，在航天装备制造业、海洋装备制造业、核能工业等领域实现了产业的复苏和发展，在通信领域、纳米技术和生物技术方面也取得了极大的突破。俄罗斯早在 2008 年以前就将纳米产业作为重点发展产业部门进行发展，建立了超过 15 个纳米技术专业化数据库，2009 年又实施了“科技战略的火车头”计划，斥资 2000 亿卢布，促进了纳米技术的发展，将纳米技术广泛地应用于医疗、材料和能源领域。同时俄罗斯重视生物技术的发展，计划在 2020 年前投资超过 1 万亿卢布来支持生物技术的发展，将生物产业提升到俄罗斯国民生产总值的 1%左右。

印度的生物技术和新兴产业同时发展。当前印度生物基因资源十分丰富，印度领土内占据了世界上 7%以上的野生生物物种，为印度生物基因产业发展提供了十分丰富的要素。印度当前拥有 50 多万个研发实验室和 800 余家公司，总的生物基因研发人员超过了 2 万人。信息技术产业是当前印度发展最为成功的新兴产业部门，2009 年印度软件出口无论是总量还是综合成本等都位居世界第一，软件产业增加值占到了印度 GDP 的 7%以上，印度离岸信息服务业占据世界市场的 65%，外包业占据世界市场的 46%。与此同时，印度不断加强对新能源的支持，以太阳能和核能为主要的新能源。2009 年以后国际原子能机构解除了对印度的贸易制裁，为印度核能产业发展提供了良好的外部条件。

南非新能源汽车产业优势明显。南非利用自身丰富的太阳能资源和生物燃料资源，重点发展新能源产业和新能源汽车产业，将新能源的开发与新能源汽车的研发和应用相结合，形成了从研发、设计到应用的新能源完整产业链。

第二节　战略性新兴产业的培育模式和政策

一、产业培育模式

（一）以政府布局为主导

在 2008 年金融危机以后，主要发达国家重点布局战略性新兴产业，形成了各自的特色：美国以市场为主导，坚持产学研相结合，日本政府主导研发。随着战略性新兴产业的不断发展，主导形式发生了巨大的变化。在 2016 年以后主要国家对战略性新兴产业的发展进行了更多的规划政策支持，政府的作用不断扩大，从产业发展、技术创新等领域展开对战略性新兴产业的扶持。

首先，确定重点发展产业并进行产业扶持。各国根据自身当前战略性新兴产业发展特点和优势，确定了战略性新兴产业发展方向，并开展世界市场上关键领域的竞争。2013年日本政府发布了关于战略性新兴产业的《信息通信白皮书》，重点发展新一代信息技术。根据2013年版《信息通信白皮书》的估算，如果日本能够利用购物大数据信息，在零售和制造业能够促进销售的增长和成本的降低，由此带来的收益为每年约7.77万亿日元。与“大数据”相关的信息产业业务在未来一段时间内还有较大的增长空间，这将有利于日本大多数小型店铺的手机销售量增长，与此同时日本国内关于加强数据安全管理的呼声日愈强烈，日本政府逐渐探索建立相关制度，用来保障个人信息的安全。日本发表的2013年《信息通信白皮书》认为，通信网络配备和智能手机普及等向海外市场发展，将会使得日本海外销售额增长至目前的5.5倍，达到17.5万亿日元，这一目标一旦实现，信息产业就可能成为日本经济增长的支柱产业之一。2016年8月，日本通过2016年版《信息通信白皮书》，进一步强调了政府对于信息产业的扶持，相比于2013年版《信息通信白皮书》，2016年版《信息通信白皮书》重点强调了物联网、人工智能和大数据等相关产业的发展，预计到2020年信息产业对于日本GDP的贡献度将会达到33万亿日元。2016年版《信息通信白皮书》将信息产业发展作为解决日本劳动力不足问题的重要途径，并重视提升信息产业的生产效率。2015年日本物联网发展技术采用率仅达到了美国的一半，根据日本新兴产业的发展情况，日本制定了到2020年国内外物联网技术增加到当前的2～3倍的目标。

其次，制定新兴产业配套保障措施。2016 年，日本政府先后发布了《日本再兴战略》《能源环境技术创新战略 2050》《科学技术创新综合战略 2016》等战略规划，在新能源产业等多个战略性新兴产业内部确定了发展目标和规划，为战略性新兴产业发展提供技术和政策等多种支持，培育有利于战略性新兴产业发展的人才、能源和环境政策保障体系。不仅是日本，其他国家也逐渐重视政府在战略性新兴产业发展的重要引导作用。2016 年，美国在机器人领域进行重点建设，颁布实施了《美国机器人技术路线图：从互联网到机器人》。

最后，强化基础建设。战略性新兴产业发展的基础设施不同于传统优势产业，其有自身的独特特点，一般而言战略性新兴产业的发展并不是独立进行的，而是相互依存、互为发展基础的。当前主要发达国家战略性新兴产业在发展过程中最主要的发展基础是新兴技术和市场应用基础。在新兴技术方面，欧洲率先启动战略性新兴产业的信息技术建设。2016 年，欧盟发布了《欧盟 5G 行动计划》，为欧盟成员国的信息建设提供指导，根据这一计划到 2025 年欧盟各个成员国将建设速度更快的宽带网络和通信，5G 通信覆盖主要的城区、公路和铁路等地区，完善欧盟信息网络基础，为战略信息产业其他部门发展提供保障。在市场应用基础方面，欧洲是 3D 打印技术领域开发和应用的领先者。2016 年欧盟发布了《欧洲 3D 打印产业当前和未来的应用领域、现有的产业价值链和失去的能力》，这是一份有关工业级 3D 打印的综合性报告，对当前工业领域的 3D 打印市场进行了研究，并确定了未来 10 年内欧洲 3D 打印产业化的领域和应用。这一计划确定了 10 个“新产品和服务有望在 5 年内商业化”的领域，并从价值链的角度对它们进行了分析。与此同时这一报告对当前 3D 领域的跨领域合作、专业人员培训、技术研发、标准认证、商业模式和创新有效需求等方面确定了较为明确的目标，为 3D 技术的发展奠定了市场化的基本内容。2016 年，美国发布了《国家人工智能研究与发展策略规划》，为美国政府资助的人工智能研究和发展制定了策略。

（二）不断扩展新的发展领域

战略性新兴产业七大产业部门包含大量的细分行业，这些行业虽然同属于战略性新兴产业部门，但是发展水平、技术水平、产业链附加值等都存在较大的差别。随着技术的进步和各国战略性新兴产业的不断探索，战略性新兴产业发展的领域也在不断地扩展，各国不断探索新的发展领域，希望能够实现技术的跨越式发展。当前围绕新材料产业、智能机器人、物联网、3D 打印等新技术和新领域，各国的研发、技术和配套基础设施等逐渐成为战略性新兴产业竞争的主要领域。

（1）新材料领域。2016 年第五届国际新材料大会在我国顺利召开，世界各国针对新材料领域的发展进行了广泛的技术讨论和研发合作，主要聚焦于石墨及石墨烯、多功能复合材料、生物材料、纳米材料和光电磁性材料等。美国自 2016 年起加强了对新材料领域研发的支持，将新材料的研发方向确定在材料设计、仿生材料及基因材料等领域，设定新的材料研发项目并重点关注材料的高端研发和应用。与此同时新型合金材料、半导体照明材料和高性能纤维材料在新能源、环保产业和航空航天领域具有重要的应用，成为当前新材料领域重点竞争的领域。当前新材料产业技术较为领先的是日本和美国，中国新材料产业发展仍然存在较大的问题，特别是在自主研发能力和产业链延伸方面存在较多不足，但是在高性能纤维材料、复合材料等领域，中国具有较强的研发能力，专利申请量仅低于日本的 4337 项和美国的 3035 项，居于世界第三位，在新兴合金材料领域中国位居世界第三，但是专利申请量仅达到了位居第一的日本的 17%。

（2）3D 打印领域。2016 年世界 3D 打印机市场总的规模达到了 60.6 亿美元，其中面向工业领域，3D 打印机以美国为主，占到了世界工业领域大打印机的 43.1%，第二位是日本，占到了 11.5%，第三位的德国工业打印机数量占世界的 10.5%，我国位居第四，工业打印机数量占到了全球的 9.8%。在全球前十的 3D 打印厂商中，美国和德国各占 4 家，可以说美国和德国是 3D 打印技术领域当之无愧的世界巨头。在 3D 打印技术的应用领域中，航空航天、汽车、医疗等众多领域是应用的重点，根据统计数据，从 2015 年全球新兴的 3D 打印材料应用格局来看，第一位的工业机械应用占到了 19.9%，第二位是航空航天，占据了 16.6%，第三位的汽车领域占据了 13.8%，电子产品和医疗分别占据了 13.1%和 12.2%，仅有 24.4%的 3D 打印应用到上述领域以外。3D 打印技术的应用领域也得到了极大的扩展，2016 年德国开始生产特种聚合物粉末并运用于 3D 打印，为 3D 打印技术产业化应用和规模化发展奠定了基础。与此同时，印度和韩国也将 3D 技术的应用扩展到医疗等相关领域，开发出应用于手术和骨科植入的新技术。

（3）物联网领域。物联网作为新一代信息技术的重要领域，其发展速度和生产力极大地带动了当前产业的发展，从而影响了当前的世界经济和竞争格局。物联网涉及众多领域，且各领域的发展程度差别较大，智能可穿戴设备、智能机器人和自动驾驶汽车等是当前接入物联网的主要新设备。到 2018 年底，全球智能制造和智能工厂市场规模达到 2500 亿美元以上，预计 2020 年全球物联网设备将超过 260 亿个，市场总规模将达到 1.9 万亿美元，2020 年全球智慧城市总的投资额将超过 1200 亿美元。物联网的发展也为大数据的发展提供了海量的数据，预计 2020 年全球物联网设备产生的数据总量将超过 44ZB，推动大数据向生活智能化、精细化和网络化发展

（三）展开多层次合作

研发活动是一个高风险、高投资、高收益的投资活动，且研发投资回报周期长，具有较强的外部性。因此，新兴产业在研发过程中需要加强合作，建立政府、企业和科研机构的技术与研发合作。当前战略性新兴产业的发展促进了合作形式和领域的不断扩展，在特定的框架体系、科技标准下展开研发基础设施和研发技术的协同合作是战略性新兴产业研发的新特征。

（1）针对国际层面的合作，制定产业发展标准。当前国际竞争的主要领域应从市场竞争扩展到技术现行标准话语权的竞争，各国为了抢占世界科技标准话语权，纷纷开展国际层面的技术标准合作。在物联网领域，美国和日本在 2016 年签订备忘录，确定了在物联网领域的国际标准合作，与此同时日本和德国也通过了合作协议，形成了以美国、日本和德国为中心的国际物联网标准联盟，对国际物联网的发展进行行业标准讨论。在战略性新兴产业整体发展领域，德国与美国展开合作，将德国“工业 4.0”与美国“工业互联网”进行对接，构建工业发展的一致性标准，计划建立工业 4.0 参考架构模型（Reference Architecture Model Industrie 4.0, RAMI4.0）和工业互联网参考架构（Industrial Internet Reference Architecture, IIRA）的一致性标准，两国通过确定共同规则达到相互操作的最终目的。

（2）跨行业的投资和研发合作加强。战略性新兴产业本身就具有行业交叉的特性，虽然可以划分为七大战略性新兴产业部门，但是部分产业之间的界限十分模糊，在当前全球互联网发展的背景下，这就导致了跨行业之间的合作途径的多元化。特别是当前跨国公司不断扩展自身的战略性新兴产业领域，导致国际范围的兼并与跨行业合作的现象更为突出。2016年软银（SoftBank）收购英国芯片厂商ARM公司，形成了自身向制造业领域发展的布局；松下投资特斯拉的新能源业务，而特斯拉与松下合作采购电子元器件，使得新能源和新一代信息技术进一步呈现出融合发展的趋势。德国SAP公司和Stratasys公司合作，分别发挥各自在企业

软件管理及3D打印领域的优势，进行3D打印的无缝分布式制造流程，促进3D打印的规模化发展。与此同时，多数企业开始了行业内部的联合，Facebook、IBM、亚马逊、谷歌和微软等企业结合自身在用户交流、人工智能和智能软件方面的优势，联合成立了“人工智能伙伴关系”（partnership on AI），加强在人工智能领域的强化合作，对人工智能的发展形成了强大的控制力。

（3）研发与应用合作。战略性新兴产业的研发活动与一般研发活动存在的明显差别在于对应用的依赖性更强，特别是战略性新兴产业呈现更新换代周期缩短的趋势，加强研发与应用的合作可以有效地解决战略性新兴产业发展中的应用脱节的问题，促进新技术的产业化发展。美国是产学研合作的典范，美国的环保产业技术基本由企业、研发机构和高校联合组成，特别是高校承担了接近 80%的基础性研发，企业为高校和科研机构提供研发资金，并促进研发成果的产业化应用，降低了企业、高校和科研机构的研发风险和研发成本。

二、产业支撑政策

进入 21 世纪以来，特别是在 2008 年全球金融危机冲击的影响下，发达国家纷纷开始向低碳经济发展模式转变，从产业政策、能源整合、技术整合和贸易政策等方面做了一系列重大调整。技术不断创新、更加重视绿色低碳发展及国际化趋势进一步加强，带动了产业模式的创新，已经成为国内外新兴产业发展和传统优势产业转变的重要特征。当前，美国、欧洲、日本和韩国等发达国家和地区根据自身具备的产业优势和科技优势，纷纷开始转向新兴产业发展，并为之出台了一系列的促进政策，将未来国际竞争的制高点定位在科学技术的发展，纷纷构建自身的新型产业发展体系。

由于国家发展阶段、政策体系等差异，各国在促进产业创新、培育和发展新兴产业的政策体系等方面存在显著不同，然而在解决新兴产业发展的共性问题上已经形成了一定的共识。发达国家主要从财政、金融、共性技术平台、法律法规及人才政策等方面为产业创新主体提供支持和营造良好环境，其中财政政策包括政府采购、政府税收及政府补贴政策等。本章主要从能为新兴产业发展与创新主体提供支持和营造良好环境的政策体系、中小企业发展政策、金融支持模式等方面来比较主要发达国家之间培育和发展新兴产业的政策的异同。

（一）财税政策

欧美产业政策体系围绕市场展开，对于企业和政府的职责具有明确的划分，政府主要进行基础性和前沿性的研究，研发的领域是外部性较强的共性技术开发，在特定阶段政府也会参与产业重大领域的突破；企业更多地偏向于产业化应用技术的研发。此外，欧美等发达国家和地区重视需求导向的产业政策，政府在市场需求侧的政策引导力度较大，致力于形成供给侧与需求侧协同作用的政策体系。对于产业的发展而言，主要是利用政府的调节手段，通过税收和补贴引导产业的发展。

美国对战略性新兴产业发展的支持政策更多采用税收补贴和优惠政策，较少直接采用资金注入的方式，有效地利用政府的调节作用和市场的基本规律，采用经济杠杆带动社会资本的注入。美国尤其注重对市场需求的引导，通过建设标准体系、完善基础设施等手段，促进战略性新兴产业的合理布局，扩大市场空间。政府采购、新技术消费减税也是较为常用的产业促进政策工具。在金融政策方面，从 1980 年以后，美国成立了专门的废物利用“超级基金”和“清洁水州立滚动基金”，为环保产业的发展提供低息贷款。2009 年，美国开始加强对于风能、太阳能等新能源领域的投资。2012 年，美国财政年度有 520 亿美元的预算用于推动建筑领域节能环保技术的应用，主要涉及供暖系统、空调系统、高效保温材料及门窗和屋顶材料等领域，意在推动建筑领域环保技术的发展，推进其市场化进程，减少家庭和企业的能源支出。2009 年，美国通过《美国复兴与再投资法案》推出 7870 亿美元的经济刺激计划，将资金重点投入基础设施建设、教育、可再生能源、生物医药、环保产业。在税收政策方面，美国先后投入 2750 亿美元用于鼓励企业和居民使用节能环保设施，其中家庭节能的税收扣除优惠额度达到了 43 亿美元，为新能源企业的发展提供了累计超过 130 亿美元的税收优惠政策。2012 年美国再次通过了一份题为“总统的公司税改革框架”的联合报告，将美国公司税率降低至 28%，并特别地强调了对于企业研发方面的永久化税收抵免政策，成为在美国中小企业中最受欢迎的税收优惠政策之一。

财税支持政策的实行在促进欧盟战略性新兴产业中的可再生能源发展中发挥着重要的作用，欧盟部分国家加大了对可再生能源技术创新和研发的资助力度。除少数国家之外，欧盟各国对于新能源相关产业的发展，均采取了一定程度的减税、资助等政策，用于刺激新能源产业的发展。特别是近年来，可再生能源利用技术不断成熟，成本显著下降，但是由于 2008 年国际金融危机的持续影响，部分国家对于新能源产业的财税政策支持力度减弱。

欧盟各国普遍采用了特许经营招标的形式对新能源产业发展提供支撑，其基本措施是：在可再生能源发展的初期阶段，为了促进相关国家和地区在新兴产业的有序健康的发展，部分欧洲国家开始以特许经营权项目招标为自主政策，根据普遍的招标电价确定可再生能源上网电价。在同等条件下，报价最低者能够获得一定程度的项目经营权，这样政府就可以保证按照相关企业中标时确定的电价收购这一项利用可再生能源发电建设项目产生的发电量。这是欧盟多数成员国在新能源发展初期采用的产业发展激励政策，随着产业的发展和技术的进步，这些政策正在逐渐被其他更加合理的激励政策取代。

2014 年 4 月 9 日，欧盟委员会公布了新的环境保护和能源项目的公共补贴规则指令，实施期到 2020 年底。新规则指令意在推动成员国实现 2020 年气候变化目标，促进保障能源的可持续性和安全性，并确保此类补贴措施能够取得充分的社会效益，并且不对单一市场竞争条件产生扭曲性影响。新规则指令的主要变化包括：一是拓宽了既有环境保护公共补贴规则的范围，特别是涵盖了能源基础设施项目、充分发电措施和集约型能源用户等；二是简化了公共补贴措施的评估标准，如能源效率或热电联产；三是促进可再生能源的现代化，增加可再生能源在电力市场中的份额，保障支持系统的社会可持续性需求，提高欧洲产业竞争力。2005 年，德国对可再生能源项目进行了投资支持，总的投资金额达到了 9800 万欧元，与此同时在气候保护领域的投入累计超过 10 亿欧元。2008 年，德国联邦教育及研究部展开了一项 3.25 亿欧元的可再生能源支持项目，重点对风能、太阳能等新能源进行支持。在德国“未来投资计划”中，每年投入约 6000 万欧元的资金用来支持新能源特别是可再生新能源的发展。从 2007 年开始，德国政府鼓励节能设备的研发与应用，对民用节能设备进行补贴，对环保企业设备按照可超过正常设备折旧进行重新核算。

发达国家在产业发展中重视对战略性新兴产业的补贴，以新能源汽车为例，美国、欧洲各国及日本等都从不同的方面对新能源汽车的生产和购买提供支持。直接补贴的政策提升了企业生产新能源汽车及消费者购买新能源汽车的动力，提供了充足的市场供给和市场消费能力，确定了新能源汽车初步的产业体系。表 3-5 为主要国家的新能源汽车直接补贴政策。

表 3-5 主要国家的新能源汽车直接补贴政策

国家	补贴政策	补贴标准
美国	税收减免或优惠	2008 年以后的新能源汽车根据电池容量减免 2500～7000 美元税收额度；对汽车厂商销售的前 20 万辆新能源汽车进行补贴；2014 年以后税收优惠总额最高标准提高到 1 万美元
德国	免税，不补贴	对于购买新能源新车而言，2011～2015 年免收 10 年机动车税；2016～2020 年享受五年免除机动车税
法国	补助	根据车辆排放总量享受不同程度补贴
英国	资金补助辅助其他优惠	根据车辆动力、碳排放进行新车折扣及直接补贴
日本	资金补助和税收优惠	购置电动车享受补助，免除购置汽车税和重量税，减少机动车税

（二）金融政策

发达国家利用自身完善的金融体系为战略性新兴产业的发展提供了诸多保障和强大的融资支持。美国依靠自身在投资银行、证券市场和风险投资领域的发展，为环保产业的发展提供多渠道融资途径。各大银行向美国环保产业和新能源产业进行直接融资，或者向环保产业和新能源产业技术研发的企业提供直接的贷款服务。美国环保企业可以依靠纽约证券交易所、芝加哥股票交易所和纳斯达克等进行上市融资。在日本，以三井住友银行、瑞穗银行为代表的日本银行业与政府部门紧密合作，开展对新兴产业发展的融资支持，同时日本政府为了促进战略性新兴产业的进一步发展额外地提供了直接的特别税率优惠等政策。

目前虽然主要发达国家对新兴产业部门的金融支持方式较多，但是根据政策主体的差异大致可以将其划分为市场主导型与银行主导型两种主要类型。在产业创新与新兴产业发展中，以美国、英国等为代表的第一梯队“领先型”国家属于市场主导型，其基本特征是金融资本对新兴产业的支持是由市场进行资源配置和定价的，以资本市场的支持为主要形式。美国和英国形成了市场主导型的金融支持模式，这与其自身完善的市场机制和金融体系密切相关，且欧美等相关国家在金融市场政策和法律制度等方面较为完善，运行时遇到的阻碍较少，可以保障银行与企业在面临破产风险的情况下最大限度地降低对各领域的损失，将战略性新兴产业发展的风险分散到整个市场，从而维持了整体产业发展与金融运行的相对稳定。

在战略性新兴产业发展初期，由于欧洲风险投资市场集中程度较低同时退出壁垒较高，大多数的投资集中在传统服务业和快消品行业，风险投资未能给予战略性新兴产业足够的支持。随着战略性新兴产业在经济中地位的不断提高及总体规模的不断扩大，欧盟采取了信贷担保和“伙伴计划”为战略性新兴产业的中小企业发展提供支持。2009 年，英国政府建立“英国创新投资基金”，吸引民间资本流向风险投资市场；德国政府开展对新兴产业的低息贷款政策，德国复兴信贷银行更是为德国风电产业、光伏产业等新能源产业的发展设定较低的贷款利率；法国政府通过国有企业的部分私有化来解决战略性新兴产业发展的融资问题，调动民间资本参与战略性新兴产业发展的积极性，强化民间资本在新兴产业项目中研发和产业化中所占的投资比例。其他欧洲国家也相继出台了一系列金融措施以促进各国战略性新兴产业有序发展，并取得了良好的成就。图 3-21 为欧洲主要国家生物医药产业风险投资情况。

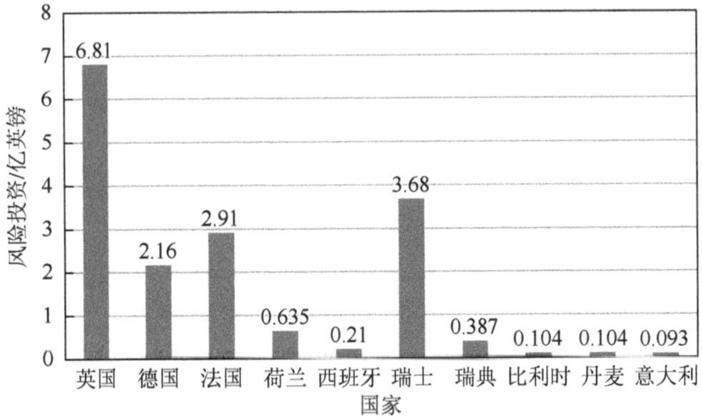

图 3-21　2016 年欧洲主要国家生物医药产业风险投资情况

（三）科技政策

1. 美国

2011 年，美国颁布了《美国的创新战略：确保美国的经济增长和繁荣》（简称《国家创新战略（2011）》），成为美国系统的支持战略性新兴产业发展的重要文件。该文件宣布了美国五大创新行动的基本计划，并将这些计划作为未来推动美国经济增长、解决金融危机带来的问题及保持美国国际竞争力的重要内容。《国家创新战略（2011）》主要规定了五个方面的内容：一是重视无线网络的发展，即促进新一代信息技术的发展，计划在文件颁布实施后 5 年内提高美国的无线网络技术，并将高速无线网络接入率提升到 98%及以上的水平；二是提高专利审批效率，鼓励专利申请和技术创新，将美国原本长达 35 个月的专利申请时间缩短到不到 20 个月，对于特别有价值的专利技术从审批到进入市场的平均时间缩短到 12 个月，大大地提升了美国战略性新兴产业专利申请和科技成果转换的效率；三是改善美国基础教育，特别是加大美国对教育技术研发的支持力度，提升教育对于科研的支撑力度，培养未来科技人才，鼓励学生在科学、技术、工程和数学等实际应用科学和基础科学领域取得成绩；四是清洁能源生产，加强对美国新能源利用技术的支持，重视新能源的研发和应用，在未来美国新增 3 个新能源创新研究中心，计划 2035 年美国清洁能源发电量在全部发电量中占比 80%以上；五是启动美国伙伴计划/美国创业计划，促进高校和企业合作，使科研成果从实验室走向市场，为技术创新和科技创业提供较好的生态支持系统。

2015 年美国对《国家创新战略（2011）》重新修订，将原本的五个主要内容扩展到六个，包括创新基石、私营部门和创新者三个创新要素及创造高质量就业和持续经济增长、建设创新型政府服务大众、推动国家优先领域突破等三大战略计划。美国依然将基础研究、教育、信息技术、网络技术等作为经济发展的重要促进点，为美国下一个经济增长创造条件。与此同时美国加强了人才引进、创新企业税收优惠等政策，为国家创新发展提供支持。

《国家创新战略（2015）》规定了美国未来发展的9个战略关键领域：先进制造业、精密医疗设备、先进汽车和新能源汽车、大脑计划、清洁能源、智慧城市、教育技术、信息技术和航天领域等，此外先进材料、生物工程和人工智能等也被纳入发展战略中。相比较于《国家创新战略（2011）》，2015年主要进行了以下方面的改进：①提高了政府在创新中的地位，规范政府行为，建设服务型政府，将政府促进创新提升到前所未有的高度；②注重创新环境的营造，《国家创新战略（2015）》强调采用更多的措施来促进创新，营造创新的生态环境，完善支持政策，使得创新战略的内容更加具体和明确，也为全民创新提供了直接的支持；③突出了R&D的重要地位，为R&D提供了更多的政府支持，将R&D投资提高到当前总投资的2～4倍。美国2011年和2015年前后颁布的《国家创新战略》显示了美国对创新的支持，特别是确定了战略性新兴产业的门类和未来发展方向，为美国乃至全球战略性新兴产业的培育和发展提供了重要的引导作用。

2. 欧盟

与美国战略性新兴产业培育和创新支持不同，欧洲各国将战略性新兴产业的发展更多地集中到绿色能源的利用上，将绿色环保低碳技术与现有优势产业相互结合转换，以绿色低碳经济促进当前产业发展和创新投资。发展可再生能源是欧洲各国提升自身竞争力、保障能源安全和应对全球气候变化的重要举措。

在低碳产业推进的过程中，欧洲各国投入了较大规模的科研经费，通过制定明确的节能减排指标建立完善的碳排放减排机制。欧盟要求成员国在对汽车产业进行补助时必须促进节能汽车的发展，发展风电技术。欧盟的可再生能源发展战略使得各国能够根据情况自主确定新能源发展的领域，根据本国的计划在风电、水电、太阳能和生物质能等方面进行管理和创新，从而既兼顾了各国的传统优势，又能够避免能源价格和能源市场的扭曲，减少了新能源的重复建设造成的浪费。在电力领域，当前欧盟成员国中 20 多个国家实行固定上网电价政策，英国作为前欧盟成员国同样对特定类型可再生能源实行了这一政策。德国、法国等国家和地区在新能源发电政策上采用政府定价的形式进行补贴和发展。在智能产业发展上，欧盟将重点发展领域确定为智能电网、物联网和云计算。欧盟成员国现阶段已经建成的智能电网数量超过 300 个，总投资超过 55 亿欧元。预计到 2022 年欧盟整体完成智能电网建设项目，并在云计算领域和物联网领域加大投入力度。

在对战略性新兴产业发展的支持方面，欧盟依然将整合科技力量作为战略性新兴产业发展的基础内容。欧盟制定了支持基础性研究的“框架项目”，这一项目在 2013 年的研发经费投入已经超过 100 亿欧元。与此同时欧盟重点搭建公司合作科研项目，自 2009 年起在先进制造业、新能源汽车与节能建筑三个领域开展研发合作，企业参与度达到了 55%，形成了大量的专利产出，科研成果产业化效率不断提升。

欧盟促进研发的另外一项重要政策工具是“地平线2020”，该计划在2014年启动实施，实行时间为2014~2020年。“地平线2020”科研规划将欧盟研发和创新发展聚焦于战略性新兴产业发展的优先领域，并达到每月770亿欧元的预算支出。这一计划的推行和实施为欧洲科学发展奠定了基础，扫除了障碍，重视中小企业研发创新，从而实现欧洲新技术转化过程中企业协作及成果产业化转换，是欧盟创新计划和战略性新兴产业发展的重要支撑文件。欧洲各国在统计框架体系下制定各自的战略性新兴产业发展和科研创新计划，形成了各具特色的产业支撑计划。德国是战略性新兴产业发展和科研创新的典型代表。德国向来十分重视研发和人才在产业发展中的重要作用，在战略性新兴产业发展中采取了同样的促进政策。首先是支持创新，特别是企业创新。2015年德国政府研发经费预算达到了149亿欧元，其中研发经费主要支撑的重点在战略性新兴产业领域的生命科学产业、智能汽车、新能源、网络安全及数字化经济等领域。这些科研投入成功地将把德国打造成欧洲战略性新兴产业发展技术和创新的引擎。即便在2008年金融危机和欧洲债务危机最为严重的时候，德国的研发投入依然不断增加，私人公共研发机构投资反而增加了15%以上的水平。特别是在扶持中小企业方面，德国政府每年大约提供3.2亿欧元的中小企业创新资金，支持中小企业进行工业智能化方案建设和检测，鼓励中小企业与高校和科研院所及大型企业建立密切的研发合作关系，降低中小企业的准入门槛。

2013 年，德国推出《德国 2020 高技术战略》对未来产业发展的十大项目进行资助，其中最主要的项目之一便是“工业 4.0”。“工业 4.0”投资预计 2 亿欧元，旨在建立以物联网为基础的网络实体系统，建立一个高度灵活的个性化和数字化的产品与服务的生产模式；消除传统优势产业的行业界限，推进产业部门和行业之间在新的领域展开合作，重塑产业链分工，从而提升制造业发展的智能化水平。德国“工业 4.0”是一个具有革命性的基础科技战略，这一战略为全球战略性新兴产业的发展提供了新的发展思路，也突出了战略性新兴产业在未来产业发展中的基础性定位。“工业 4.0”以“互联网＋”为基本核心，突出了新一代信息技术产业的发展，重点领域定位在智能生产上，开启了战略性新兴产业发展的新篇章。

（四）贸易和产业组织政策

美国向来重视国际贸易环境对国内产业发展的影响，在不同时期美国会制定不同的贸易政策以促进产业的发展与进出口。自20世纪80年代以后，美国开始通过关税、出口补贴、研发补贴等支持本国新兴产业发展的战略性贸易政策。20世纪90年代美国通过了《贸易制裁改革和出口促进法案》，组建“贸易促进协调委员会”以提高美国新兴产业的国际竞争力。1999年，美国又通过了《国际出口战略》，重点支持半导体产业、通信产业、环保产业和服务业。2012年，美国商业部及国家环境保护局与行业协会展开合作推行“环保技术出口战略”，其目的是在全球市场上推行美国的环境技术、产品和服务，通过增加对美国国家环境保护局的技术和信息的支持，进行国外市场扩展和促进出口基础设施建设，其目的是增加美国环保企业出口总量，并宣布到2014年底实现美国出口翻一番的计划。

随着当前战略性新兴产业的发展，国际市场竞争不断加剧，战略性新兴产业的国际政策发生了较大的变化。部分高端制造业开始回流美国。在奥巴马政府期间通过一系列优惠政策，鼓励跨国公司到美国建立工厂，给予公司更多的财政优惠，同时鼓励美国企业将工厂建在美国本土，促进战略性新兴产业和制造业的发展。在这一政策的作用下大量跨国公司迁往美国，改变了当前制造业工厂向人力资本较低的发展中国家转移的趋势。2016 年，日本软银宣布在美国投资 10 亿美元的计划，福耀集团宣布投资 6 亿美元在美国设厂，富士康也计划赴美设厂，美国吸引制造业回归的政策效果开始显现。

与此同时，随着国际贸易竞争逐渐加剧，战略性新兴产业发展和技术创新方面的竞争尤为激烈。伴随着战略性新兴产业部门在全球范围内的快速发展，世界范围内的竞争也在不断加剧，国家或地区间的贸易保护主义逐渐严重，部分国家或地区为了给本国或本地区战略性新兴产业发展营造良好的空间，采用更加严格的贸易限制政策和贸易技术壁垒或绿色壁垒来限制进口产品的流入。数据显示，仅2016年一年我国对外贸易就遭遇119起贸易纠纷调查案件，相比于2015年上升了36.8%，创历史新高，且涉及的国家和地区范围也呈现不断扩大的趋势。随着战略性新兴产业竞争的加剧，区域自由贸易将会受到冲击，承受来自多方面的威胁和挑战，造成战略性新兴产业国际贸易的不确定性。

三、产业培育特点

（一）重视政府政策引导的作用

根据发达国家战略性新兴产业发展的经验，政府在关于战略性新兴产业发展的过程中，采用的财政和金融政策主要是用于解决具有共生性或者战略性的技术问题。首先，政府会加强共生性技术的投入和研发基础设施的检验，以有效地降低企业的研发成本，鼓励企业创新；其次，政府对重大战略性或者前瞻性的产业进行投入，并能够有效地引导民间资本进入相关产业领域，拓宽产业融资渠道。

欧洲各国在战略性新兴产业发展的过程中，政府与和科研机构的合作极大地推动了相关产业的发展，特别是欧洲生物医药产业，其初始投资和发展动力基本来源于政府直接投资。2003 年，欧洲制药工业协会联盟（European Federation of Pharmaceutical Industries and Associations，EFPIA）针对欧洲医药开发制定了统一的行动规划，欧洲委员会、高等院校及生物制造公司等都参与了这一行动规划，并成立了统一的管理机构。就欧洲各个国家产业发展而言，德国依靠政府资助完成了生物医药产业的基础研究工作，为德国生物医药发展奠定了技术基础。德国政府通过对高等院校或者研究中心的资助，成立了专门的科研支撑体系，依靠这些部门完成了 75%以上的生物制药研究项目。在生物医药公共研究开发上，德国形成了完整的研发体系，生物医药企业与高校和科研院所建立了密切的联系，生物技术公司依靠德国国家知识创新基地开展研发活动，而大型的医药企业则开展全球范围内的合作。在产业资金上，德国重视引导私人资金和社会资本进入研发领域，降低企业的投资风险和研发成本。

值得注意的是，在发达国家战略性新兴产业发展过程中，需要正确定位政府资本和民间资本的不同作用。政府资本是引导性的投资，集中在基础和前沿的领域，一般是在战略性新兴产业发展初期的投资引导，要将民间资本作为战略性新兴产业发展的主要依靠力量贯穿于战略性新兴产业发展的全部周期，而政府资本则不能完全贯穿于战略性新兴产业发展的全部周期和所有领域。在相关领域，民间资本需要与政府资本相结合，在政府资本完成引导民间资本进入战略性新兴产业以后，需要建立政府资本的退出机制。政府资本以产业引导为目的，起到降低民间资本投资的风险的作用，在关键性的战略时期起到引导和安定市场的作用。我国特殊的国情决定了政府在经济中的主导地位，在战略性新兴产业发展中需要建立具有中国特色的政府资本和民间资本的相互关系，以政府为主导，激发民间资本参与创新的积极性，需要注意的是在少数领域，避免过分强调政府资本而导致民间资本创新性受到限制，或者在部分领域存在过度行政干预带来的危害。

（二）重视中小企业科技创新的作用

根据发达国家产业发展的基本经验，中小企业特别是科技型中小企业是战略性新兴产业创新的重要力量。据统计，在美国全部科技类专利申请中，中小企业占到了70%以上。欧盟科技专利也以中小企业为主，贡献了2/3以上的创新成果。德国的太阳能领域70%以上的份额为中小企业拥有。在科技型中小企业发展中，限制其创新的最主要的因素是资金的短缺。为此，各国加强了对科技型中小企业的支持，英国商业、创新和技能部实施了一项中小企业创新计划，计划在2012～2014年三年中对创新型中小企业提供超过 7500 万英镑的支持。美国成立了专门的中小企业局，为中小企业提供贷款或信用担保服务。美国为了进一步促进中小企业的发展，在2010年通过了一项题为“小企业就业法案”的小企业发展法案，放宽对小企业贷款的限制，并提供总额达到100亿美元的贷款和税收减免。

美国和日本在促进中小企业创新发展方面已经拥有了较为完善的法律法规，建立了较为完善的信用担保体系和全国统一的中小企业管理机构，并形成了两种不同类型的中小企业发展对策。美国成立专门的中小企业局用于支持中小企业的发展，作为政府支持中小企业融资和贷款的途径，引导创业资金投资、健全资金融通机制、监管投资市场风险。

相比于国外，我国中小企业的发展和创新能力较为落后，对中小企业的支持政策也有待加强。我国相关法律法规不健全，对中小企业过度的干预导致中小企业发展受限，社会缺乏完整的企业信用担保体系，造成了中小企业融资和贷款的困难。因此，我国当前对于中小企业的发展，最主要的是解决中小企业的融资困难问题，与发达国家的补贴和健全管理机构不同，由于缺乏融资渠道，中小企业自身的发展尚成为一个重要问题，创新机制更是难以发挥。因此我国需要建立健全的中小企业风险控制机制和信用体系，扩展中小企业融资渠道，引导政府或者新建担保向中小企业进行适当的倾斜。

（三）为新兴产业创造良好外部环境

战略性新兴产业的发展需要建立完善的产业发展基础，这主要包括基础设施建设、合理的法律法规、产业全价值链设计政策和产业集群等。

从基础设施建设的角度来看，各国不断加强对战略性新兴产业创新基础设施的投入，特别是新兴经济体由于原有的基础设施较为落后，发展较为不完善，发展战略性新兴产业首先需要完善基础设施。巴西在 2014 年对新一代信息技术、航天装备制造业、新能源和新材料产业的基础设施建设投资达到了178亿美元。印度提出“包容性创新”概念，为中小企业基础设施建设提供资金和贷款支持，为小城市和农村地区的创新基础设施建设募集资本。与此同时，印度加强战略性新兴产业人才的引进和培养制度，全面推动人才培养体系、职业培训体系的建立，为信息科技及其他战略性新兴产业领域打造专属的高端人才发展库。

从合理的法律法规来看，欧盟和美国是发展较为完善的地区。在环保产业领域，美国多家机构相互联合，制定了完善的法律法规制度，联邦政府设立专门的环境治理委员会对环境进行立法，环境保护局负责具体的环境管理工作，构成了从环保立法到实施、反馈的完善机制。德国自 20 世纪 70 年代以来进行环保立法，形成了包含 8000 部法律的环保系统法，另外德国同时实施了包括 400 项环境保护法律在内的欧盟法规，环境保护渗透到立法和生活的每一个部分。日本对大气污染、噪声污染和水质污染等同时进行立法管理，加强工业环境治理和安全生产监督。

从产业全价值链设计政策来看，各国从供给和需求两个方面进行协调性发展。欧盟在其“创新型联盟计划”中提出对创新的扶持需要贯穿创新价值链的所有环节。美国从兼顾供给侧资金补助和需求侧购买补助两方面平衡的角度出发，设计产业政策的全价值链。通过对需求侧的支持来引导供给侧的发展，从而达到合理规划供给侧的目的。需求侧涉及产业发展的市场需求，是产业得以顺利发展和持续增长的关键，供给侧的政策只有作用于需求侧，促进需求的增长才是有效的。在战略性新兴产业发展过程中，需要重视战略性新兴产业市场的扩展，兼顾供给侧和需求侧，使得战略性新兴产业完善自身的全价值产业链。

从产业集群的角度来看，集群化是战略性新兴产业发展的主要趋势之一。日本以“产业集群计划”和“知识集群计划”促进创新网络的生态化，改善创新主体环境，从而帮助创新主体和产业主体建立完整的联系。应该以高新技术产业集群为基本目标，对产业集群的建立和发展进行专门的扶持，形成了一大批国际典范的生物医药、新一代信息技术产业集群。印度为了促进战略性新兴产业的集群发展，提出“卓越中心计划”，通过政府与产业组织联合建立国际统一标准的检测机制，企业通过联合高等院校进行技术研发及与全球创新研发进行交流合作等方式，力图将自身产业集群建立成为未来全球供应链的“领头羊”。

第三节 小 结

本章主要总结了主要国家战略性新兴产业发展的基本趋势和经验及战略性新兴产业各部门的发展特征，可以看出战略性新兴产业的重要作用和地位已经得到了主要发达国家和发展中国家的重视，并将其作为未来经济和产业的重点发展方向进行培育。

从全球战略性新兴产业发展趋势来看，战略性新兴产业自 21 世纪初逐渐受到主要发达国家的重视，从 2008 年以后战略性新兴产业及其相关产业成为各国重点培育的产业，产业规模迅速扩大。环保产业成为当前全球可持续发展的重要领域，发达国家以绿色壁垒增加发展中国家的发展成本，当前环保产业发展最为完整的主要是美国、日本、欧洲和加拿大等国家和地区，特别是美国具有环保技术最大的市场。在新能源产业领域，随着当前风电利用技术的进步和成本的降低，特别是在日本福岛核泄漏事故发生以后在世界范围内核电站的建设出现停滞，风力成为主要的开发能源，使得风力的发电总量超过核电。全球信息产业进入成熟发展阶段，新技术不断涌现，既有技术走向成熟化和产业化，信息产业市场规模不断扩大。当前生物产业最为活跃的领域是生物医药，部分发达国家在生物医药领域占据着绝对的主导地位。高端装备制造业的几个重点领域，如航空装备制造业、卫星制造与应用业、轨道交通装备制造业、海洋工程装备制造业及智能装备制造业在全球范围内分布极不均匀，主要领先地区集中在欧美地区，如俄罗斯、欧洲各国、美国和加拿大等，韩国、日本和新加坡的装备制造业迅速发展，在发展中国家中，除了中国、印度和巴西装备制造业水平较高以外，其他发展中国家装备制造业比较落后或者基本为零。从新材料产业类型来看，新材料产业主要包含四大关键领域：新型功能材料产业、先进结构材料产业、高性能复合材料产业、前沿新材料产业。日本和美国占据了新材料产业主要的市场份额，欧洲形成了以英国和德国为研发和专利申请的中心，我国虽然新材料领域专利申请不断提升，但是新材料产业发展落后，产业价值链较低。全球新能源汽车的主要市场在中国、欧洲和美国，中国是世界上第一大电动汽车市场，在新能源汽车领域具有较高的技术水平。

从战略性新兴产业发展模式和政策来看。各国战略性新兴产业培育模式存在差别，金融危机以前，战略性新兴产业培育以美国、欧盟和日本为主，形成了美国以市场为主导坚持产学研相结合的发展模式，以及日本政府主导研发的战略性新兴产业培育模式。随着全球战略性新兴产业发展的成熟和全球竞争的加剧，各国战略性新兴产业发展模式逐渐呈现共同的特征：政府成为产业发展的主导，战略性新兴产业领域不断扩大，国际和产业间的合作不断加深。为了促进战略性新兴产业的发展，世界主要发达国家和发展中国家都出台了产业扶持政策，从财政和税收政策、金融政策、科技研发政策和贸易政策等多方面进行支持，使得当前战略性新兴产业的发展涌现出新的特征，这些特征主要体现为：政府主导的地位不断强化，更加重视中小型企业在战略性新兴产业发展和科研创新中的作用，为战略性新兴产业发展创造了新的良好外部条件，从技术设施、法律制度、产业全价值链、产业集聚规模效应等方面为战略性新兴产业发展提供多方面的支持。

通过对国外战略性新兴产业战略部署及具体支持政策之间的比较分析，可以得到如下几点启示。第一，逐步完善战略性新兴产业的创新生态环境。战略性新兴产业培育与发展政策的制定应立足于全产业链建设，重点对配套产业发展、产业部门的技术交叉、新兴产业和传统优势产业的有效融合等方面进行建设。有效聚焦战略性新兴产业的基础研发，构建共性技术平台，建立产学研用合作机制与技术转移机制，并探索设立产业创新联盟。打造开放式创业生态系统，促进科技、金融和产业的深度融合，推进大众创业、万众创新战略的实施。第二，构建利于战略性新兴产业发展的体制机制。为战略性新兴产业发展创造良好的法律制度环境，保持对重点发展领域中关键技术知识产权的高度关注，并创建有利于创新的知识产权保护体系。第三，有效把握技术、市场和产业的发展规律。建立战略性新兴产业发展的评价体系与方法，并运用科学的方法预测战略性新兴产业的发展趋势，特别是发挥高等院校和研发机构在战略性新兴产业发展中的重要作用，建立产学研相结合的产业发展体系，对战略性新兴产业的前沿技术和前沿领域进行有效的把握和准确的分析。第四，建立完善的财税金融支持体系及人才培育和引进战略。通过如政府采购、财政补贴、金融支持及税收减免等政策降低战略性新兴产业的发展成本，提升企业投资的积极性，注重需求侧的政策支持。创新中央财政资金使用方式，加快多层次资本市场体系建设，建立多层次的担保体系，推进金融服务模式的创新。

第四章　安徽省战略性新兴产业与传统优势产业发展现状

本章集中对安徽省战略性新兴产业与传统优势产业的发展现状进行分析。从发展的基本条件、基本趋势等方面总结了安徽省两种产业的发展现状。重点对两种产业在安徽省经济中的地位进行分析，从当前两种产业的发展情况可以得出以下结论，安徽省需要促进两种产业的协调发展与融合来保持经济增长的稳定性，并对战略性新兴产业与传统优势产业之间的关系展开实证研究。

第一节　安徽省战略性新兴产业发展现状

一、安徽省战略性新兴产业发展的条件

在实施战略性新兴产业发展规划，确定战略性新兴产业发展的七大领域以后，我国继续颁布了“中国制造 2025”发展战略，确定了产业发展的五大工程和十大领域。其中五大重点发展工程包括国家制造业创新中心（工业技术研究基地）建设工程、智能制造工程、工业强基工程、绿色制造工程和高端装备创新工程。十大领域主要包括：新一代信息技术产业、高档数控机床和机器人、航空航天装备、海洋工程装备及高技术船舶、先进轨道交通装备、电力装备、农机装备、新材料、生物医药及高性能医疗器械、农业机械装备等，重点围绕战略性新兴产业七大部门展开。安徽省作为战略性新兴产业重点发展基地的同时，2016 年合肥作为“中国制造 2025”的国家级示范城市并被规划打造成全国重要的制造业基地。安徽省战略性新兴产业的发展需要依托良好的经济基础、科研实力、劳动力要素和资源的支撑。

（一）经济发展基础

当前安徽省经济总量居于全国前列，2016 年安徽省 GDP 总量在全国排名第 14 位，但是安徽省人均 GDP 排名较为落后，作为中部省份，安徽省人口总量较大，人均 GDP 在 2016 年排全国第 25 位。2016 年安徽省 GDP 达到 8.7%的高速增长，增长速度高于全国。在当前我国经济下行的背景下，安徽省近年来 GDP 总量、

人均 GDP 水平不断提升，为安徽省产业升级转型、战略性新兴产业发展提供了良好的经济和投资支撑。

根据表 4-1 可知，2005～2016 年安徽省生产总值处于不断增长的状态，2005 年 GDP 为 5350.17 亿元，人均 GDP 为 8630.70 元，到 2016 年分别增长到 24 117.89 亿元和 39 091.81 元，分别增长了 3.51 倍和 3.53 倍。

表 4-1　安徽省生产总值及其构成

年份	GDP /亿元	第一产业 /亿元	第二产业 /亿元	工业/亿元	建筑业 /亿元	第三产业 /亿元	人均 GDP/元
2005	5 350.17	966.50	2 245.90	1 837.36	408.54	2 137.77	8 630.70
2006	6 131.10	1 011.03	2 648.13	2 190.18	457.95	2 471.94	10 026.30
2007	7 364.18	1 200.18	3 289.12	2 752.08	537.04	2 874.88	12 044.80
2008	8 874.17	1 418.08	4 137.35	3 487.53	649.82	3 318.74	14 484.90
2009	10 062.82	1 495.45	4 905.22	4 064.72	840.50	3 662.15	16 407.66
2010	12 359.33	1 729.02	6 436.62	5 407.40	1 029.22	4 193.69	20 887.80
2011	15 300.65	2 015.31	8 309.38	7 062.00	1 247.38	4 975.96	25 659.31
2012	17 212.05	2 178.73	9 404.84	8 025.84	1 379.00	5 628.48	28 792.32
2013	19 229.34	2 267.15	10 390.04	8 880.45	1 524.11	6 572.15	32 000.89
2014	20 848.75	2 392.39	11 077.67	9 455.48	1 638.32	7 378.69	34 424.61
2015	22 005.63	2 456.69	10 946.83	9 264.82	1 698.92	8 602.11	35 996.61
2016	24 117.89	2 567.72	11 590.25	9 845.18	1 763.53	9 959.92	3 9091.81

数据来源：安徽省统计年鉴。

从 GDP 的三次产业构成来看，2005 年三次产业的生产总值分别达到了 966.50 亿元、2245.90 亿元和 2137.77 亿元，占 GDP 的比例分别是 18.06%、41.98%及 39.96%。经济增长以第二产业的贡献为主，但是第一产业对 GDP 的贡献接近 20%，工业化水平相对而言较为落后。2010 年安徽省第二产业对 GDP 的贡献度首次超过 50%，达到了 52.08%，初步完成工业化的建设，第一产业的生产总值增长到 1729.02 亿元，但是占比下降到 13.99%，第三产业的生产总值也相应地增加但是占比同样下降，下降到 33.93%。第二产业的发展挤占了第三产业的发展空间，使得安徽省第三产业发展较为滞后。2016 年安徽省三次产业对 GDP 的贡献约达到了 10.6∶48∶41，第一产业下降到约 10%的作用水平，对 GDP 的贡献度进一步降低，安徽省工业化进程不断加速；第三产业的占比提升到了 41%，但是仍然低于第二产业，第三产业的发展是衡量地区经济水平的重要指标，在当前我国第三产业总值超过第二产业的情况下，安徽省的产业发展明显滞后于全国。

从安徽省工业对 GDP 的贡献来看，2005～2016 年安徽省工业占据第二产业 80%以上的比例。工业占 GDP 的比例呈现上升的趋势，从 2005 年的 34.34%上升到 2016 年的 40.82%，工业是安徽省经济增长的主要推动力量，工业对于 GDP 的贡献度一度超过第三产业的贡献度。

因此，当前安徽省经济总量和三次产业的发展状况较为良好，可以为战略性新兴产业的发展提供较好的经济支撑。与此同时，安徽省当前经济以第二产业特别是工业发展为基础，战略性新兴产业的发展可以促进传统优势产业部门的优化升级，进一步提升工业对于安徽省经济的贡献度，提升安徽省的经济总量。战略性新兴产业也可以带动安徽省第三产业特别是生产性服务业的发展。这就意味着经济水平和战略性新兴产业是相辅相成、相互促进的，良好的产业布局会给安徽省的经济带来巨大的发展机遇。

从安徽省固定资产投资来看，如图 4-1 所示，2005 年安徽省固定资产投资为 2525.11 亿元，投资规模较小，面临着资本不足的问题，导致安徽省经济发展和基础设施建设水平落后。随着全国和安徽省经济建设的不断推进，安徽省固定资产投资总量也节节攀升，2016 年安徽省固定资产投资达到了 27 033.38 亿元，是 2005 年的 10.71 倍。固定资产投资的增长为安徽省战略性新兴产业发展提供了资本基础和基础设施建设支持。根据《安徽省国民经济和社会发展统计公报》（2016 年和 2017 年）

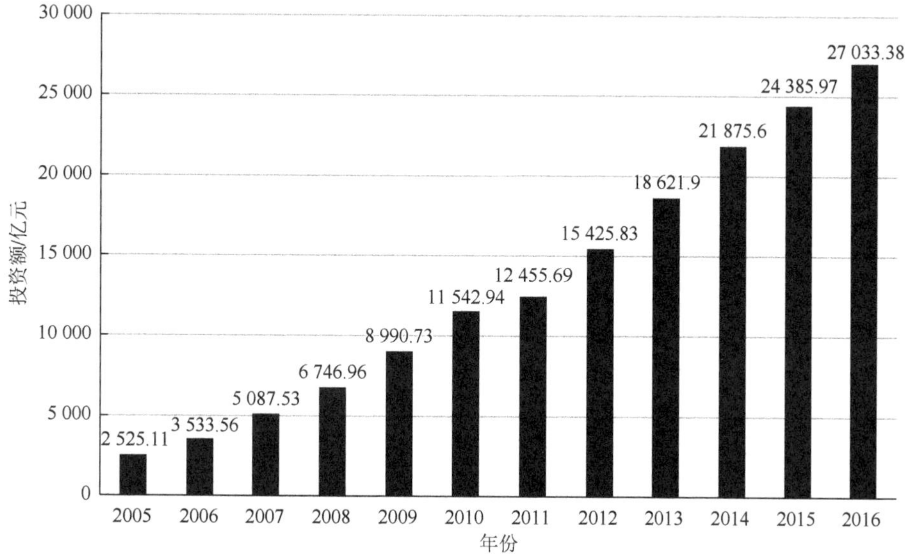

图 4-1　安徽省 2005～2016 年固定资产投资

的统计数据可知，2016 年在全省固定资产投资中，工业与信息化产业技术改造投资达到了 6363.2 亿元；基础设施建设投资达到了 5285.9 亿元。2017 年相对于 2016 年进一步增长，按可比口径计算比 2016 年增长了 11%。其中工业与信息化产业技术改造投资达到了 7352.9 亿元，按照可比口径相对于 2016 年增长了 15.55%；基础设施建设投资达到 6534.9 亿元，按照可比口径增长了 23.6%。从固定资产投资的区域分布来看，皖江示范区固定资产投资超过 19 689.4 亿元，增长近 9.5%，另外皖北六市投资总额超过 8092.9 亿元，相对于 2016 年增长了 15.4%。从固定资产投资的行业分布来看，2017 年用于工业的投资增长了 12.7%，其中制造业增长了 11.5%，制造业中装备制造业增长了 13.8%，特别是高端装备制造业是投资的重点领域。

（二）科技与研发基础

安徽省依托众多科研院所和高等院校，建立全省的研究与开发体系，为安徽省经济发展特别是战略性新兴产业建立起强大的技术支撑。特别是皖中地区以合肥、芜湖和蚌埠为主是安徽省研发的重要地区。安徽省依靠中国科学技术大学、合肥工业大学、安徽大学等国家“双一流”建设高校建立高校研发体系；依托 5 个国家大科学工程、25 个国家重点实验室和 133 个省级重点实验室建立研究机构体系；依托全省 20 个高新技术产业开发区和 431 家高新技术企业建立企业研发体系，形成了完整的高校、科研院所和企业的研究与应用体系，如表 4-2 所示。

表 4-2　安徽省 2005～2016 年研发基本情况

年份	科研机构数/个	研发人员/万人	R&D 支出/亿元	技术市场成交额/亿元	专利申请量/个	专利授权量/个
2005	917	8.94	45.61	14.26	3 516	1 939
2006	959	9.57	59.05	18.49	4 679	2 235
2007	1 057	11.22	72.82	26.45	6 070	3 413
2008	1 533	15.00	99.00	32.49	10 409	4 346
2009	2 682	23.00	139.00	35.62	16 386	8 594
2010	2 221	23.65	163.72	46.15	47 128	1 6012
2011	2 091	26.78	214.64	65.03	48 556	32 681
2012	3 013	30.52	281.8	86.16	74 888	43 321
2013	3 484	33.91	352.08	130.77	93 353	48 849
2014	4 093	36.51	393.61	169.83	99 160	48 380
2015	4 817	35.98	431.75	190.53	127 709	59 039
2016	5 360	37.37	475.13	217.37	172 552	60 983

安徽省科研机构规模和科研成果不断突破。2005～2016 年安徽省科研机构数量增长了 4.85 倍，由 2005 年的 917 个增长到 2016 年的 5360 个。研发人员由 8.94

万人增长到37.37万人，增长了3.18倍。研发人员学历不断提升，2005年的研发人员高学历比例较小，2010年全省研发人员本科及以上学历人数达到了9.66万人，占到全部研发人员的40.85%，2016年本科及以上学历的研发人员达到了23.19万人，这一比例增长到62.06%。与此同时安徽省重视研发投入，全省R&D支出不断提升，重点支持基础性、应用型及前沿性科学研究。2005年全省R&D支出达到45.61亿元，占GDP比例约为0.85%，但是随着近几年安徽省对于研究开发活动的重视，R&D支出不断增长，2010年R&D支出达到163.72亿元，占GDP比例提升到1.32%，2016年这一比例进一步提升到1.97%，R&D支出达到了475.13亿元，相比于2005年增长了9.42倍。

从研发产出情况来看，技术市场成交额、专利申请量和专利授权量迅速上升。2005年全省技术市场成交额仅为14.26亿元，技术市场较小。2013年全省技术市场成交额突破百亿，达到了130.77亿元，之后技术市场成交额维持加速增长的趋势，到2016年技术市场成交额量达到了217.37亿元，相比于2005年增长了14.24倍。2016年专利申请量和授权量也呈现快速上升的趋势，分别是2005年的49.08倍和31.45倍。

（三）劳动力状况

安徽省是人口大省，具有丰富的劳动力，随着经济的发展和教育水平的不断提升，劳动力的素质也不断地提升，但是安徽省也面临着老龄化加速的问题。安徽省的人口状况为战略性新兴产业的发展提供了劳动支撑，同时也提出了发展战略性新兴产业的迫切要求。

根据表4-3的统计数据，安徽省人口基本维持在6000万人以上，在全国各省人口中排名前十。安徽省经济活动人口呈现不断增加的趋势，2005年经济活动人口3712.8万人，占全部人口的60.67%，2016年这一比例提升到了71.17%，经济活动人口增长到了4409.7万人。劳动就业人口从2005年的3669.7万人增长到2016年的4361.6万人，占经济活动人口的比例基本达到了98%以上，安徽省就业状况较好。与此同时城镇化速度不断加快，2005年安徽省城镇人口比例不足36%，2015年城镇人口比例首次超过50%，2016年达到了52.0%，城镇化取得较好的成就。

表4-3　安徽省人口和劳动力状况

年份	总人口/万人	经济活动人口/万人	劳动就业人口/万人	城镇人口比例/%
2005	6120	3712.8	3669.7	35.5
2006	6110	3784.0	3741.0	37.1
2007	6118	3860.1	3818.0	38.7
2008	6135	3966.8	3916.0	40.5

续表

年份	总人口/万人	经济活动人口/万人	劳动就业人口/万人	城镇人口比例/%
2009	6131	4052.2	3988.0	42.1
2010	5957	4096.8	4050.0	43.0
2011	5968	4177.8	4120.9	44.8
2012	5988	4254.3	4206.8	46.5
2013	6030	4327.0	4275.9	47.9
2014	6083	4364.5	4311.0	49.2
2015	6144	4384.0	4342.1	50.5
2016	6196	4409.7	4361.6	52.0

虽然当前安徽省人口总量较大，劳动力丰富且劳动力成本较低，为安徽省经济增长和战略性新兴产业发展提供了良好的保障，但是安徽省也面临着老龄化加剧的问题。一般而言国际上通常采用 65 岁以上人口占总人口的比例超过 7%表示进入老龄化社会。根据图 4-2 的统计数据，2005 年安徽省老年人口抚养比达到了 10.08%，早已出现老龄化问题，但是这一问题在庞大的人口基数下对经济的影响并不明显。2005～2016 年安徽省人口自然增长率从 6.2%增长到 7.06%，低于老龄化速度。随着人口出生率降低及老龄化进程加速，未来安徽省人口可能出现严重老龄化和劳动力不足的问题。因此，当前安徽省战略性新兴产业发展具有良好的劳动力基础，此时布局战略性新兴产业对于未来安徽省老龄化问题而言是较好的解决方式之一。

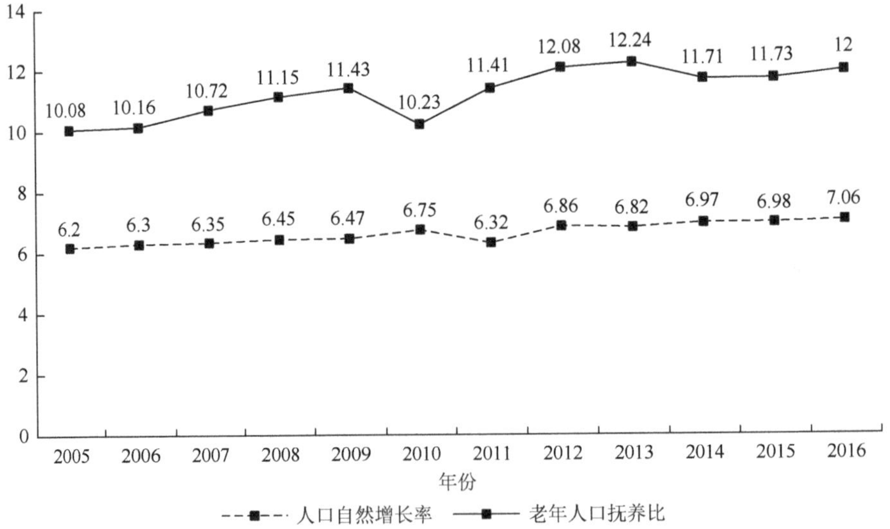

图 4-2　安徽省 2005～2016 年人口自然增长率和老年人口抚养比

从人口素质来看，安徽省人均受教育年限不断提升。根据表4-4，2011年全省人均受教育年限为8.24年，2016年增长到9.23年。从地区来看，合肥市、芜湖市和蚌埠市是安徽省人均受教育年限最高的地区，合肥市和芜湖市人均受教育年限在2016年均超过了10年。战略性新兴产业以高新技术产业为主，劳动力素质是技术发展和扩散的基本要素。安徽省重点布局“合蚌芜”地区主要因素除了这一地区的产业基础外，另一个重要的因素是这一地区集中了安徽省主要的高素质人才。

表4-4　安徽省2011～2016年各地级市人均受教育年限　（单位：年）

地区	2011年	2012年	2013年	2014年	2015年	2016年
全省	8.24	8.42	8.54	8.69	9.06	9.23
合肥市	9.19	9.49	9.49	10.14	10.81	10.89
淮北市	8.66	8.75	9.11	9.15	9.36	9.54
亳州市	7.61	7.8	7.98	7.99	8.13	8.29
宿州市	7.86	8.03	8.58	8.59	8.59	8.66
蚌埠市	8.73	8.74	8.74	8.84	9.46	9.62
阜阳市	7.81	7.83	8.25	8.26	8.27	8.41
淮南市	8.86	9.04	9.28	9.29	9.25	9.37
滁州市	8.4	8.41	8.41	8.74	8.75	8.97
六安市	7.94	8.27	8.32	8.33	8.62	8.77
马鞍山市	8.88	8.89	8.91	8.92	8.94	8.99
芜湖市	8.52	9.09	9.09	9.23	10.01	10.11
宣城市	7.94	8.12	8.39	8.4	8.47	8.59
铜陵市	9.25	9.6	9.6	9.62	8.85	9.10
池州市	7.7	8.21	8.48	8.54	8.84	9.06
安庆市	8.14	8.15	8.52	8.53	8.72	8.91
黄山市	8.25	8.68	8.68	8.69	8.69	8.84

（四）能源与资源状况

安徽省战略性新兴产业发展的另一个支撑条件是较为丰富的能源和自然资源。截至2016年，安徽省发现的矿种达到了128种，矿藏较为丰富。其中能源矿达到了6种，金属矿22种，非金属矿94种，较大的矿产地达到了10处。战略性新兴产业对于能源矿、金属矿和非金属矿具有较大的需求，特别是高端装备制造业以金属矿和非金属矿为主。

从主要能源来看，根据表 4-5，全省能源和电力的生产与消费量不断提升，为安徽省战略性新兴产业发展提供了良好的能源支撑。2005 年安徽省能源消费总量达到 6505.98 万吨标准煤，其中安徽省自主生产达到 6215.42 万吨标准煤，占据了消费总量的 95.53%；电力消费量 581.65 亿千瓦时，电力生产量超过了电力消费量的 11.47%。2016 年安徽省能源生产和消费总量分别达到了 9305.72 万吨标准煤和 12 694.96 万吨标准煤，自主生产达到了 73.30%，能源缺口出现并不断扩大。未来随着经济的增长，安徽省能源缺口将会进一步扩大，此时战略性新兴产业发展特别是新能源产业的发展，将会缓解安徽省的能源缺口。

表 4-5　安徽省主要年份能源生产和消费总量

年份	能源生产总量/万吨标准煤	电力生产量/亿千瓦时	能源消费总量/万吨标准煤	电力消费量/亿千瓦时
2005	6 215.42	648.38	6 505.98	581.65
2006	5 993.75	734.38	7 096.39	662.40
2007	6 742.44	868.04	7 752.06	768.70
2008	8 413.93	1 101.94	8 325.40	858.87
2009	9 288.36	1 328.58	8 895.90	952.30
2010	9 673.79	1 463.31	9 414.00	1 077.92
2011	10 281.42	1 655.07	10 251.86	1 221.19
2012	10 933.04	1 807.84	11 015.00	1 361.10
2013	10 056.33	1 977.73	11 696.39	1 528.07
2014	9 413.25	2 033.92	12 011.02	1 585.18
2015	9 972.64	2 061.89	12 331.97	1 639.79
2016	9 305.72	2 252.69	12 694.96	1 794.98

随着技术的进步和传统优势产业的技术升级，特别是高能耗产业的改造，安徽省对于高能耗产业的治理为战略性新兴产业的发展奠定了技术基础。根据表 4-6，安徽省能源效率不断提升，单位 GDP 能耗、单位工业增加值能耗和单位 GDP 电耗不断下降。2005 年安徽省单位 GDP 能耗为 1.216 吨标准煤/万元，到 2016 年下降到 0.531 吨标准煤/万元；单位工业增加值能耗从 3.13 吨标准煤/万元下降到 0.90 吨标准煤/万元，但是 2016 年相比于 2015 年的 0.88 吨标准煤/万元有所上升，安徽省需要警惕为了促进经济增长而牺牲能源效率的发展模式。战略性新兴产业特别是新能源产业的发展，对安徽省能源效率的提升和能源消耗的降低具有重要意义。

表 4-6　安徽省主要年份能源消耗指标

年份	单位 GDP 能耗/（吨标准煤/万元）	单位工业增加值能耗/（吨标准煤/万元）	单位 GDP 电耗/（千瓦时/万元）
2005	1.216	3.13	1088.11
2006	1.174	2.86	1099.86
2007	1.126	2.63	1118.33
2008	1.075	2.34	1109.06
2009	1.017	2.10	1088.76
2010	0.970	1.82	1075.99
2011	0.754	1.20	870.49
2012	0.722	1.09	865.50
2013	0.676	1.03	880.50
2014	0.636	0.94	839.28
2015	0.600	0.88	798.37
2016	0.531	0.90	750.43

二、安徽省战略性新兴产业总体趋势

安徽省当前战略性新兴产业主要的界定与国务院相关规定的内容具有一致性，将战略性新兴产业划定为高端装备制造业、节能环保产业、生物产业、新材料产业、新能源产业、新能源汽车产业及新一代信息技术产业，在2011年向社会公布战略性新兴产业的产值情况。根据安徽省统计局发布的战略性新兴产业的总产值，2011年安徽省战略性新兴产业总产值为4132.1亿元，在国家和安徽省相继颁布一系列战略性新兴产业发展指导规划以后，安徽省战略性新兴产业产值迅速增加，2015年产值增加到8921.5亿元，2017年增加到12 335.8亿元。2011～2017年年均增长率约为20%，占全部规模以上工业总产值的比例由2011年的13.5%增长到2017年的32.4%，战略性新兴产业对于安徽省产业总产值增长的贡献度达到了60%以上，在全部的战略性新兴产业中，高端装备制造业、节能环保产业、生物产业、新材料产业和新一代信息技术产业的产值均超过千亿元，其中节能环保产业在2011年仅有229.4亿元，此后迅速发展，2015年产业调整以后的产值接近2000亿元；生物产业不涉及产业调整，在2014年达到943.9亿元，并在2015年超过千亿元。新材料产业产值从2011年的接近千亿元，提升到2017年的接近3000亿元。新能源产业产值在2017年基本接近千亿元，达到929.8亿元。相对而言，安徽省新一代信息技术产业和新材料产业产值较高，是安徽省战略性新兴产业中的主要支柱产业，新能源产业和新能源汽车产业的产值在2017年尚未达到千亿元，特别是新能源汽车产业是安徽省战略性新兴产业发展的薄弱环节，如表4-7所示。

表 4-7 安徽省战略性新兴产业产值 （单位：亿元）

行业	2011 年	2012 年	2013 年	2014 年	2015 年	2016 年	2017 年
总产值	4 132.1	5 094.1	6 863.4	8 378.9	8 921.5	10 161.3	12 335.8
高端装备制造业	1 066.6	1 345.2	1 887.4	2 163.2	928	1 224.9	1 403.7
节能环保产业	229.4	325.7	520.6	605.3	1 623.3	1 560.2	1 917.5
生物产业	591.6	695.9	842.3	943.9	1 002.3	1 142.3	1 353.6
新材料产业	889.9	1 017.4	1 404.8	1 724.5	2 064.5	2 340.6	2 951.5
新能源产业	290.1	311.6	355.4	482.9	641.2	766.5	929.8
新能源汽车产业	5.1	17.2	34.0	47.9	368.6	513.6	646.6
新一代信息技术产业	1 017.7	1 323.3	1 743.5	2 323.6	2 293.5	2 613.2	3 135.8

注：2014 年前后行业有所调整，部分高能耗产业划分出现差异。

根据表4-8，从安徽省战略性新兴产业产值增长率来看，2011年是安徽省战略性新兴产业形成的关键一年，在提出安徽省战略性新兴产业以后，安徽省战略性新兴产业产值增长率达到了62.1%，2012年以后增长率有所下降，2012～2016年安徽省战略性新兴产业的总产值增长率逐渐下降，2016年降到最低，为16.4%，2017年以后安徽省战略性新兴产业逐渐形成体系，产值增长率又一次处于加速增长状态。从产业部门来看，高端装备制造业在2011年和2012年增长率较高，分别是49.7%和32.2%，高端装备制造业增长率最低达到了14.6%，属于高速增长的产业部门。节能环保产业最高增长率达到50%以上，最低增长率为13.8%，在所有的产业部门中，2011年新能源产业实现了跨越式增长，增长率达到了220.3%，创造了安徽省战略性新兴产业发展的奇迹，随后安徽省新能源产业发展趋于稳定。安徽省新能源汽车产业自2012年发展以来，仅2012年一年增长率就达到了62.9%，2013年增长率超过93%。总体而言，安徽省战略性新兴产业各行业的总体增长速度均超过10%，在多个年份创造出产业增长的奇迹，可以看出，在安徽省战略性新兴产业布局公布的2011年前后是战略性新兴产业发展最为迅速的时期，说明政策引导在战略性新兴产业布局中具有决定性的引导作用，因此安徽省各地区发展战略性新兴产业过程中，地方政府要积极引导，坚持科学合理布局，颁布有利于战略性新兴产业发展的政策。

表 4-8 安徽省战略性新兴产业产值增长率 （单位：%）

行业	2011 年	2012 年	2013 年	2014 年	2015 年	2016 年	2017 年
总产值	62.1	33.1	23.4	22.5	17.6	16.4	21.4
高端装备制造业	49.7	32.2	22.5	14.7	16.9	15.5	14.6
节能环保产业	50.9	51.4	34.3	15.8	13.8	19.9	22.9

续表

行业	2011 年	2012 年	2013 年	2014 年	2015 年	2016 年	2017 年
生物产业	36.5	22.3	15.7	11.9	13.2	11.8	18.5
新材料产业	55.6	28.1	23.5	22.7	14.5	15.5	26.1
新能源产业	220.3	48.4	11.3	36.6	18.0	19.6	21.3
新能源汽车产业	—	62.9	93.1	40.8	28.1	32.8	25.9
新一代信息技术产业	62.1	36.2	27.1	34.9	24.4	14.0	20.0

虽然安徽省战略性新兴产业总产值和规模呈现不断壮大的发展态势，但是各地区的战略性新兴产业发展存在巨大的差异。根据表 4-9 安徽省统计局公布的战略性新兴产业各地级市的数据可以看出，战略性新兴产业发展规模最大的地区分别是合肥市、芜湖市和蚌埠市。2011 年合肥市战略性新兴产业布局年产值就超过千亿元，达到 1331.9 亿元，并到 2013 年在短短两年的时间内产值超 2000 亿元，2017 年合肥市战略性新兴产业产值达到 3599.1 亿元。作为安徽省的省会，坚实的人才优势和战略地位决定了合肥市成为战略性新兴产业的主要分布地区。另外芜湖市战略性新兴产业在 2013 年超千亿元总产值，2017 年总产值达到 1925.0 亿元，仅次于合肥居于安徽省第二位。第三位是蚌埠市，2016 年产值超千亿元，发展速度低于合肥市和芜湖市，但相对于其他地区发展速度较快。合肥市、芜湖市和蚌埠市组成“合蚌芜”经济区，重点布局战略性新兴产业，因此这三个地区的战略性新兴产业发展规模领先全省。除了合蚌芜地区以外，2017 年铜陵市、滁州市、马鞍山市和安庆市的战略性新兴产业产值也都超过 500 亿元，淮南市、池州市和宿州市的战略性新兴产业发展规模较小，在 100 亿元左右，其中淮南市的战略性新兴产业产值处于安徽省最低水平，2017 年产值仅有 60.1 亿元。相对而言皖北地区的装备制造业发展水平低于皖南地区，皖中地区除了“合蚌芜”发展水平较高以外，其他地区发展水平较低，因此战略性新兴产业布局并不是十分协调，需要各地区加强对战略性新兴产业的培育和发展，争取促进战略性新兴产业的合理分布。

表 4-9　安徽省各地战略性新兴产业产值　（单位：亿元）

地区	2011 年	2012 年	2013 年	2014 年	2015 年	2016 年	2017 年
全省	4132.1	5094.1	6863.4	8378.9	8921.5	10161.3	12335.8
合肥市	1331.9	1598.7	2006.8	2553.9	2788.8	3100	3599.1
淮北市	166.5	236.4	334.4	404.7	358.4	282.5	341.3
亳州市	116.0	145.8	187.5	223.5	250.1	296.6	377.0
宿州市	45.8	41.2	65.3	79.6	117.7	135.2	174.1
蚌埠市	295.3	357.4	497.2	616.7	768.1	1000.7	1183.8

续表

地区	2011 年	2012 年	2013 年	2014 年	2015 年	2016 年	2017 年
阜阳市	64.5	87.8	122	158.8	228.6	309.8	399.6
淮南市	43.3	63	79.6	76.6	51.3	50.8	60.1
滁州市	282.1	291.9	360.2	421.9	521.6	638.5	816.0
六安市	80.6	115	228.3	255.9	248.5	278.6	370.8
马鞍山市	224.6	286	455.7	543.6	438.3	510.8	650.2
芜湖市	732.1	971.6	1252.9	1533.4	1371.1	1572.7	1925.0
宣城市	139.7	165.5	277.2	342.9	446.8	485.1	606.4
铜陵市	287.4	382.1	482.7	583.5	625.2	729.2	948.7
池州市	47.2	56	81.8	95.3	85.9	101.5	123.2
安庆市	156.4	186.7	297.2	343.1	477.9	499.2	543.6
黄山市	118.7	109	134.6	145.3	143.3	170.2	206.6

从安徽省各地区战略性新兴产业发展速度来看，战略性新兴产业布局开始的2011年和2012年前后是战略性新兴产业发展速度最快的年份，其中阜阳市2011年增长率超过100%，达到了118.3%，池州市、马鞍山市、六安市和淮南市增长速度低于50%，分别是30.6%、36.8%、46.8%和45.9%，其他地区均超过50%，多数速度在60%～70%，处于高速发展阶段。2014年和2015年是安徽省各地区战略性新兴产业发展的低谷阶段，除个别地区以外大多数地区发展速度低于20%，淮南市2014年和2015年战略性新兴产业甚至出现负增长，最低降到–12.7%。马鞍山市、宣城市、池州市等皖南地区在2013年的发展速度相比于其他地区较高，说明这一阶段安徽省战略性新兴产业布局偏向于皖南地区发展。2016～2017年皖北地区战略性新兴产业发展速度也有明显的提升，2017年亳州市、宿州市和阜阳市的产值增长率基本接近30%，皖南地区的发展依然强劲，六安市、铜陵市等地区的产值增长率超过30%。从总体趋势而言，2011～2013年是安徽省战略性新兴产业起步阶段，这一时期战略性新兴产业刚刚形成体系，产值增长率迅速攀升，2014年和2015年是战略性新兴产业调整阶段，在这一时期淘汰了大量低质量的战略性新兴产业部门，规范了行业部门，剔除了非严格属于战略性新兴产业的国民经济部门，导致产值增长率受到影响，这一时期也是皖南地区战略性新兴产业成为继“合蚌芜”以后增长速度较快的地区。2016年和2017年初步形成了安徽省战略性新兴产业的当前布局形态，战略性新兴产业发展开始从重点发展向全面布局过渡，皖南皖北地区保持了基本相近的发展速度，但是起步阶段的差异导致产值方面依然存在不均衡发展，“合蚌芜”战略性新兴产业区产值依然高速增长。由于对战

略性新兴产业的构成和政策进行了合理的规范和监管，安徽省战略性新兴产业的发展开始正规化，如表 4-10 所示。

表 4-10　安徽省各地战略性新兴产业产值增长率　（单位：%）

地区	2011 年	2012 年	2013 年	2014 年	2015 年	2016 年	2017 年
全省	62.1	33.1	23.4	22.5	17.6	16.4	21.4
合肥市	76.0	24.6	21.7	28.2	20.5	11.8	16.1
淮北市	77.6	45.1	28.2	20.2	6.5	6.0	20.8
亳州市	51.6	25.2	23.6	18.2	13.0	17.3	27.1
宿州市	57.0	35.7	27.6	19.7	30.6	29.6	28.8
蚌埠市	52.5	39.4	28.6	24.7	28	27.9	18.3
阜阳市	118.3	31.7	31.0	27.2	33.6	33.8	29.0
淮南市	45.9	40	14.6	−3.3	−12.7	0.3	18.4
滁州市	61.9	31.5	14.8	15.6	25.5	22.3	27.8
六安市	46.8	37.3	13.7	15.8	6.4	12.9	33.1
马鞍山市	36.8	45	36.1	18.6	16.4	20.3	27.3
芜湖市	50.1	43.4	24.3	22.4	18.2	20.1	22.4
宣城市	72.0	36.3	27.2	21.9	22.6	11.5	25.0
铜陵市	78.2	34.3	20.6	22.2	8.3	11.8	30.1
池州市	30.6	23.8	31.4	17.2	26.2	17.0	21.4
安庆市	50.4	23.6	21.4	16.7	5.0	11.2	8.9
黄山市	56.6	31.3	14.7	12.0	1.9	18.3	21.4

为了有效地促进安徽省战略性新兴产业的发展，2015年安徽省政府以省政府统一规划和地方政府完善配套措施的形式，建立了第一批安徽省统一的产业集聚基地，以期能够以产业集聚的形式发挥战略性新兴产业集群的带头作用，引导战略性新兴产业部门入驻产业园区，形成区域和全省范围内的引领示范，并增强战略性新兴产业的规模化发展趋势，充分发挥产业集群的规模效应。

表4-11为安徽省2015年和2016年战略性新兴产业省级重点产业集聚发展基地，可以看出，2015年第一批战略性新兴产业集聚以“合蚌芜”地区为主，在全部的14个重点产业集聚发展基地中“合蚌芜”地区达到了7个，占到了全部重点产业集聚发展基地的半数。一方面，“合蚌芜”一体化的发展程度较高，经济水平高于全省，因此战略性新兴产业布局具有优势，产业集群可以迅速形成对全省的带动作用。另一方面，“合蚌芜”集聚了安徽省主要高等院校和科研院所，形成了对于人才的吸引优势，“合蚌芜”地区智能制造业和智能语音产业早已形成较大规

模。2015年皖北地区战略性新兴产业集聚发展基地仅有两个，主要依托皖北地区亳州市和阜阳市传统的医药产业进行布局，通过现代化技术和这两地的传统优势，促进医药产业的现代化。相对而言，皖南地区的战略性新兴产业多于皖北地区，达到了5个，主要依托皖南地区传统的重工业基地，以新材料和高端装备制造业发展为主。2016年第二批战略性新兴产业重点对皖北地区进行布局，兼顾了战略性新兴产业全省的均衡性，在淮北市、宿州市等地增设了产业集聚基地，“合蚌芜”地区依然是全省战略性新兴产业布局的重点地区，皖南地区产业集聚基地也基本具备规模，安徽省16个地级市基本拥有了各自特色的战略性新兴产业，使得战略性新兴产业的全省布局基本稳定。

表 4-11 安徽省战略性新兴产业省级重点产业集聚发展基地名单

第一批（2015 年）	第二批（2016 年）
合肥新站区新型显示产业集聚发展基地	合肥市省级生物医药和高端医疗器械重大新兴产业基地
合肥高新区集成电路产业集聚发展基地	合肥包河区创意文化产业集聚发展基地
合肥高新区智能语音产业集聚发展基地	淮北濉溪铝基高端金属材料产业集聚发展基地
合肥、芜湖新能源汽车产业集聚发展基地	宿州高新区云计算产业集聚发展基地
亳州现代中药产业集聚发展基地	淮南高新区大数据产业集聚发展基地
蚌埠硅基新材料产业集聚发展基地	六安高端装备基础零部件产业集聚发展基地
阜阳现代医药产业集聚发展基地	池州经开区半导体产业集聚发展基地
滁州市经开区智能家电产业集聚发展基地	黄山市文化旅游产业集聚发展基地
马鞍山经开区先进轨道交通装备产业集聚发展基地	芜湖通用航空产业集聚发展试验基地（试）
芜湖鸠江经开区机器人产业集聚发展基地	马鞍山高端数控机床产业集聚发展试验基地（试）
芜湖三山经开区现代农业机械产业集聚发展基地	
宣城宁国核心基础零部件产业集聚发展基地	
铜陵经开区铜基新材料产业集聚发展基地	
安庆高新区化工新材料产业集聚发展基地	

三、安徽省战略性新兴产业状况和战略布局

根据《安徽省人民政府关于加快建设战略性新兴产业集聚发展基地的意见》（皖政〔2015〕48 号），在我国全面推行“中国制造 2025”这一战略背景下，战略性新兴产业在制造业发展部署中的地位十分重要，对其他产业的发展起到了关键的引导作用。因此，安徽省以战略性新兴产业基地建设为契机，在集中区域内为

战略性新兴产业部门的发展创造有利的配套设施和政策支持，从而形成战略性新兴产业发展的产业集群，提升安徽省产业整体竞争力，推动产业结构的全面升级转型。与此同时，战略性新兴产业的发展是建设美好安徽的重要战略任务之一。

安徽省七大战略性新兴产业的发展由于历史条件和战略定位的差异表现出不同的特征，我们在总结安徽省战略性新兴产业的总体布局和区域分布以后，进一步分析安徽省主要战略性新兴产业当前的发展现状、战略目标和发展路径。

（一）高端装备制造业

高端装备制造业作为未来制造业发展的主要方向之一，一直是安徽省战略性新兴产业布局的重点方向。经过多年的发展，安徽省装备制造业成为全省主要支柱产业之一，对于全省经济的贡献程度不断提升，其经济总量已经超过了传统优势产业，居于安徽省工业行业第一位。2015 年装备制造业增加值达到 3507.7 亿元，占到省内全部工业增加值的 35.7%，相比较于 2014 年同期增长了 11.1%，对安徽省总体工业增长的贡献度超过 40%，其增长速度快于其他工业部门。装备制造业的发展为高端装备制造业提供了良好的技术、市场和原料基础。

安徽省高端装备制造业以绿色化、服务化和智能化制造业为宗旨，以关键技术和核心部件突破为目标，在多个高端装备制造业应用领域和产业化过程中发挥了重要作用，根据安徽省高端装备制造业的发展规模，预计 2020 年，安徽省高端装备制造业和新材料产业产值均将突破 4000 亿元。重点发展的领域包括机器人、通用航空、智能制造和现代农机装备等。

在机器人领域，安徽省计划在 2020 年建成具有较大影响力的国际级机器人产业集群基地，实现机器人制造产值 400 亿元的目标，在关键技术、集成电路和机器人整机设计方面突破技术瓶颈，实现机器人产业工业化和产业化发展。特别是在中高端机器人方面，安徽省计划进行集中突破，特别是在机器人运动、机器人精确度、人机协调等方面，使得智能机器人能够为工业化生产和社会活动进行精确化服务。

在通用航空领域，安徽省计划在 2020 年实现总产值 300 亿元的目标，借助我国当前对于战略性新兴产业的战略布局特别是国家当前对于通用航空产业的重视的战略机遇，发挥安徽省人才和科技优势，以开放合作和自主创新相结合的方式逐步建立安徽省全面健全的航空航天装备产业生产、制造和研发体系，突破军用和民用航空航天设备的整机生产，建立完全的航空航天装备一体化产业体系。

在智能制造领域，安徽省重点强调新一代信息技术和制造业之间的产业融合，使得信息技术贯穿整个生产制造周期，在重点领域加强高水平的智能工厂的建设。面向汽车、家电、冶金、化工等传统优势产业转型升级和新能源、消费电子、节能环保等新兴产业发展的需要，骨干企业推广数字化技术、系统集成技术和智能制造成套装备，建设智能工厂和数字车间，重点培育离散型智能制造、流程型智能制造、网络协同制造、大规模个性化定制、远程运维服务等新模式。

在产业区域集聚发展方面，目前安徽省高端装备制造业产业集聚不断发展，形成了合肥、芜湖、马鞍山等地区的工程机械产业集群、工业机器人产业集群等战略性新兴产业集群。

安徽省高端装备制造业形成了一系列的产业重点发展平台。表4-12为高端装备制造业重点行业部门的重大平台。围绕机器人、智能制造、通用航空和现代农机装备，安徽省高端装备制造业产业形成了国家、国家和省内以及省内自主的装备制造业发展重大平台。首先以国家战略性新兴产业布局为依托，争取国家高端装备制造业研发中心落户安徽，建设如国家机器人检测与评定中心等重大发展平台；其次在国家技术优势的条件下结合安徽省薄弱环节形成中央和安徽省合作建立平台，如机器人与智能制造国家地方联合工程实验室等；最后是安徽省自主平台，以安徽省科研实力为依托形成了省通用飞机工程研究中心等省级重大产业平台。安徽省高端装备制造业产业发展重大平台另一个鲜明的特色就是与科研院所和高等院校合作，产学研相结合，形成了哈工大机器人中央研究院、中联重科博士后科研工作站和玉柴联合动力博士后科研工作站等重大发展平台。

表 4-12　高端装备制造业重点行业部门的重大平台

高端装备制造业行业	产业发展重大平台
机器人	国家机器人检测与评定中心
	国家机器人创新中心
	机器人与智能制造国家地方联合工程实验室
	哈工大机器人中央研究院
智能制造	安徽省数字化设计与制造重点实验室
	安徽省仿生感知与先进机器人技术重点实验室
	安徽省春谷 3D 打印智能装备产业技术研究院
通用航空	北航芜湖通用航空科技企业孵化器
	中电科芜湖钻石飞机制造有限公司“轻型通用飞机整机研发与集成应用国家地方联合工程研究中心”
	中小型航空发动机重大适航审定实验室
	省通用飞机工程研究中心
现代农机装备	现代农业装备国家地方联合工程研究中心
	中联重科博士后科研工作站
	玉柴联合动力博士后科研工作站
	全柴动力股份有限公司技术中心

续表

高端装备制造业行业	产业发展重大平台
轨道交通装备	轨道交通关键零部件先进制造技术国家地方联合工程研究中心
	安徽省高性能轨道交通新材料及安全控制重点实验室
	马钢车轮、H 型钢产品质量控制和技术评价实验室
	安徽轨道交通研究院
	安徽省轨道交通产品质量监督检验中心

（二）节能环保产业

安徽省节能环保产业重点面向工业、交通和建筑等重点领域展开，重视节能服务的推广，以合同能源管理、节能诊断改造等节能环保服务业为发展方向，提升安徽省能源的整体利用效率，推进清洁能源发展，对于水污染、大气污染、工业污染和城市垃圾等重大环境问题展开监督检查和治理。在工业领域开展先进节能环保设备的技术研发及现有装备的清洁生产技术改造。

随着节能环保领域的扩展，安徽省节能环保企业发展迅速。截至 2017 年安徽省环保设备企业达到 440 家，其中涌现了一批节能环保企业的龙头企业成为产业领域的典型代表，如劲旅环卫设备有限公司清洁能源环保专用设备研发生产基地、盛运环保大气无公害治理技术与装备、联成锅炉 A 级锅炉热动节能装备制造、水泥窑协同处置及炉排炉垃圾焚烧装备等 19 家企业项目被列为安徽省节能环保产业重点项目。与此同时安徽省建立节能环保装备重大平台，包括大气环境污染监测先进技术与装备国家工程实验室和安徽省工业大气污染控制材料工程技术研究中心等两个重大产业发展平台。在工业领域大力发展源头减量和资源化新技术，2017 年安徽省在全省工业领域开展节能环保产业“五个一百”专项行动，从全省工业领域节能环保产业评选出近百个企业进行重点培育，公布节能环保产业的节能技术、节能项目和节能服务等内容，将这些企业作为安徽省全省节能环保的标杆和龙头，起到了很好的模范带头作用。

（三）生物产业

生物产业是当前战略性新兴产业中具有活力的朝阳产业，具有广阔的市场发展前景，是安徽省现代农业发展、能源发展和医药大健康产业发展的重要内容，关系到安徽省经济发展和未来安徽省在我国经济中的地位。安徽省处于中部地区，生物资源十分丰富，形成了蚌埠、合肥、芜湖和亳州等四大产业集聚群。安徽省生物产业主要依托“合蚌芜”战略性新兴产业集群、亳州市中药材产业集群和阜阳市现代医疗设备产业集群，发展生物制药、生物农业、生物能源、生物制造和生物环保等，涌现出如安徽丰原生物化学股份有限公司和安徽安科生物工程（集团）股份有限公司等一系列重要的生物产业领军企业。

在生物医药发展上，一方面安徽省以当前医疗领域的前沿技术领域为引导，加大临床发展需求的技术投入和研发，在心脑血管疾病、免疫性疾病和罕见病领域积极发展自主知识产权，依托安徽省丰富的医疗资源和药物生产企业研发现代医药产品；另一方面依托亳州市历史悠久的重要产业基地，进行现代化中药材自主知识产权建设，开发生物提取药、中药配方，中西医相结合。推进以中药标准体系建设为核心的现代中药材生产、研发和推广体系的建设，改变安徽省长期以来以中药材原材料为产品的低端中药材生产体系，延长中药材产业链，提升中药生产的质量和安全。根据安徽省的发展规模，预计 2020 年安徽省生物医药发展产值将达到 500 亿元以上。

在生物农业领域，安徽省依托自身农业大省的优势，皖北以冬小麦为主、皖南以水稻为主的农业生产方式使得安徽省在优质水稻、优质小麦研发等方面具备独特的优势。提升农产品品种和水产禽畜质量也是安徽省农业发展的必然要求。同时加强生物农业的现代化产品发展，通过生物制品来改善产品品质，提高食品安全，采用更加清洁、可再生、可降解的新型农业设备进行农业生产。安徽省计划 2020 年实现生物农业总产值超过 200 亿元的目标。

在生物能源和生物制造领域，随着化石能源的枯竭，生物能源成为替代化石能源的重要能源，将非粮食作物作为能源不仅可以减少化石能源的消耗，也有利于生态环境保护。非粮食作物能源具有可再生性质，生物柴油、生物乙醇的产业化是未来能源发展的重要方向，发展生物石油的提炼及关联产业，可以提高农业收入，促进清洁能源转化的产业化发展，安徽省经济总量增长。生物的可降解性和可溶性使得生物制造业产品具有较大的发展潜力，非粮食作物提炼出的柠檬酸、乙烯等是重要的工业原材料，可以为相关工业部门提供可靠的原材料，植物纤维和纤维酶的研发和产业化应用也是当前产业发展的重点技术方向。医疗、化工、食品、饲料、纺织等领域都对生物制造业有着较强的关联性和依赖性。根据安徽省“十三五”规划的内容，2020 年安徽省生物制造规模预计达到 400 亿元。

在智慧健康和高端医疗领域，生物产业是为安徽省医疗健康和养老服务的重要产业部门。当前我国老龄化问题严重，安徽省属于老龄化比例较高的省份之一，巨大的人口基数使得安徽省老龄化人口总量大、比例高。由于经济发展不均衡，皖南和皖北地区工业基地产业和服务差异较大。智慧医疗的推进可以为安徽省养老服务体系建设贡献巨大的力量。通过建立医疗和大数据健康服务平台，发展基因技术、养老服务和医疗服务等，建立起完善的第三方市场调查、健康服务平台、咨询和预防等服务体系，将养老服务与生物技术和互联网技术相结合，建立相应的养老服务平台。发展高端医疗器械，改变我国对国外精密医疗设备过度依赖的现状，加快医疗中心建设和医疗服务平台建设，根据安徽省生物产业发展规划，预计2020年安徽省高端医疗器械和智慧健康产业总产值将超过800亿元，市场巨大，具备较大的发展潜力。

（四）新材料产业

相比于传统优势产业，战略性新兴产业具有巨大的发展潜力和发展优势，在材料性能、应用和成本方面具有较大的优势，安徽省目前形成了战略性新兴产业的初步布局。安徽省新材料产业的重点发展方向集中在先进基础材料、前沿新材料和战略性关键材料三个方面，具体包括高端金属材料、新型无机材料、新型化工材料和前沿材料等领域。根据安徽省新型材料发展规划的相关内容，预计到2025年安徽省新材料产业规划形成5个布局合理、特色鲜明并具备国际影响力的新型材料产业集群，建立一批国内领先、国际知名的新材料产业基地，并规划建立约30个重要产业发展协调创新平台及约50个重大技术创新平台。

2017年安徽省新材料企业接近700家，实现产值超过2000亿元，规划2025年安徽省全省新材料产业产值将以年均15%的增长速度增长，总产值将达到8000亿元，培育30家左右销售产值超过百亿元的领军型企业及一大批新材料领域的中小型科技创新企业。

安徽省新材料产业围绕“一核两带”的空间格局进行分布，其中“一核”是指形成以合肥为核心，依托合肥成熟的产业基础，形成关键战略材料的主导地位，大力发展新能源材料、新型显示材料和高性能磁性材料，发展石墨烯材料和先进纳米材料等前沿新材料，使得安徽省材料生产产业从低端向中高端发展，增强安徽省总的核心竞争力，将合肥打造成安徽省重要的新材料产业集聚地及全国性的新材料创新和产业化中心。“两带”即新材料产业扩展带和新材料产业培育带，新材料产业通常是指以高端金属材料、新型无机金属材料、生态环保材料和高分子复合材料为主的产业发展带，分布在淮北市、蚌埠市、马鞍山市、芜湖市、铜陵市和安庆市等地区，这些地区依托自身优势已经形成了较为完善的新材料产业集群，因此这些地区需要增强自身的新材料产业发展优势，新材料产业培育带以新型化工材料、先进金属材料和新能源材料等产业部门为主，主要沿宿州市、亳州市、阜阳市、淮南市和六安市等地区分布，这些地区虽然自身的新材料产业基础薄弱，产业发展水平较低，但是具备新材料产业发展的主观和客观条件，因此作为新材料产业重点培育地区进行发展。

（五）新能源产业

在新能源发展领域，安徽省重点明确了太阳能、风能、水能、生物质能和地热能等可再生能源的发展原则和发展目标，重点支持能源领域的技术突破和能源结构的转换。在此政策支撑下，安徽省新能源产业得到了迅速发展，截至 2015 年底安徽省可再生能源发电装机量达到了 640 万千瓦，是 2010 年的 3 倍，可再生能源发电量达到了 116 亿千瓦时，是 2010 年的 4 倍。在全部的可再生能源领域，非可再生能源发电装机量达到了 349 万千瓦，相比较于 2010 年增长了 13 倍，发电量是 2010 年的 11 倍，达到了 67 亿千瓦时；非化石能源占一次能源的比例也有所提升，2010 年占一次能源消费比例为 2.2%，2015 年这一比例上升了一个百分点达到 3.2%。

光伏发电自 2014 年首次在安徽省部署以来快速发展，截至 2015 年，并网光伏装机量达到了 130 万千瓦，其中有 95 万千瓦是光伏电站装机量，较为先进的屋顶分布式光伏发电装机量达到了 35 万千瓦，安徽省在全国范围内推行光伏扶贫项目，是较为先进和成功的典型案例。风力发电和水力发电也实现了较大的突破。2011 年安徽省部署了全国首个低风速风电场，使得低风速技术和产品快速发展，规模不断扩大，截至 2015 年，风电项目达到了 31 个，发电量达到 20.6 万千瓦时，风电运行在中部各省中位于领先地位。水力发电截至 2015 年总规模达到了 168 万千瓦，占到了全国装机总量的 7%左右。安徽省十分重视生物质能能源的转换利用，特别是对秸秆发电政策的补助和推广。截至 2015 年安徽省秸秆发电厂达到了 20 座，装机容量为 57 万千瓦，居于全国第二位，综合利用农作物秸秆达到 163 万吨；垃圾焚烧厂有 12 座，每年能够处理垃圾多达 300 万吨，实现装机总量 27 万千瓦，除了个别地级市由于特殊限制没有建立垃圾发电站以外，安徽省各市基本建立并投产垃圾焚烧厂，实现垃圾处理和清洁发电并举。

根据安徽省“十三五”规划的基本内容，预计 2020 年安徽省全省可再生能源总量达到 800 万吨标准煤，占一次能源的比例提升到 5.5%，可以实现可再生能源装机总量 1760 万千瓦的标准。未来安徽省计划以光伏发电为重点，争取 2020 年全省光伏发电装机总量达到 800 万千瓦，全面实施光伏扶贫工程，与此同时稳步推进风电产业，扩大生物质能利用规模，推动可再生能源装备制造业发展。降低光伏发电成本，提高光伏发电效率，支持更高效率的晶硅电池、新型薄膜电池等高纯度关键材料的研发，提升安徽省智能电网装备和技术水平。完善光伏发电的标准化研究和平台服务，建立以合肥、蚌埠、芜湖、六安和安庆等地区为代表的光伏建设一体化示范区域，积极推广小型分布式光伏发电系统，促进安徽省整体清洁能源产业发展。

（六）新能源汽车产业

新能源汽车产业是安徽省战略性新兴产业中较为具备优势的产业之一，近年来安徽省新能源汽车产业的市场迅速扩大，是安徽省战略性新兴产业形成布局和新能源汽车产业化规模扩大的重要历史机遇时期。安徽省新能源汽车产业发展的基本原则是以汽车产业发展为主题和依托，逐步向新能源汽车领域过渡，以电动汽车为基本战略方向，适时地发展其他新能源汽车。在安徽省产业布局中，着力发挥了合肥和芜湖作为安徽传统汽车产业中心的优势，建设以合肥和芜湖为中心的新能源汽车集聚中心和产业基地，为新能源汽车发展创造良好的环境。根据安徽省新能源汽车发展规划的基本内容，2020 年安徽省新能源汽车销售总量将会突破 20 万辆，占到全国新能源汽车销售总量的 10%以上，当前安徽省将新能源汽车销售总量设定为占到我国自主研发汽车销量的 20%以上，充分发挥我国本土汽车品牌的销售能力和市场占有率。

在新能源汽车技术上，安徽省基本发展规划是实现电动驱动汽车的世界级领先水平及插电式混合动力汽车的国内领先水平，形成专有、独特的竞争优势。以安徽省奇瑞汽车和江淮汽车为主体，研发新能源汽车系列产品，从电池技术、电机技术和电动控制等技术层面实现突破，对新能源汽车设计的高端材料和核心零部件实现自主知识产权，建立高端化产业布局，完善新能源汽车产业链，建立全省范围内的企业开发和充电基础设施。

在新能源汽车产品生产和产业化布局上，安徽省将新能源汽车发展的重点产品定位在中小型纯电动汽车及插电式大中型混合动力汽车的研发和生产上，技术领域重点突破电池系统和燃料系统，发展高度集成电池系统和高功率电驱动系统，从而提升新能源汽车的动力性、稳定性、安全性和持久性，降低整体生产成本。采用政府财政支持的方式，对公交车、市政车辆、公务用车及重点单位公车进行规划和补助，加大对新能源汽车的采购力度，通过车辆购买优惠鼓励私人拥有新能源汽车，以合肥和芜湖为重点地区和试点单位逐步推行到全省主要城市，从而创新新能源汽车市场开发模式。

加强新能源汽车相关服务体系的建设，依托安徽省重点高校建立新能源汽车的研发和检验平台，对新能源汽车的零部件生产、汽车整体性能及新能源汽车生产企业进行监督检验和检查，保证新能源汽车的安全性和实用性。加强对外交流和合作，吸纳国内外优质的新能源生产资源和人才，加强市场创新能力。另外，需要安徽省不断完善新能源汽车的战略布局，形成以合肥、芜湖为中心的产业集聚并不断扩展，巩固产业布局的传统优势地位，挖掘其他具有新能源汽车研发和生产能力的地区，进行产业的合理布局。

根据安徽省相关规定，2017 年合肥和芜湖地区新增的新能源公共汽车比例不低于 80%，其他地区则将标准定为不低于新增汽车的 50%，并以每年 10 个百分点的速度进行扩展。通过制定《安徽省电动汽车充电基础设施建设规划（2017—2020 年）》，将新能源汽车充电基础设施建设作为推动新能源汽车发展的重要措施。

（七）新一代信息技术产业

安徽省新一代信息技术产业的发展面向智能化、网络化和融合化，在核心技术领域实现了巨大的突破，集成电路、新型显示、智能语音、智能终端、软件和新型服务是安徽省重点发展的新一代信息技术产业，根据安徽省“十三五”规划，预计 2020 年安徽省新一代信息技术产业总产值超过 5000 亿元。

在集成电路领域，安徽省以合肥为中心，力图将合肥打造成“中国 IC 之都”，在芯片制造领域取得突破，以芯片设计和制造为基本核心，形成研发、测试、应用、推广和产业化的完整体系。

在智能语音领域，以科大讯飞股份有限公司为中心的产业集群打造“中国声谷”，创造了超过 1000 亿元的产值，智能语音和机器人的理论与产业研发取得了较大的进步，人机交互学习、人工智能和神经网络等应用的智能语音技术得到发展。

在智能终端、软件和新型服务领域，重点发展智能手机、智能可穿戴设备及面向城市、家庭和产业的智能城市、智能家庭和智能工厂，以信息服务和软件支撑为基础，不断扩充安徽省生产性服务及推动生活性服务的智能化、体系化和平台化进程。

新型显示是安徽省新一代信息技术又一重点发展领域。中国虽然是世界上平板显示产品最大的消费市场，但是国内自给率较低，低于全部市场的30%，发展空间巨大，2013年合肥市成为国家战略性新兴产业国家级重点产业集聚发展基地，获得了国家财政滚动项目连续三年的支持，在有机发光二极管（organic light-emitting diode，OLED）和标准密度显示器（standard density display，SD）等新型显示产业进行重点突破，从而形成了基本的新型显示产业链和产业体系，具备完善的产业基础设施。“合蚌芜”新型显示产品集聚区在2014年的总产值达到828.2亿元，2012年和2013年总产值分别是200亿元和497.7亿元，在三年内产值实现了翻两番的增长奇迹，合肥被定位为世界最大的平板显示产业基地。2017年安徽省新型显示产业发展迅速，销售收入突破800亿元，在液晶显示屏、卫星显示屏和等离子显示屏等方面取得重大突破。安徽省集中资源和产业优势，重点支撑“合蚌芜”产业发展。“合蚌芜”新建项目接近100项，总投资接近千亿元，新增了联宝（合肥）电子科技有限公司、合肥京东方光电科技有限公司和合肥宝龙达信息技术有限公司等一批龙头企业。

第二节　安徽省传统优势产业发展现状

一、传统优势产业确定的原则

在经济发展过程中，安徽省各地区进行产业结构调整和升级时，对于传统优势产业的选择需要综合考虑经济规律和实际发展情况。安徽省产业发展的首要问题是，如何识别传统优势产业与战略性新兴产业。只有解决了这个问题，才能有效地进行产业融合，促进产业调整和经济发展，创造出更加具有比较优势和竞争优势的产业，并实现战略性新兴产业发展及传统优势产业升级改造的良性循环。安徽省当前产业发展的基本思路是，建设完成工业化阶段所必需的主要产业，并作为主导产业进行重点发展。利用安徽省自身产业发展得天独厚的后发优势，承接东部沿海产业转移；利用安徽省丰富的资源优势，积极对传统优势产业进行技术升级改造，促进与战略性新兴产业的融合发展，使传统优势产业在未来能够成为优势产业，而不被产业发展所淘汰。

根据本书理论分析部分对产业发展的相关论述，参考国内外相关研究，在对优势产业进行选择与评价时，综合考虑了数据的可获取性、指标的合理性等因素，通过以下原则综合选择传统优势产业。

（1）资源优势原则。充分利用安徽省丰富的劳动力资源和自然资源。传统优势产业的发展需要结合本地区的资源禀赋状况，丰富的资源在优势产业建立比较优势和竞争优势的过程中起到了决定性作用。在安徽省传统优势产业界定的过程中，需要首先分析安徽省劳动力资源和自然资源能够支撑的产业部门。

（2）技术优势原则。传统优势产业应该具有较为先进或者成熟的产业技术条件。传统优势产业是技术较为稳定的产业部门，一个产业要成为本地区的优势产业，需要考虑这一产业在生产设备、生产工艺和技术上的优势。技术的领先确保了传统优势产业经济理论的获取。

（3）市场优势原则。优势产业必须是在省内或者国内市场上占有较大份额的产业，传统优势产业是发展相对成熟的产业部门，一般能够作为传统优势产业需要具有市场需求大、产业效益好和市场竞争力较强等特点。市场需求是相关产业发展的基本追求，体现了产业产品的市场价值，也是企业获得相关效益的基本前提，因而市场优势原则是确定优势产业所必须强调的主要内容。

（4）产业关联原则。优势产业在区域经济发展中起到了重要作用，是区域产业和经济增长的重要主导产业，会对经济增长产生回顾效应、旁侧效应和前瞻效应。根据霍夫曼产业关联理论的基本内容，一个地区选择主导优势产业时，首先考虑的是产业带动作用强和关联程度大的产业。产业上下游企业关联程度越大，相关产业发展就越充分，产业集聚形成的规模也就越大，较为容易形成规模经济。

（5）比较优势原则。优势产业是在区域经济内运行状态较好、营业利润较高的产业部门，一般具有较高的投入产出比。在确定优势产业时，对于产业运行效率的考虑应该是多方面的，从产业增加值、生产率、经济贡献度等多方面进行考虑，选择一个能够代表产业综合经济实力的指标，作为优势产业所具有的比较优势。安徽省产业部门齐全，产业发展程度差异较大，因此对于优势产业的确定需要通过多指标、多层次进行综合评估，最终确定具有比较优势的产业作为安徽省的传统优势产业。

二、传统优势产业确定的方法

虽然安徽省对传统优势产业进行了官方界定，但是由于政策倾斜和评价的主观性，本书重新设定传统优势产业的选择原则，通过收集安徽省主要产业发展水平指标，将多个指标结合起来进行综合评价。为了克服传统主观评价对模型分析结果的影响，本书采用因子分析法来确定评价权重，进而确定安徽省传统优势产业的分布。

由于开采辅助活动数据的缺失，将这一行业删除，本节研究战略性新兴产业以外的其他31个传统行业，以2016年安徽省数据为例进行因子分析。因子分析可以将多个指标之间相关关系较为接近的变量划分到一组中，形成新的评价因子，通过对数据降维，以较少的变量来反映原始数据尽可能多的信息。根据因子分析的这一特点，结合当前安徽省产业部门发展现状和统计数据可获得性，安徽省产业发展综合评级指标的选择主要从产业规模、经济效益、产业竞争力几个层面考虑，具体指标如表4-13所示。

表 4-13　传统优势产业因子分析指标体系

评价内容	指标	单位
产业规模	工业总产值（V_1）	亿元
	工业增加值（V_2）	亿元
	总资产（V_3）	亿元
	企业数比例（V_4）	%
	从业人口比例（V_5）	%

续表

评价内容	指标	单位
经济效益	工业增加率（V_6）	%
	产值利税率（V_7）	%
产业竞争力	劳动生产率（V_8）	千元/（人·年）
	产值销售率（V_9）	%

其中工业总产值、工业增加值和总资产为统计年鉴公布的分行业原始数据，企业数比例为单个产业规模以上企业数占总工业企业的比例；从业人口比例与企业数比例类似，是指单个行业年末从业人员总量占工业行业总的从业人员的比例。工业增加率为工业增加值占同期工业总产出的比例，即企业实现的价值占产品总价值的比例。产值利税率为已实现的利润、税金总额（包括利润总额、产品销售税金及附加和应交增值税）占同期全部工业总产值的百分比，计算公式：产值利税率（%）=（利税总额/工业总产值）×100%。劳动生产率以资产劳动比表示，是由行业总资产除以行业总的从业人员劳动总量得到的。产值销售率为销售利润总额与总产值之比，它表明单位产值获得的利润，反映产值与利润的关系。以上数据全部来源于《安徽统计年鉴》《安徽省国民经济和社会发展统计公报》，由于选择的是 2016 年的数据，因此不涉及产业调整。

表 4-14 为主因子分析结果，可以看出对 9 个变量进行主因子分析，特征值和方差超过 1 的只有第一个因子和第二个因子，这两个因子对模型的解释程度达到了 88.33%，因此初步判断该模型存在两个主因子。

表 4-14　主因子分析基本结果

因子	特征值	方差	比率	累计分布
V_1	4.047 21	2.080 12	0.594 4	0.594 4
V_2	1.967 09	1.318 77	0.288 9	0.883 3
V_3	0.648 32	0.349 63	0.095 2	0.978 5
V_4	0.298 69	0.213 94	0.043 9	1.022 4
V_5	0.084 75	0.092 65	0.012 4	1.034 8
V_6	−0.007 90	0.024 58	−0.001 2	1.033 7
V_7	−0.032 49	0.037 54	−0.004 8	1.028 9
V_8	−0.070 02	0.056 61	−0.010 3	1.018 6
V_9	−0.126 63	.	−0.018 6	1.000 0

根据表格中的特征值，可以看出只有两个因子的特征值大于 1，这两个特征值的方差解释了其他 7 个因子的全部方差，因此模型存在两个主要因子，在此基

础上笔者画出图 4-3 的因子模型的碎石图，碎石图中特征值等于 1 的水平线标示了主成分的常用分界点，同样显示该模型存在两个主成分。

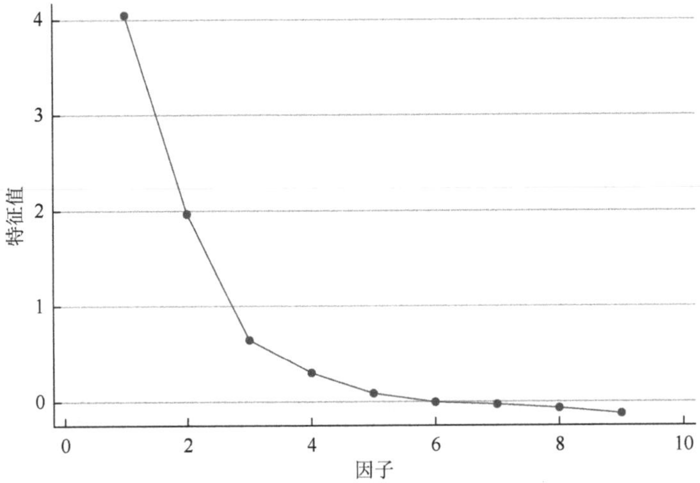

图 4-3　因子分析碎石图

对模型进行KMO（Kaiser-Meyer-Olkin）检验和多元相关平方（squared multiple correlation，SMC）检验，KMO检验统计量主要用于对比变量间存在的相关系数和偏相关系数，用来衡量多元统计的因子分析，一般而言KMO检验统计量的取值为0～1。当进行因子分析时，需要检验变量之间相关系数平方和与偏相关系数平方和之间的关系，KMO值较为接近于0，越接近于1表示变量之间存在着越明显的相关关系，此时模型适合进行因子分析；一旦简单相关系数的平方和较接近0，那么此时检验KMO变量之间的相关性较弱，进行因子分析是不合适的。Kaiser对于KMO检验标准的划分为：KMO值大于0.9表示非常合适，大于0.8表示比较合适，0.7以上为一般合适，0.6以上为不太合适，小于0.5一般认为该模型极不适合进行因子分析。在实际操作中，一般认为KMO值总体上大于0.6即可以进行因子分析而不会影响模型效果。SMC检验与KMO检验类似，SMC值越大表示越合适，因此一般而言KMO检验和SMC检验共同作为因子检验的标准进行对比。表4-15为本书因子分析的KMO检验和SMC检验结果。

表 4-15　KMO 检验和 SMC 检验

变量	KMO	SMC
V_1	0.6613	0.9749
V_2	0.6528	0.9817

续表

变量	KMO	SMC
V_3	0.6566	0.8792
V_4	0.8519	0.7606
V_5	0.7380	0.8852
V_6	0.4970	0.7734
V_7	0.6318	0.5562
V_8	0.4737	0.7312
V_9	0.5466	0.2667
总计	0.6567	

根据表 4-15 可以看到 9 个因子进行 KMO 检验和 SMC 检验的结果，KMO 检验显示 V_4 的 KMO 值大于 0.8，V_6 和 V_8 的 KMO 值小于 0.5，其他因子的 KMO 值基本在 0.6～0.8 范围内，KMO 检验总体值为 0.6567，这就表明在 KMO 检验下本书的因子模型通过检验。SMC 检验结果表示除了 V_9 的 SMC 值（0.2667）较低以外，其他因子的 SMC 值均大于 0.5，较为符合因子模型检验。结合 KMO 检验和 SMC 检验结果，笔者认为本书模型进行因子分析较为合适。

在确定数据可用因子分析的情况下，首先对数据进行正交化处理得到表 4-16。

表 4-16　正交因子表

变量	第一类因子	第二类因子	单一性
V_1	0.9346	−0.1882	0.0911
V_2	0.986	0.0358	0.0266
V_3	0.8674	0.2513	0.1844
V_4	0.6894	−0.465	0.3085
V_5	0.8815	−0.193	0.1857
V_6	−0.1019	0.8621	0.2463
V_7	−0.019	0.6054	0.6331
V_8	0.0217	0.7456	0.4435
V_9	−0.1667	0.3253	0.8664

根据表 4-16 的正交因子表，可以看出 V_1～V_5 的第一类因子的值为正且大于变量对应的第二类因子，第一类因子解释了这些变量 60%以上的信息，同理变量 V_6～V_9 的第二类因子对于变量信息的解释大于第一类因子，因此可以将 V_1～V_5 归纳到第一类因子中，V_6～V_9 归纳到第二类因子中。将上述 9 个指标分为两类，并根据安徽省经济发展事实对上述共同因子进行命名。根据变量的含义，笔者将

V_1～V_5组成的第一类因子命名为产业规模因子，V_6～V_9组成的第二类因子命名为产业效率因子，如表 4-17 所示。

表 4-17　公共因子定义

因子	高载荷指标	因子命令
第一类因子	V_1～V_5	产业规模
第二类因子	V_6～V_7	产业效率

为了进一步检验因子划分，笔者对后续因子进行因子载荷图分析，如图 4-4 所示。从图中可以看出对于第一类因子 V_1～V_5 的取值较大，因此可以作为第一类因子，与之类似，第二类因子取值较大的变量是 V_6～V_9，因此进行两因子分析较为合适。

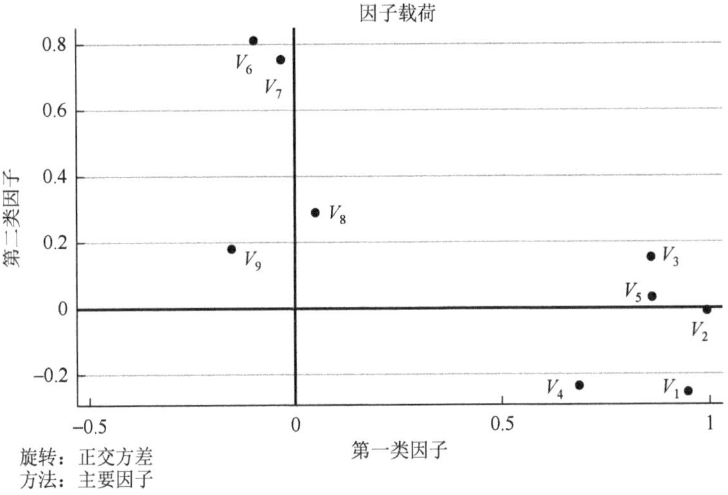

图 4-4　因子载荷图

在得到本书两因子模型分析以后，对安徽省选择的 31 个传统优势产业进行综合因子排名，得到如表 4-18 所示的结果。

表 4-18　综合因子排名

行业	第一类因子	第二类因子	综合因子得分	排名
电气机械和器材制造业	3.5422	0.0202	2.3903	1
电力、热力生产和供应业	1.0137	1.6661	1.2271	2
煤炭开采和洗选业	0.7476	1.8327	1.1025	3

续表

行业	第一类因子	第二类因子	综合因子得分	排名
非金属矿物制品业	1.7093	−0.1767	1.0925	4
烟草制品业	−0.2728	3.3502	0.9121	5
化学原料和化学制品制造业	1.2065	0.0104	0.8153	6
橡胶和塑料制品业	0.6851	−0.3158	0.3577	7
有色金属冶炼和压延加工业	0.4275	0.0342	0.2989	8
专用设备制造业	0.5920	−0.3251	0.2920	9
黑色金属冶炼和压延加工业	0.3850	−0.1642	0.2053	10
农副食品加工业	0.9089	−1.5957	0.0897	11
金属制品业	0.2465	−0.5614	−0.0177	12
酒、饮料和精制茶制造业	−0.1225	0.0911	−0.0526	13
黑色金属矿采选业	−0.4679	0.6259	−0.1101	14
石油加工、炼焦和核燃料加工业	−0.6799	1.0034	−0.1293	15
纺织服装、服饰业	0.3645	−1.1744	−0.1388	16
纺织业	0.0209	−0.7856	−0.2429	17
食品制造业	−0.3447	−0.5473	−0.4110	18
水的生产和供应业	−1.0140	0.8151	−0.4158	19
印刷和记录媒介复制业	−0.5648	−0.3408	−0.4915	20
文教、工美、体育和娱乐用品制造业	−0.4868	−0.6553	−0.5419	21
金属制品、机械和设备修理业	−1.0409	0.4592	−0.5503	22
木材加工和木、竹、藤、棕、草制品业	−0.4673	−0.7759	−0.5682	23
家具制造业	−0.6681	−0.4071	−0.5827	24
燃气生产和供应业	−0.6892	−0.4604	−0.6144	25
造纸和纸制品业	−0.7393	−0.3614	−0.6157	26
皮革、毛皮、羽毛（绒）及其制品业	−0.5912	−0.7086	−0.6296	27
有色金属矿采选业	−0.9425	−0.0591	−0.6536	28
非金属矿采选业	−0.8640	−0.2555	−0.6650	29
其他制造业	−0.9112	−0.1759	−0.6707	30
化学纤维制造业	−0.9827	−0.0621	−0.6816	31

根据表 4-18，我们将各个行业的因子进行综合得到综合因子得分，以综合因子得分判断安徽省各个传统优势产业的情况。可以看出，排名前十的行业分别是电气机械和器材制造业，电力、热力生产和供应业，煤炭开采和洗选业，非金属矿物制品业，烟草制品业，化学原料和化学制品制造业，橡胶和塑料制品业，有

色金属冶炼和压延加工业，专用设备制造业，黑色金属冶炼和压延加工业。因此我们可以得到以下结论。

（1）传统制造业是安徽省经济的主要支柱产业，排名前几位的企业电气机械和器材制造业，烟草制品业，化学原料和化学制品制造业，专用设备制造业等行业都属于传统的工业制造业部门，除烟草制品业属于轻工业部门外，其他制造业属于重工业部门。烟草制品业由于其特殊垄断性质综合排名较为靠前。这些制造业部门为安徽省经济发展做出了突出的贡献，但是化学原料和化学制品制造业是我国界定的高污染高能耗企业，在促进经济发展的同时带来环境破坏和能源消耗，因此需要提升能源效率并改进生产工艺。电气机械和器材制造业、专用设备制造业缺乏核心技术和核心产品，部分企业属于劳动和资本密集型，缺乏对技术的依赖，产业内部多数企业属于简单的加工制造业，缺乏核心技术和自主知识产权。

（2）高能耗企业和能源产业占据比例过高。电力、热力生产和供应业，煤炭开采和洗选业，非金属矿物制品业，黑色金属冶炼和压延加工业基本全部属于高污染高能耗企业，安徽省以淮南、淮北地区煤炭生产及马鞍山市金属产业为特色，决定了这些地区能源产业和高能耗企业的比例较高，给环境带来严重的污染。大量的能源产业以简单加工为主，缺乏能源深加工和清洁能源生产，导致地区环境压力较大，并最终影响经济发展。随着技术水平和环保意识的提升，这些产业将会逐渐沦为夕阳产业，因此加强深化改造势在必行，这是安徽省经济可持续发展的必然要求。

第三节　安徽省战略性新兴产业和传统优势产业的互动关系

一、战略性新兴产业与传统优势产业在安徽省经济发展中的作用

（一）战略性新兴产业在安徽省经济发展中的地位

第一，战略性新兴产业的发展对安徽省经济和技术竞争具有重要意义。回顾各主要发达国家产业发展的历史可以看出，英国、德国和美国等发达工业化国家取得世界经济话语权的主要方法是技术的创新及其应用。这充分证明了在任何时候，新兴产业的发展和创新在一个国家的社会经济发展过程中的重要地位，在安徽省经济发展过程中战略性新兴产业同样十分重要。2008年爆发的国际金融危机，深刻地变革了当前全球经济科技竞争格局，带来科学技术日新月异的变化，新产业和新业态不断出现并受到各国重视。世界经济发展的主要动力发生了较大变化，土地、资本等生产要素对于经济的贡献能力已经下降，高新技术及其对应的战略

性新兴产业成为经济增长的主要动力。欧美等主要发达国家和地区对于战略性新兴产业相关部门的部署处于加速状态，安徽省战略性新兴产业的发展是我国战略性新兴产业全局部署的重要组成部分，也是我国经济与技术国际竞争的重要构成，安徽省战略性新兴产业发展形式可以整体提升我国战略性新兴产业的实力。

在未来经济发展中，哪个国家或者地区优先掌握了最前沿的新兴技术，就能够占领未来经济发展的制高点，获得经济社会进步的新动力；哪个国家或者地区战略性新兴产业较为先进和全面，就可以掌控未来经济发展的主动权和经济规则指定的话语权。当前产业发展最为活跃的领域就是战略性新兴产业相关部门，且这些部门具有广泛的产业发展前景，是未来经济的主要驱动力。各个国家和地区都在采取积极措施促进和鼓励新兴产业和技术的发展，主要发达国家和发展中国家新兴经济体都已经在战略性新兴产业的竞争中占据了重要角色，以激发本国经济发展的活力和技术创新的动力，从而实现未来综合国力竞争的胜利。对于安徽省而言，战略性新兴产业的发展是安徽省融合长江三角洲、实现中部崛起及带动长江经济带发展的重要内容。安徽省战略性新兴产业发展的良好发展态势，有利于安徽省赢得区域竞争，实现自身经济腾飞。

美国、日本、欧盟等主要发达国家或地区掌握了战略性新兴产业领域最为关键、最先进的技术，同时也拥有当前世界上最为完善的高新技术产业发展体系。所以无论是现在还是未来，这些国家和地区都能够在国际市场竞争中发挥重要作用，占据主要地位。而我国不仅与主要发达国家经济和技术存在较大差距，相比较于部分发展中国家在产业竞争力和相关产业发展程度上也存在十分明显的差距。因此，安徽省战略性新兴产业的发展水平不仅决定了安徽省当前的经济发展速度，也决定了未来安徽省在全国经济中的地位，为我国在国际竞争中能够掌握核心技术、具备自主知识产权并占据有利地位提供较强有力的支撑。

第二，战略性新兴产业发展是安徽省经济发展方式转变的重要突破口。自20世纪以来战略性新兴产业发展逐渐受到重视，特别是2008年金融危机以后，多数发达国家均把战略性新兴产业发展作为经济增长方式转变的重要契机，加强了对战略性新兴产业的扶持力度，并进行了大规模的研发投入，将战略性新兴产业的优先发展作为新的经济增长点进行重点培育。虽然安徽省经济发展方式的转变早已迫在眉睫，中央和安徽省早已提出要转变安徽省的经济增长方式，但是基于种种原因，安徽省经济增长的动力依然是资本、能源和劳动的大规模投入。当前安徽省过于依赖劳动密集型产业和资源密集型产业对经济增长的粗放贡献。随着资源与环境约束的日益加强，这一发展方式必将不会长久地促进安徽省经济的增长，导致当前安徽省经济增长速度的降低和生态环境问题的恶化。转变发展方式是安徽省经济持续健康增长的唯一选择。战略性新兴产业以技术和知识密集为主要发展特征，是要素依赖的经济增长方式的最好替代方式，在当前全国乃至全球追求高附加值、高技术含量和绿色可持续发展的背景下，安徽省发展战略性新兴产业是市场规律的客观要求，也是创新的主要驱动力，战略性新兴产业自身及其相关产业具有较高的关联程度和较强的辐射带动能力，能够带动相关产业的技术创新和产业发展。因此无论是安徽省产业升级转型还是传统优势产业改造，这一过程中战略性新兴产业的发展必然起到十分重要的推动作用，是安徽省产业发展和经济增长的重要契机。

第三，战略性新兴产业的发展是未来经济增长的核心动力。在安徽省经济建设过程中，战略性新兴产业的发展在短期内可以改善投资状况，优化当前的产业投资环境，在当前安徽省经济发展现状下，难以完全支撑整个经济体系的增长。然而在未来经济发展中，战略性新兴产业的长期效益得以充分发挥，战略性新兴产业完善的产业体系和技术水平必然会成为安徽省未来经济增长的重要引擎。战略性新兴产业不仅具有较大的产业规模、较强的产业关联和带动能力，能够为安徽省经济增长提供足够的就业支撑、市场支撑和经济总量支撑，同时其技术密集型产业发展的特点使得相关产业在未来更加具有发展的潜力和条件，这是解决当前我国经济增长动力不足的重要措施，是克服安徽省产业不平衡并实现经济跨越式发展的重要支撑。当前安徽省战略性新兴产业发展不均衡，这与我国相关产业的发展具有重要联系，因此安徽省依托自身优势，实现战略性新兴产业的发展对未来安徽省及我国经济总体力量的提升具有重要意义。

（二）传统优势产业在安徽省经济发展中的地位

第一，传统优势产业是居民生活和工业生产的基础，是经济稳定的重要力量。一般而言，传统优势产业是发展较为成熟并为安徽省经济增长贡献了重要力量的产业。从居民消费角度来看，传统优势产业为居民生活和社会经济生产提供所必需的物品。随着安徽省居民收入水平的不断提高和经济的快速增长，居民的消费需求也在不断变化，在购买和消费商品的种类和品质方面的要求也不断提高。而当前能够满足居民生活的必需品仍然以传统优势产业生产为主，安徽省成熟的传统优势产业体系满足了省内乃至全国多数市场居民的消费需求。虽然当前安徽省恩格尔系数的变化使得居民对于生活必需品的支出在总支出的占比降低，但仍然是居民生存的基础。从工业角度来看，传统优势产业生产的原材料、能源和矿物质等是当前安徽省产业发展的基础，虽然战略性新兴产业的相关产业在基础原材料提供上的比例不断提升，但是短期内仍然难以取代传统优势产业的基础性地位。由于资源和能源紧张，原材料生产企业的重要性不断加强。特别是安徽省处于工业化发展时期，经济水平落后于东部沿海地区，传统优势产业为安徽省经济发展贡献了重要力量。

第二，传统优势产业提供了大量的工作岗位，是经济增长的重要推动力。当前在安徽省产业发展过程中，传统优势产业体系完整，企业数量较多，行业分布十分广泛，为安徽省十分庞大的劳动群体解决就业问题，维持了安徽省经济增长和社会稳定。随着安徽省工业化进程的进一步推进及产业结构的优化转型，传统优势产业的优势弱化，在国民经济中的比例降低，但是其依然发挥着十分重要的劳动吸纳作用。由于大多数传统优势产业发展成熟，技术水平低，对劳动者素质和专业化技能要求较低。多数岗位所需的劳动技能可以在较短的时间内被熟练掌握。对于安徽省大部分劳动力受教育水平较低这一现状而言，传统优势产业成为农村剩余劳动力转型的重要力量。传统优势产业的发展为安徽省国民经济各产业部门提供了丰富的生产资料，奠定了安徽省经济增长的物质基础。改革开放以来，安徽省工业体系从无到有，产业体系逐渐被建立并得到充分发展，在这一过程中传统优势产业是主要力量，也是未来安徽省实现跨越式发展的重要支撑力量。

虽然当前传统优势产业发展遇到诸多问题，产品处于价值链的中低端，但是传统优势产业具备稳定且持续的发展力量，为产业基础薄弱的安徽省资本和技术的积累起到了十分积极的作用，使得安徽省在全球金融危机及我国经济“新常态”的背景下，经济增长速度依然能够维持在8%左右，超过全国平均增长速度。安徽省新兴产业自2011年开始重点布局，2015年形成基本体系，但是实力依然十分弱小，对安徽省国民经济增长的贡献程度依然低于传统优势产业。作为中部人口大省，安徽省传统优势产业维持我国经济增长和安徽省整体实力的提升，其仍然有发展的必要，在战略性新兴产业不足以支撑安徽省经济总量的情况下，一旦放弃传统优势产业就相当于将安徽省的就业和经济推向危险的边缘。

第三，传统优势产业为战略性新兴产业的发展提供了支撑，升级转型需求迫切。由于我国发展基础的薄弱和主要发达国家对我国技术的限制，在短期内，我国难以彻底融入当前主要工业化国家的市场发展体系。由于我国的技术基础薄弱，自主创新能力较低，缺乏自主知识产权，导致我国众多基础原材料和关键性设备的进口存在不稳定性因素。从目前来看，主要发达国家对于我国经济发展的限制在短期内不会改变，我国可能面临着更多的贸易抵制和技术限制。在这一背景下，我国必须建立完整的技术研发和应用体系，安徽省作为战略性新兴产业的重点布局地区，应该发挥自身优势，促进我国技术水平的提升。战略性新兴产业的发展必须依托传统优势产业的技术基础、材料基础和产品市场，安徽省在发展战略性新兴产业的同时，也要做好传统优势产业的技术升级改造。

在我国战略性新兴产业发展过程中，部分地区不以自身经济状况为基础，过度强调战略性新兴产业的发展，片面地强调淘汰落后产业，导致战略性新兴产业的发展缺乏相应的传统优势产业基础和产品市场，面临产业发展失衡的巨大风险。安徽省当前传统优势产业的主导地位仍然没有改变，产业发展不可能毫无基础地进行跳跃式发展，正确的发展思路是以现有产业为基础，推动产业高级化发展。传统优势产业发展的限制在于其技术水平不足及市场容量有限，在经过技术改造以后，传统优势产业同样可以实现新市场的扩展，重新塑造自身发展优势，而且可以与战略性新兴产业相融合，融入战略性新兴产业链。传统优势产业通过技术创新不仅实现了自身综合实力的增长，而且促进了节能减排及产品技术的创新，扩展了传统优势产业发展的空间。传统优势产业的有效改造不仅可以维持安徽省经济增长及稳定工业产业体系，而且可以为战略性新兴产业的发展提供新思路。

（三）战略性新兴产业和传统优势产业互动关系

1. 传统优势产业对战略性新兴产业的基础支撑作用

第一，传统优势产业为战略性新兴产业的孕育奠定基础。新兴产业的出现主要来源于以下途径：新技术突破、传统优势产业改造及传统优势产业衍生。从当前世界及我国战略性新兴产业的定义和范围来看，极少数战略性新兴产业部门是直接通过技术突破实现的，绝大多数实际上是传统优势产业通过应用新技术、采用新的工业形式延伸出来的产业部门，并带有传统优势产业的痕迹。例如，新能源汽车是传统汽车产业发展延伸出来的，生物产业和新材料产业是化工产业的新应用等。传统优势产业的升级转型带动了更多服务于传统优势产业需求的战略性新兴产业部门的发展，如新材料产业和新能源产业等。

第二，传统优势产业发展能够提供基本的要素来支持战略性新兴产业的发展。传统优势产业可以提供基本的人才支撑、资本积累、基础产业体系和生产设备等。首先，战略性新兴产业以前沿技术研发和应用为基础，对高素质劳动力具有较高的需求。在传统优势产业发展的历程中，不仅积累了大量的资本和市场，还培育了大量优秀的人才，实现了人才积累，这些人才资本既可以服务于传统优势产业自身的转型升级，又能为战略性新兴产业的发展和创新提供支撑。其次，战略性新兴产业具有明显的产业交叉和学科交叉特点，生产所依托的设备和技术更专业化和技术化，多数设备和技术涉及大量的创新和研发。由于研发不确定性大、研发周期长及投资回报率低等特点，研发风险性较大，需要较为强大的资本保证。在政府研发资金难以全面支撑的情况下，传统优势产业部门部分企业自身积累的资金流向战略性新兴产业可以为研发提供保障。传统优势产业作为主导产业，其税收构成了政府研发支出的主要来源渠道。传统优势产业体系下形成的完善资本市场和金融服务体系为战略性新兴产业融资提供了较多的保障，一旦传统优势产业发展中断，金融体系和资本体系也将受到较大的冲击。再次，传统优势产业的技术积累构成了战略性新兴产业创新的基础。传统优势产业在发展过程中积累了大量的技术优势，通过产业化生产检验了适应本地区或者本国家生产力水平的技术手段，这些在战略性新兴产业因时因地发展过程中起到了重要作用。这些技术也在无形中通过自身突破孕育了新的战略性新兴产业部门。最后，传统优势产业生产提供了战略性新兴产业所需要的能源、材料，满足了战略性新兴产业发展的市场、运输等条件。

第三，传统优势产业提供了战略性新兴产业发展所需要的市场支持。任何产业的存在和发展，都不能违背市场发展的基本规律，即产业部门的生产活动需要以社会需求为基本引导。传统优势产业的发展为战略性新兴产业的存在和发展提供了必要的市场条件。传统优势产业之所以需要技术改造和转型升级，主要是因为大多数传统产业是高能耗、高污染和低附加值的劳动或者资源密集型产业，难以满足当前可持续、低能耗和高效率的市场需求。在传统优势产业发展的过程中，对于新材料、新能源和新信息技术产品的迫切需求是战略性新兴产业存在和发展的基础，为战略性新兴产业提供了巨大的市场。多数战略性新兴产业部门主要面向的是产业化应用而非生活化产品，这就意味着战略性新兴产业在形成主导产业之前，依然是围绕着传统优势产业的发展和改造进行的。

2. 战略性新兴产业对传统优势产业具有提升带动作用

第一，通过技术升级带动传统优势产业转型升级。战略性新兴产业较强的产业关联和技术溢出效应使其成为当前和未来产业的基础产业部门，可以带动传统优势产业的转型升级，最终战略性新兴产业完成对传统优势产业的升级，并形成新的主导产业。在当前产业发展中，节能环保产业可以通过自身的技术对传统产业中的高能耗、高污染企业进行技术改造，促进传统优势产业清洁生产和能源效率的提升。新能源产业有效地降低了非可再生能源的使用，提高了清洁能源的消费比例，对于能源消费结构的调整和国家能源战略安全具有重要作用。新一代信息技术的发展，特别是物联网、云计算和信息网络等，带动了传统优势产业信息、物流及生产等多个层面的发展，这是当前战略性新兴产业影响传统优势产业最为明显和广泛的领域。高端装备制造业的发展，带动了制造业相关上游产业向高技术含量、高精度的产业发展，从而彻底改变了制造业的整体技术特征，带动传统制造业部门向高端装备制造业发展。

第二，通过扩展产业链带动传统优势产业转型升级。由于经济发展程度的差异，安徽省产业发展落后于东部沿海地区，大多数产业以低端加工制造产业为主，缺乏核心技术和自主产权。随着我国逐渐达到“刘易斯”拐点及劳动力成本的提升，简单加工制造业的产业纷纷走向衰落。此时推动传统优势产业向技术链高端部分发展，提升产业附加值是传统优势产业发展的必然趋势。战略性新兴产业的发展，特别是技术的进步可以提升安徽省传统制造业产品的技术含量，增加产品附加值，在传统优势产业的基础上能够形成新的产业部门。与此同时战略性新兴产业的发展提供了传统优势产业部门发展所必需的新材料和新设备，用于替代技术落后的材料和设备，可以提升企业的生产效率，降低生产成本。

二、战略性新兴产业与传统优势产业互动模式和演化阶段

（一）产业关联

产业关联是指在经济活动中，产业部门之间存在的一种广泛、复杂的经济技术联系，是产业部门之间相互提供产品及互为消费品的产业互动关系。产业关联效应是指一个产业的生产、技术或者产值等的变化会引起自身前向关联产业或者后向关联产业直接或者间接变化的效应，也即产业关联效应存在前向关联效应和后向关联效应两种类型。前向关联是指某些产业在生产过程中，部分工序需要前一个产业的产品作为要素供给本产业，这样一直延续到最后一个产业部门生产出最终产品；后向关联是指在产业链中较为靠后的部门提供自身生产的产品作为新兴部门的中间投入的产业关联。战略性新兴产业和传统优势产业之间存在着供给与需求的关系，因此部门之间也存在产业的前向或者后向联系。随着战略性新兴产业部门的不断发展，最终其将成为安徽省的主导产业，对于安徽省传统优势产业的带动作用也不断地增强。战略性新兴产业通过自身的技术扩散和产业链带动传统优势产业的发展；传统优势产业的增长为战略性新兴产业发展提供了技术积累和市场需求，并作用于战略性新兴产业的增长，两种产业形成了协同关联效应，最终推动了安徽省产业整体发展水平的提升。

（二）产业耦合

“耦合”来源于物理学的概念延伸，是指系统之间的物质、能量和信息实现交换，从而相互影响构成一个联合系统。产业耦合是指将两个或者两个以上的产业看作同一系统的子系统，产业子系统之间存在着一种相互作用和互动关系。产业耦合的前提是产业之间存在关联，耦合导致产业之间由于相互影响各自属性发生变化。战略性新兴产业与传统优势产业在产业关联的基础上存在着子产业之间的相互依赖和协调关系，构成了产业发展的有机整体，在要素、布局等方面两种产业之间都存在着复杂的耦合关联。两种产业之间存在的劳动、资本和技术交流是要素耦合的表现；两种产业占国民经济比例的变化反映了其结构耦合，其中结构耦合最主要的趋势是战略性新兴产业逐渐取代传统优势产业成为国民经济的主导产业；在布局耦合上，战略性新兴产业在皖中地区，特别是产业发展技术较为雄厚的“合蚌芜”地区布局，皖南地区依托老工业基地布局，皖北地区依托区域

资源禀赋布局，而传统优势产业逐渐向省内经济发展程度较低的地区转移。在产业政策上，安徽省坚持战略性新兴产业发展与传统优势产业主导相结合的方针，同时展开战略性新兴产业重点布局及传统优势产业升级改造，鼓励战略性新兴产业的发展，促进不符合发展要求的传统优势产业加速淘汰。

（三）产业融合

产业融合是指战略性新兴产业和传统优势产业在多阶段互动以后，逐渐向新的产业阶段演进的过程。就安徽省而言，两种产业的融合方式主要有以下途径：第一，技术渗透。这种形式主要表现为当前安徽省战略性新兴产业的发展和技术的突破。安徽省依托国家战略性新兴产业发展规划及“中国制造2025”对于安徽省重点产业基地的扶持，促进省内战略性新兴产业的发展，并将战略性新兴产业技术扩展到传统优势产业升级改造上，促进传统优势产业从生产工艺到生产效率的全面改进。第二，产业重组。产业重组是指在战略性新兴产业和传统优势产业部门之间，联系较为紧密的产业相互影响从而将产业链进行融合。传统优势产业通过技术革新生产战略性新兴产业需要的各种材料，战略性新兴产业创新以后的产品通过传统优势产业的应用获得市场发展空间。第三，产业交叉融合。产业交叉融合是指两种产业的子系统中不同功能和产业链的企业相互延伸和融合，加强产业之间的交流，使得原本产业界限明显或者不存在产品交流的产业之间实现融合，消除产业间的边界。通过三种产业融合途径实现了两种产业之间技术差异、功能差异及产业链差异的有效融合，是安徽省当前战略性新兴产业发展及与传统优势产业融合的最有效方式。

（四）产业互动模式之间的关联

（1）产业关联是基础。产业关联在通常意义上是指产业在要素、产品、投资等方面的相互连接，最直接的表现为产业间投入产出的关联。产业关联是产业耦合和产业融合的基础，只有产业之间存在关联，才具有进一步发展为融合或者耦合的条件。根据系统论的基本理论，系统之间只有具有性质上的相似性才能具有相互亲和的趋势，相互亲和趋势为产业系统之间的耦合提供了基本的前提。战略性新兴产业和传统优势产业之间本身就是相互促进的产业整体，部门之间存在着紧密的经济和技术联系，产业子系统之间有着明确的投入产出关联，这是安徽省两种产业可以相互耦合的基本技术条件。在产业耦合的作用下，安徽省两种产业之间的联系进一步加强，在更高层次上实现产业关联，最终形成相互促进和协调的产业发展模式。

（2）产业融合是最终目标。安徽省战略性新兴产业和传统优势产业之间最终的发展目标是实现产业融合。产业关联是技术和条件，其催生了产业耦合，产业耦合是产业融合的过渡阶段，产业耦合发展到一定阶段以后最终实现产业融合。产业融合是产业之间的关联，特别强调了产业子系统之间的相互关联的关系，产业融合是产业关联的高级化阶段，除了产业间子系统有关联外，两种产业系统相互交叉和融合，最终形成发展的统一体，使得两种产业界限模糊，催生了大量新的产业部门和产品，极大地扩展了战略性新兴产业和传统优势产业原本的产业链。

三、战略性新兴产业与传统优势产业互动实证分析

为了检验安徽省战略性新兴产业和传统优势产业的长期发展趋势，笔者选择向量自回归（vector autoregression，VAR）模型进行分析。VAR 模型将系统中的内生变量作为其他所有内生变量的滞后值纳入模型中，可以有效地预测和解释在时间序列上系统受到的经济冲击，并有效地处理变量之间因果联系带来的内生性问题。P 阶 VAR 模型的一般表达式为

$$y_t = \Phi_1 y_{t-1} + \cdots + \Phi_p y_{t-p} + \Phi_0 x_t + \varepsilon_p \quad t = 1,2,\cdots \tag{4-1}$$

式中，y_t 为内生变量；x_t 为外生变量；p 为滞后阶数；t 为系统中的样本数；Φ_i（i=1,…,p）为待估参数；ε_p 为随机误差向量。

根据本章的分析，理论上安徽省战略性新兴产业和传统优势产业之间存在明显的相互关系，且战略性新兴产业处于发展时期，不足以取代传统优势产业的主导地位。但是两者之间的产业定位需要进行实证检验，因此笔者以 VAR 模型检验安徽省战略性新兴产业和传统优势产业的相互关系。

安徽省战略性新兴产业发展起步是 2011 年，年度和季度序列时间太短，因此以战略性新兴产业月度统计数据为实证数据，时间跨度为 2011 年 10 月到 2017 年 9 月。战略性新兴产业的行业划分为安徽省统计局网站公布的七大行业部门。传统优势产业理论上应该是本章因子分析得到的十大产业，但是由于分行业月度数据获取难度大及战略性新兴产业时间较短等，将战略性新兴产业以外的所有行业月度统计数据作为传统优势产业的数据进行统计。数据全部为安徽省统计局网站公布的月度经济运行监测及向安徽省统计局咨询获得的数据。

首先根据赤池信息量准则（Akaike information criterion，AIC）和贝叶斯信息准则（Bayesian information criterion，BIC）对变量的滞后阶进行选择，根据表4-19，在对序列进行最大滞后4阶检验以后，根据似然比（likelihood ratio，LR）检验、FPE检验和AIC检验值可看出，序列选择3阶滞后是较为合适的，因此战略性新兴产业和传统优势产业互动关系的时间序列模型选择3阶滞后。

表 4-19　滞后阶选择的信息准则检验

滞后期	LL	LR	自由度	p	FPE	AIC	HQIC	SBIC
0	94.622			94.622	0.000	−2.609	−2.584	−2.545
1	138.715	88.188	4	0.000	0.000	−3.738	−3.662	−3.547*
2	145.828	14.226	4	0.007	0.000	−3.826	−3.699*	−3.507
3	150.872	10.088*	4	0.039	0.000*	−3.856*	−3.678	−3.409
4	152.150	2.555	4	0.635	0.000	−3.779	−3.551	−3.205

注：LL 表示对数似然（log-likelihood）函数；FPE 为最终预测误差（final prediction error）；HQIC 表示汉南-奎因信息准则（Hannan-Quinn information criterion）；SBIC 表示施瓦茨信息准则（Schwarz information criterion）。

*表示滞后阶数选择。其中 AIC 检验为 3 阶滞后，HQIC 检验为 2 阶滞后，SBIC 检验为 1 阶滞后。选择最大的 3 阶作为最终滞后阶。

对时间序列进行平稳性检验，选择包含趋势项、常数项的 ADF（augmented Dickey-Fuller）进行检验，检验结果如表 4-20 所示。可以看出 TDI 和 SEI 的水平检验量和一阶差分检验量均通过了 5%以上的显著性检验，表明数据趋势具有平稳性。

表 4-20　变量 ADF 单位根检验结果

变量	检验形式(C, T, p)	ADF 检验值	5%临界值	检验结果
TDI	(0, 1, 3)	−5.097	−3.477	平稳
SEI	(1, 0, 3)	−2.137	−1.667	平稳
D.TDI	(0, 1, 3)	−8.869	−3.478	平稳
D.SEI	(1, 0, 3)	−10.816	−1.667	平稳

注：C 表示常数项，0 为不存在常数项，1 为存在常数项；T 表示趋势项，0 为不存在趋势项，1 为存在趋势项；p 表示滞后阶数。D. 变量表示一阶差分。

单位根检验结果显示战略性新兴产业 SEI 和传统优势产业 TDI 之间存在一阶单整序列关系，因此进一步采用协整检验来对安徽省战略性新兴产业和传统优势产业之间的长期均衡关系进行检验。时间序列协整的估计方法主要报告了 EG-ADF 估计和 Johansen-MLE 估计，理论上而言，极大似然估计（maximun likelihood estimate，MLE）的结果比 EG（Engle-Granger）两步法更有效率和准确，因此选择 MLE 估计。

首先建立战略性新兴产业和传统优势产业之间的协整回归方程：

$$\ln \mathrm{SEI} = \alpha + \beta \ln \mathrm{TDI} + e_i \tag{4-2}$$

使用软件 Stata15.1 对协整方程进行估计，从而得到 MLE 估计下的回归方程：

$$\begin{gathered}\ln \mathrm{SEI} = -3.890 - 0.429 \ln \mathrm{TDI} \\ -4.35(-18.63)\end{gathered} \tag{4-3}$$

从回归模型（4-2）可以看出，传统优势产业与战略性新兴产业之间的弹性系数为−0.429，通过了 1%的显著性检验，说明战略性新兴产业和传统优势产业之间存在明显的长期协整关系。

为了对战略性新兴产业和传统优势产业之间的相关关系进行直接检验，建立战略性新兴产业和传统优势产业之间的向量自回归模型，估计结果如表4-21所示。

表 4-21　SEI 和 TDI 的 VAR 模型估计结果

变量	SEI	TDI
L1.SEI	0.173*** （0.473）	0.018 （0.468）
L2.SEI	−0.307** （0.127）	−0.529 （0.444）
L1.TDI	0.100*** （0.037）	0.466* （0.254）
L2.TDI	0.329** （0.130）	0.648*** （0.234）
常数项	4.779*** （1.303）	2.680 （2.335）
R^2	0.593	0.724

注：***、**、*分别表示在1%、5%和10%的水平上显著；括号内为标准误；L.变量表示“滞后”（lag）；L1.滞后一阶；L2.滞后二阶。

可以看出，选择二阶滞后的 VAR 模型估计显示，SEI 和 TDI 之间存在着相互冲击的关系，无论是 SEI 还是 TDI 发生变化，都会对另一产业产生直接的影响。因此，在安徽省 SEI 发展布局中，需要考虑二者之间的关系，进行产业合理布局和阶梯化产业升级。同时注意到 VAR 模型中部分系数不显著，而且由于变量个数过多，难以分别解释变量的经济含义，为了进行经济含义解释，进一步采用格兰杰（Granger）因果关系检验、脉冲响应函数和方差分解的结果。

首先，进行平稳性检验，以检验 VAR 系统是否为平稳过程。如图 4-5 所示，

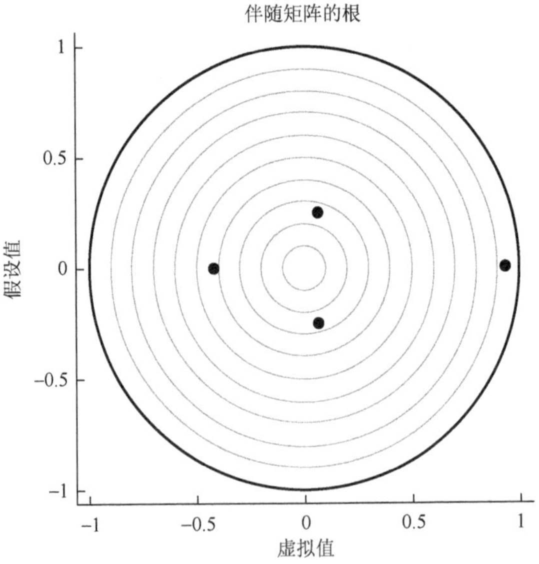

图 4-5　VAR 模型稳定性判别图

VAR 模型根的倒数均小于 1，所有变量都在单位圆内，表明模型具有稳定性，可以进一步进行模型的方差分解和脉冲响应分析。

根据表 4-22 的格兰杰因果关系检验结果，在以 SEI 为被解释变量的方程中，TDI 的系数的联合显著性检验对应的卡方值为 10.412，对应的 *P* 值为 0.005，在 1%的水平上拒绝原假设，因此可以认为 TDI 是 SEI 的格兰杰原因。同样，在以 TDI 为被解释变量的模型中，对应的卡方值为 14.448，同样通过了 1%的显著性检验，因此 SEI 是 TDI 的格兰杰原因。由此说明，安徽省 SEI 和 TDI 当前的发展处于相互影响、相互促进的关系下，SEI 和 TDI 的发展互为直接原因。

表 4-22　格兰杰因果关系检验

方程	外生变量	卡方检验	自由度	*P*
SEI	TDI	10.412	2	0.005
TDI	SEI	14.448	2	0.039

格兰杰因果关系检验虽然描述了变量之间的直接因果关系，但是没有给出唯一的变量作用次序。为此，进一步考察交叉关系图，如图 4-6 所示，可以看出，在滞后 20 个期间范围内，SEI 和 TDI 之间的相关关系最为明显，随着滞后期的推移，SEI 和 TDI 之间的交叉关系呈现减弱的趋势。

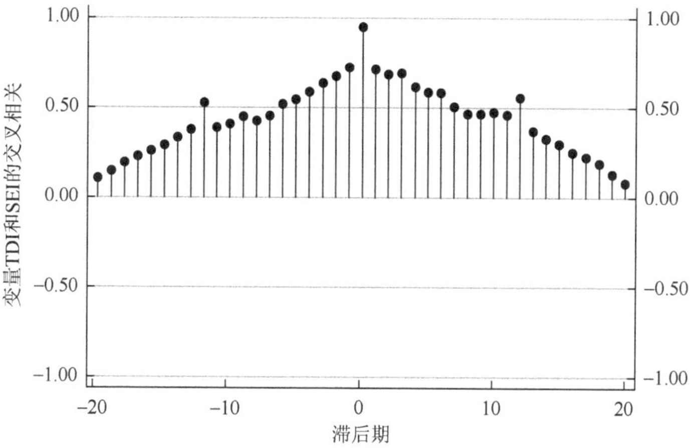

图 4-6　SEI 和 TDI 之间的交叉相关图

图4-7为正交化以后的脉冲响应图，包含四个图形，每个图形的标题依次是脉冲响应函数变量名（impulse response function name，IRFname，M）、脉冲变量

（impulse variable）、响应变量（response variable）。第一行图形表示以SEI为脉冲变量，描述了SEI对SEI和TDI冲击的动态效应。同理第二行图形描述了TDI对SEI和TDI冲击的动态效应。可以看出在SEI的冲击下，SEI自身和TDI呈现快速下降滞后逐渐趋于平稳的趋势，说明安徽省SEI发展短期内投资积压了相关产业市场份额，这是由于安徽省战略性新兴产业目前处于起步阶段，对产业的长期影响尚不明显，随着时间推移，SEI对产业的影响逐渐稳定且大于0。TDI的发展对于SEI和传统优势产业自身都具有明显的促进作用，意味着TDI在安徽省产业发展中仍然占据主导地位，是SEI发展的基础。因此，安徽省需要正确处理两种产业的关系，应该在以TDI为主导的前提下合理布局SEI，认识到战略性新兴产业具有较大发展前景，目前仍然坚持SEI和TDI协调有效发展。

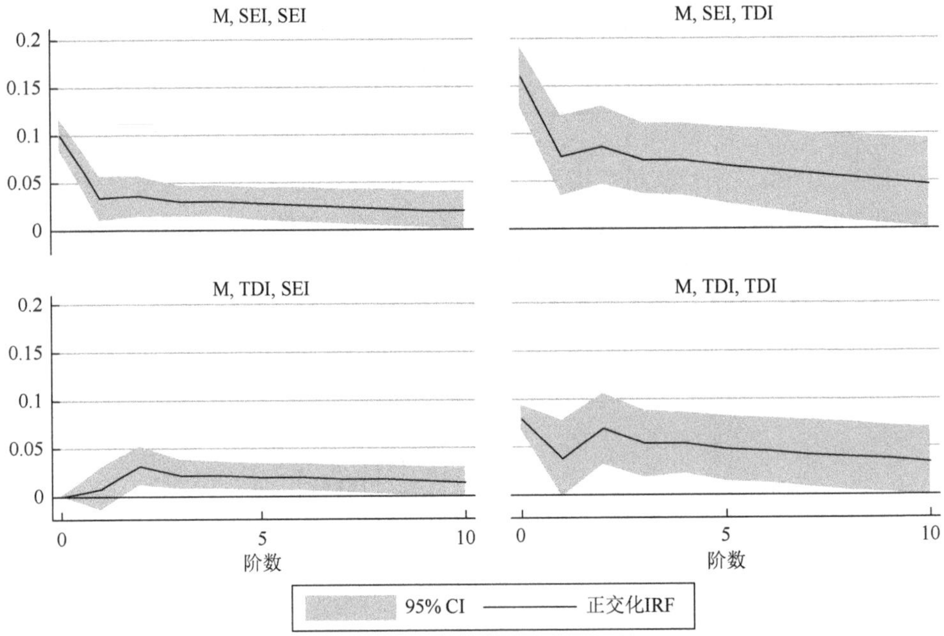

图 4-7 正交化脉冲响应图

表 4-23 为安徽省 SEI 和 TDI 的方差分解，可以看出，在第 1 期 SEI 解释了自身 80.1%的增长，也就是说 SEI 主要增长来源于自身，其次是 TDI，占到了 19.9%。随着方差分解期数的增加，TDI 对 SEI 的解释程度不断提升，在第 10 期占到了 SEI 增长的 28.9%。这说明 SEI 增长主要依靠自身和 TDI 发展，TDI 为 SEI 提供了工业体系支持、技术支持及市场支持等，安徽省 TDI 发展程度对 SEI 最终的发展程度有较大的影响。

表 4-23　安徽省 SEI 和 TDI 的方差分解

时期	SEI	TDI
1	0.801	0.199
2	0.802	0.198
3	0.757	0.243
4	0.743	0.257
5	0.732	0.268
6	0.725	0.275
7	0.720	0.280
8	0.716	0.284
9	0.713	0.287
10	0.711	0.289

第四节　小　　结

本章主要介绍了安徽省战略性新兴产业和传统优势产业发展的现状及相互关系。首先，运用描述性统计的方式，对安徽省战略性新兴产业发展的条件和现状进行了分析，表明安徽省当前具备了战略性新兴产业发展的基本条件，但是当前战略性新兴产业初具规模，尚不足以成为主导产业支撑安徽省经济发展。其次，对安徽传统优势产业进行了分析，采用因子分析的方法，从产业规模、经济效益和产业竞争力等三个层面构建 9 个评价指标，评价安徽省传统优势产业的综合排名，最终确定安徽省排名前十的传统行业，以电气机械和器材制造业，电力、热力生产和供应业等高能耗、高污染或者低端制造加工产业部门为主，表明安徽省传统优势产业技术改造的迫切性。

在这一现实状况下，安徽省要实现战略性新兴产业的发展并维持安徽省经济增长的趋势，需要正确处理战略性新兴产业和传统优势产业发展的关系，本章总结了战略性新兴产业和传统优势产业在安徽省国民经济中的地位和互动关系，并对这一关系展开实证研究，得到以下结论。

第一，战略性新兴产业和传统优势产业在安徽省经济发展过程中占据了重要地位。战略性新兴产业为安徽省经济增长提供了技术支撑，是未来安徽省经济发展和综合竞争力的关键，在安徽省乃至全国自主创新和技术突破过程中具有重要的战略地位，也是安徽省转变经济增长方式和产业结构的重要机遇。

第二，传统优势产业为安徽省居民生活和工业生产提供了基本的支持，是安徽省经济发展的基础。传统优势产业构建了安徽省完整的供给体系，为战略性新兴产业的发展提供了工业体系支持、技术积累和人才积累。当前安徽省经济增长放缓，劳动力成本提升及生态环境恶化，需要对传统优势产业进行技术升级改造，但是就目前的形势而言，传统优势产业的主导地位依然是不可撼动的。

第三，传统优势产业和战略性新兴产业互为支撑、相互促进，能够实现产业的最终融合。传统优势产业为战略性新兴产业的发展提供了技术、工业体系和市场需求的支撑；战略性新兴产业通过技术扩散有利于传统优势产业升级改造。两种产业并不是相互矛盾的，传统优势产业和战略性新兴产业可以实现从产业关联过渡到产业耦合并最终实现产业融合，本章的研究分析均证明了这一点。

第五章　战略性新兴产业和传统优势产业绿色创新能力评价

安徽省在战略性新兴产业发展过程中，需要兼顾在资源与环境约束下的技术创新问题，并对传统优势产业进行技术改造，降低传统优势产业的污染和能源消耗。虽然战略性新兴产业以绿色可持续为基本技术创新方向，节能环保产业和新能源产业也是战略性新兴产业的主要部门，但是安徽省独特的经济和能源特点，决定了安徽省战略性新兴产业需要与传统优势产业相互融合，在此过程中寻找环境与经济的均衡发展点，此时需要对战略性新兴产业的绿色创新能力进行评价，本章主要建立了安徽省战略性新兴产业和主要传统优势产业绿色创新能力评价模型，通过对产业绿色创新能力的分析与评价为两种产业耦合的实证分析奠定基础。

第一节　产业绿色创新能力评价方法

一、绿色创新能力评价模型

根据安徽省产业发展的基本特点和数据的可获得性，本节在进行产业绿色创新能力评价时，建立以因子分析和支持向量回归机（support vector regression machine，SVRM）为主的综合评价模型。首先，运用因子分析的方法对选取的指标和数据进行降维处理，并消除不可观测的随机误差项；然后，以支持向量回归机为基础建立安徽省两种产业绿色创新能力的评价和预测模型，并对模型结果进行评价分析。由于战略性新兴产业和传统优势产业绿色创新能力评价指标体系设计的指标较多，系统过于复杂，并且不同指标之间可能存在相关性和内生性，这将会对安徽省产业绿色创新能力的评价的最终结果产生较大影响。为了降低指标选取和数据带来的误差，提升模型评价的精准度，采用因子分析对指标进行适当的降维处理，从而可以在保留有效信息的情况下，降低模型的求解难度，并以此为基础作为支持向量回归机的输入变量对安徽省相关产业的绿色评价进行准确的训练与预测。

（一）因子分析

作为一种重要的具有“降维思想”的数据统计分析方法，因子分析与主成分模型十分相似，可以看作主成分分析应用与理论的延伸。因子分析主要应用于指标复杂且指标之间具有较强的相关性，指标之间所包含的信息具有重叠的情况。因子分析通过对数据进行预处理，消除数据之间的相关性。因子分析的提出很好地解决了指标过多这一问题，因子分析根据原始变量之间的数据信息，通过分析变量之间的关系，提取含有共同信息的公共因子而形成新的指标。

1. 因子分析的基本模型

在对变量之间的数量关系进行描述时，选取 p 个指标，原始指标组成的数据集合表示为 $X_i(i=1,2,\cdots,p)$，在这 p 个指标中每个指标所包含的信息之间由于存在较强的相关性，呈现一种线性组合，表示为

$$X_i = a_{i1}F_1 + a_{i2}F_2 + \cdots + a_{im}F_m + \varepsilon_i \tag{5-1}$$

式中，$F_1,F_2,\cdots,F_m$ 为所选取的指标之间的公共信息，也称公共因子；ε_i 为随机误差项，表示无法观测到的误差或者无法表示为公共因子的数据所包含的信息。将式（5-1）表示成矩阵形式，则有

$$X = AF + \varepsilon \tag{5-2}$$

式中，$X=(X_1,X_2,\cdots,X_p)^{\mathrm{T}}$，$A=\begin{pmatrix} a_{11} & a_{12} & \cdots & a_{1m} \\ a_{21} & a_{22} & \cdots & a_{2m} \\ \vdots & \vdots & & \vdots \\ a_{p1} & a_{p2} & \cdots & a_{pm} \end{pmatrix}$，$F=(F_1,F_2,\cdots,F_m)$，$\varepsilon=(\varepsilon_1,\varepsilon_2,\cdots,\varepsilon_m)$。

式（5-1）需要满足以下基本条件。

（1）$m \leqslant p$，即公共因子的数量最大只能等于原始变量的个数。

（2）$\mathrm{Cov}(F,\varepsilon)=0$，要求模型的公共因子与特殊因子是不相关的，即经典计量领域的无自相关假设。

（3）$D_F = D(F) = \begin{pmatrix} 1 & & & 0 \\ & 1 & & \\ & & \ddots & \\ 0 & & & 1 \end{pmatrix}$，对角线为 1 表示公共因子的均方差为 1，非对角线为 0 表示公共因子之间不存在相关关系。

（4）$D_\varepsilon = D(\varepsilon) = \begin{pmatrix} \sigma_1^2 & & & 0 \\ & \sigma_2^2 & & \\ & & \ddots & \\ 0 & & & \sigma_p^2 \end{pmatrix}$，与公共因子类似，对角线表示各个特殊因子的方差不同，非对角线表示特殊因子之间不存在相关关系。

2. 因子得分

因子模型在进行数据分析和评价时所采用的基本方法是通过变量之间公共信息所组成的线性组合代表原始变量，即

$$F_j = b_{j1}x_1 + b_{j2}x_2 + \cdots + b_{jp}x_p, \quad j = 1,2,\cdots,m \tag{5-3}$$

式（5-3）为因子模型的一般形式，根据模型对变量之间的因子得分进行评估，按照特定的方式将因子得分进行重新排列，进而可以得到每个指标的排名，据此判断研究指标对研究对象的作用。

3. 因子分析求解的基本步骤

依据因子模型的基本分析步骤，本节采用 SPSS 软件进行综合求解，具体的步骤如下。

（1）将指标数据输入。假设本节选取的变量样本容量为 n，每个样本中包含的指标数量为p，那么就构成了一个维度为$n\times p$ 的矩阵，表示为

$$X = \begin{pmatrix} x_{11} & x_{12} & \cdots & x_{1p} \\ x_{21} & x_{22} & \cdots & x_{2p} \\ \vdots & \vdots & & \vdots \\ x_{n1} & x_{n2} & \cdots & x_{np} \end{pmatrix}$$

首先对数据进行处理，求解矩阵的均值和方差，并将数据矩阵进行标准化。

（2）根据样本数据组成的数据矩阵，求解其相对应的相关系数矩阵，即

$$R = \begin{pmatrix} r_{11} & r_{12} & \cdots & r_{1p} \\ r_{21} & r_{22} & \cdots & r_{2p} \\ \vdots & \vdots & & \vdots \\ r_{n1} & r_{n2} & \cdots & r_{np} \end{pmatrix}$$

（3）检验相关系数矩阵，并根据检验的结果求变量之间的共同度指标。

（4）求解其特征根和特征向量，分别用 λ_i 和 $e_i = (e_{i1}, e_{i2}, \cdots, e_{ip})$ $(i = 1,2,\cdots,p)$ 进行表示，紧接着计算相关系数矩阵的方差贡献度。

（5）根据方差贡献度计算主因子，将累计贡献度达到 85%以上的因子作为主因子。

（6）对模型的因子载荷矩阵进行求解。

（7）为了得到主因子的经济含义，对载荷矩阵进行因子旋转。

（8）根据主因子得分系数矩阵求解主因子，并按照特定方法计算因子模型的最终综合评价得分。

（二）支持向量回归机

支持向量机（support vector machine，SVM）是机器学习理论重要的基础性模型，其原理是在结构风险最小化的前提下，样本可获取的信息是有限的，需要在此条件下获得学习能力和模型复杂性之间的一个最佳均衡，从而使得模型具有较好的应用能力和推广能力。支持向量回归机是在支持向量机的基础上发展出来的一种用于解决回归问题的支持向量机模型，是支持向量机和回归模型的一种结合形式。

1. 支持向量回归机模型

支持向量机中，回归问题也被称为函数逼近问题，其本质上是一个求解相似的问题。根据序列 $x_1, x_2, \cdots, x_l$ 和 x 之间的相似程度，通过向量机对输入的变量 y 进行合理的推断。假设 $T=\{(x_1,y_1),\cdots,(x_i,y_i),\cdots,(x_l,y_l)\}\in(R^n\times y)$，其中 $x_i\in R^n$，$y_i\in y\in R$，$i=1,2,\cdots,l$，T 是一组已知的数据集，作为训练集纳入模型中，训练集 T 根据 $R^n\times y$ 的分布函数 $p(x,y)$ 选取独立同分布的样本点。与此同时，假设模型存在的特定损失函数为 $c(x,y,g)$，那么模型问题就变为在数据集概率分布位置的情况下寻找合适的函数，使得模型训练所得到的期望风险 $R[f]$ 最小，即根据函数 $y=g(x)$ 推算在训练集输入的情况下对应的输出数值。

支持向量回归机与支持向量机的分类基本相同，决策函数可以使用少量支持向量机来表示。另外，适当地引入合适的损失函数到支持向量回归机模型中，可以保持模型解的稀疏性，因此本书使用 ε^- 不敏感损失函数度量机器学习中的误差。

ε^- 不敏感损失函数为

$$c(x,y,g(x))=|y-g(x)|_\varepsilon \tag{5-4}$$

式中，$|y-g(x)|_\varepsilon=\max\{0,|y-g(x)|-\varepsilon\}$；$\varepsilon$ 为已知的正数。ε^- 不敏感损失函数所起的基本作用是判断预测值 $g(x)$ 损失最小时的值，具体如图 5-1 所示。

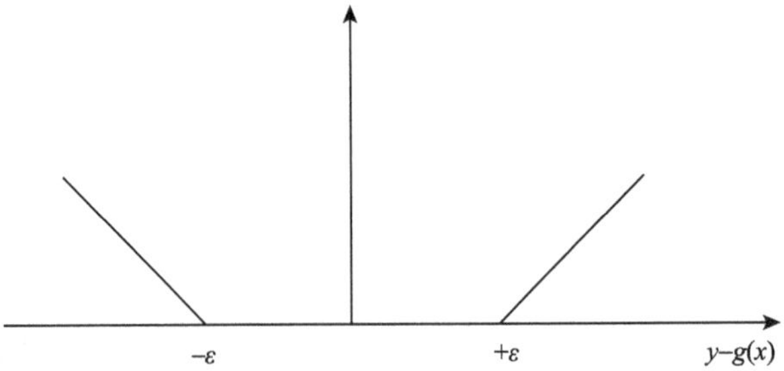

图 5-1　ε^- 不敏感损失函数的图像

因此，ε^- 在 $[-\varepsilon,\varepsilon]$ 的区间内为 0，这一区间被称为无损失区域，即 ε^- 带。此时，假设 $g(x)$ 的形式为一元线性函数，那么其可以表示为

$$g(x)=w\times x+b \tag{5-5}$$

如图 5-2 所示，在 $[-\varepsilon,\varepsilon]$ 的区间的地带就是函数 $g(x)$的无损地带，区域内的样本点可以被认为是无损的；虚线区间以外的区域则是有损的，距离虚线越远则表示损失值越大。在图 5-2 中，点 (x^*,y^*) 的损失为

$$\xi=y^*-g(x^*)-\varepsilon \tag{5-6}$$

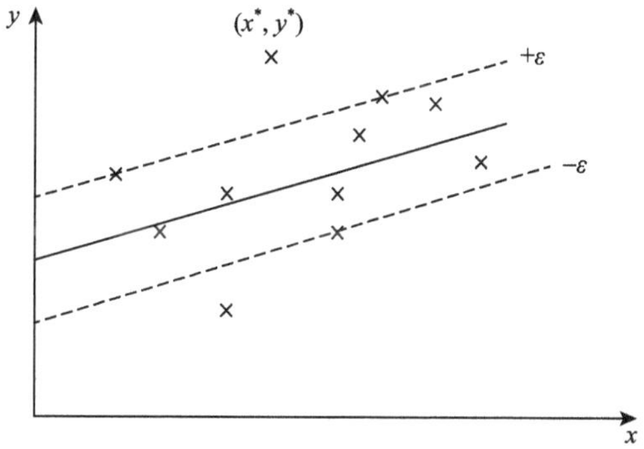

图 5-2　函数 $g(x)$的 ε^- 带

利用函数 $g(x)=w\times x+b$ 来回归并结合 ε^- 不敏感损失函数的基本思想，可以建立结构风险最小的支持向量机优化模型

$$\begin{gathered}\min_{w,b,\xi^{(*)}}\frac{1}{2}\|w\|^2+C\sum_{i=1}^{l}(\xi_i+\xi_i^*)\\ \text{s.t.}\ \begin{cases}[(w\cdot x_i)+b]-y_i\leqslant\varepsilon+\xi_i\\ y_i-[(w\cdot x_i)+b]\leqslant\varepsilon+\xi_i^*\\ \xi_i^*\geqslant 0,\quad i=1,2,\cdots,l\end{cases}\end{gathered} \tag{5-7}$$

式中，$\xi_i^{(*)}\geqslant 0$ 表达了两层含义，即 $\xi_i\geqslant 0$ 与 $\xi_i^*\geqslant 0$，ξ^* 为向量 $(\xi_1,\xi_1^*,\cdots,\ \xi_i,\xi_i^*)$。根据目标函数的定义，置信范围的取值为 $\|w\|^2$，根据结构风险最小化的模型优化条件，对对应的函数 $\frac{1}{2}\|w\|^2+C\sum_{i=1}^{l}(\xi_i+\xi_i^*)$ 进行区间求解。其中松弛变量 $\xi_i^{(*)}$ 代表了 ε^- 不敏感损失函数的偏离程度。为了导出模型式（5-7）的对偶模型，在此引入拉格朗日（Lagrange）函数对模型进行转换：

$$L(w,b,\xi^{(*)},\alpha^{(*)},\eta^{(*)})=\frac{1}{2}\|w\|^2+C\sum_{i=1}^{l}(\xi_i+\xi_i^*)+\sum_{i=1}^{l}(\eta_i\xi_i+\eta_i^*\xi_i^*)$$
$$-\sum_{i=1}^{l}\alpha_i(\varepsilon+y_i-(w\cdot x_i)-b) \tag{5-8}$$
$$-\sum_{i=1}^{l}\alpha_i^*(\varepsilon-y_i+(w\cdot x_i)+b)$$

式中，$\alpha^{(*)},\eta^{(*)}$为拉格朗日乘子向量，并满足条件$\alpha^{(*)},\eta^{(*)}\geqslant 0$。根据式（5-8）得到最优对偶模型：

$$\min_{\alpha^{(*)}\in R^{2l}}\frac{1}{2}\sum_{i,j=1}^{l}(\alpha_i^*-\alpha_i)(\alpha_j^*-\alpha_j)(x_i,x_j)+\varepsilon\sum_{i=1}^{l}(\alpha_i^*+\alpha_i)-\sum_{i=1}^{l}y_i(\alpha_i^*-\alpha_i)$$

$$\text{s.t.}\quad \sum_{i=1}^{l}(\alpha_i-\alpha_i^*)=0 \tag{5-9}$$
$$0\leqslant\alpha_i^{(*)}\leqslant C,\quad i=1,2,\cdots,l$$

式(5-9)最小化条件的解为$\overline{\alpha}^*=(\overline{\alpha}_1,\overline{\alpha}_1^*,\overline{\alpha}_2,\overline{\alpha}_2^*,\cdots,\overline{\alpha}_l,\overline{\alpha}_l^*)$，据此可以得到$\overline{b}$值，从而将决策函数构造为

$$y=g(x)=\sum_{i=1}^{l}(\overline{\alpha}_i^*-\overline{\alpha}_i)(x_i\cdot x)+\overline{b} \tag{5-10}$$

以上对于模型的讨论都是基于线性可分模型进行的，并不适用于线性不可分的情形。对于不可分的样本集，在处理时需要通过特定的方法转换数据，为了将高维空间数据集有效地分割，通常采用向更高维度映射的方法。

但是这一方法并不适用于解决非线性回归问题，非线性回归问题的解决需要因素核函数，将非线性的原始变量数据通过核函数的形式变换到高维特征空间，在新的特征空间内将数据转换成线性形式再进行回归。与线性回归反映变量的相似关系不同，非线性函数是通过内积转换的方式重新描述变量之间的相似性关系。将核函数通过内积的形式进行重新构造，得到

$$K(x,x')=(\Phi(x)\cdot\Phi(x')) \tag{5-11}$$

现有研究表明，“相似程度”这一概念具有不同的表述方式和含义，因此在实际操作中核函数是随着函数形式的不同而变化的，具体问题决定了函数形式的选择。尽管函数选择具有不确定性，但是其要满足核函数的 Mercer 定理，换言之，核函数矩阵必须是半正定矩阵。在式（5-11）中，函数$\Phi(x)$虽然形式不同，但是其转换只要达到相应的条件就可以得到对应的决策函数，从而其对偶模型可以表示为

$$\min_{\alpha^{(*)}\in R^{2l}} \frac{1}{2}\sum_{i,j=1}^{l}(\alpha_i^*-\alpha_i)(\alpha_j^*-\alpha_j)K(x_i,x_j)+\varepsilon\sum_{i=1}^{l}(\alpha_i^*+\alpha_i)-\sum_{i=1}^{l}y_i(\alpha_i^*-\alpha_i)$$

$$\text{s.t.} \quad \sum_{i=1}^{l}(\alpha_i-\alpha_i^*)=0 \qquad (5\text{-}12)$$

$$0\leqslant \alpha_i^{(*)}\leqslant C,\quad i=1,2,\cdots,l$$

在此基础上，进一步得到非线性回归函数：

$$y=g(x)=\sum_{i=1}^{l}(\bar{\alpha}_i^*-\bar{\alpha}_i)K(x_i\cdot x)+\bar{b} \qquad (5\text{-}13)$$

2. 函数的选取

核函数的选择决定了模型求解的难易度和最终结果的准确性，目前与支持向量回归机模型相结合的核函数中，估计较为准确且应用较广的主要有如下几个。

径向基核函数：

$$K(x,x')=\exp(-\|x-y\|^2/\sigma^2) \qquad (5\text{-}14)$$

多项式核函数：

$$K(x,x')=((x\cdot x')+1)^d \qquad (5\text{-}15)$$

多层感知器核函数：

$$K(x,x')=\tanh(\nu\cdot(x\cdot x')+c) \qquad (5\text{-}16)$$

在对产业部门绿色创新能力评价的过程中，非线性问题是影响模型估计结果的重要因素，因而运用支持向量回归机模型的关键是对核函数形式的正确选择。当前对于核函数的选择没有达成统一的定论，选择方法也各有不同。为了科学地选择核函数形式，本书选取了在当前实际运用中常被采用且理论较为成熟的径向基核函数。

径向基核函数被广泛应用是由于其自身所具有的明显优势：①对样本分布要求较低，在数据缺少先验概率或者样本数量较小的情况下，其他核函数的估计存在较多的问题，径向基核函数的估计效果相对较好；②涉及的参数较少，对于运算效率具有明显的提升，且可以较好地处理非线性问题；③泛化和推广能力较好，可以有效地处理数据的维度灾难，且具有较强的函数差值能力，可以被十分便利地推广到其他模型形式。

（三）模型的建立

安徽省相关产业绿色创新能力的评价，主要是基于因子分析支持向量回归（factor

analysis-support vector regression，FA-SVR）进行的。根据模型的基本特点和安徽省产业数据指标的实际情况，本节按照以下步骤建立模型：

（1）给出样本集合：假设样本集合为$T=\{(x_1,y_1),\cdots,(x_i,y_i),\cdots,(x_l,y_l)\}\in(R^n\times y)$，满足$x_i\in R^n$，$y_i\in y\in R$，$i=1,2,\cdots,l$的条件，其中用$i$表示样本训练点的数量，样本的数据维度为$n$。

（2）数据标准化处理，首先将选择的指标按照一定的方法进行标准化，紧接着运用因子分析模型对变量进行处理，计算因子得分并选择出变量的主因子。

（3）建立FA-SVR模型，以因子分析得到的结果为基本的训练样本，按照以下步骤进行样本内训练、预测和评估：①确定模型参数，选择符合条件且有利于简化计算的核函数$K(x,x')$、核参数g、调整因子C及参数ε等相关参数；②根据式（5-12），求解规划模型得到集合$\bar{\alpha}^*=(\bar{\alpha}_1,\bar{\alpha}_1^*,\bar{\alpha}_2,\bar{\alpha}_2^*,\cdots,\bar{\alpha}_l,\bar{\alpha}_l^*)$；③将计算的参数$\bar{b}$代入式（5-13）得到决策函数的最终取值；④按照建立的模型和选择的训练样本对模型进行训练，并得到预测数据，根据预测数据评估模型训练和预测的准确性，得到最终评价结果。

二、绿色创新能力动态分析模型

采用数据包络分析（data envelopment analysis，DEA）模型中的非期望超效率SBM（Slack Based Measure）模型作为绿色创新能力评价的主要标准，计算Malmquist指数（Malmquist index，MI），根据DEA模型的基本定义可以把Malmquist指数分解为两部分，分别是技术效率和生产技术的变化，反映了模型中任意一个决策单元（decision making unit，DMU）到生产前沿面的距离和变动趋势。

（一）非期望超效率SBM-DEA模型

假设在模型的估计中，选择n个个体，即决策单元，每个决策单元的数据构成可以划分为两类，分别是投入和产出，在非期望产出模型中，将产出再次细分为两部分：期望产出和非期望产出。假设投入向量为$X_k=(x_{1k},x_{2k},\cdots,x_{mk})$，期望产出用$Y_k^g=(y_{1k}^g,y_{2k}^g,\cdots,y_{pk}^g)$表示，非期望产出为$Y_k^b=(y_{1k}^b,y_{2k}^b,\cdots,y_{qk}^b)$，根据DEA模型的基本特点，建立线性规划模型：

$$\rho=\min\frac{1-\dfrac{1}{m}\displaystyle\sum_{i=1}^{m}\frac{s_i}{x_{io}}}{1+\dfrac{1}{p+q}\left(\displaystyle\sum_{j=1}^{p}\frac{s_j^g}{y_{jo}^g}+\sum_{r=1}^{q}\frac{s_r^b}{y_{ro}^b}\right)}$$

$$
\text{s.t.} \quad \begin{cases} \sum_{k=1,k\neq o}^{n} z_k x_{ik} + s_i = x_{io}, \quad i=1,2,\cdots,m \\ \sum_{k=1,k\neq o}^{n} z_k y_{jk}^g - s_j^g = y_{jo}^g, \quad j=1,2,\cdots,p \\ \sum_{k=1,k\neq o}^{n} z_k y_{rk}^b + s_r^b = y_{ro}^b, \quad r=1,2,\cdots,q \\ z_k \geqslant 0,\ s_i \geqslant 0,\ s_j^g \geqslant 0,\ s_r^b \geqslant 0 \end{cases} \tag{5-17}
$$

式中，ρ 为绿色产出的效率值，即产业的绿色创新能力；s_i 和 s_r^b 分别为投入变量和非期望产出变量的冗余；z_k 为不同决策单元在模型中的权重；s_j^g 为期望产出的不足量。

（二）Malmquist 指数模型

根据建立的 SBM-DEA 模型进行 Malmquist 指数分解，为了便于比较不同决策单元不同时期的效率变化，采用相邻联合前沿参比 Malmquist 指数表示相邻两个时期所构成的共同前沿面，则模型可以表示为

$$
\begin{aligned}
M_{aj}(x^{t+1}, y^{t+1}, x^t, y^t) &= \frac{E^{t\cup(t+1)}(x^{t+1}, y^{t+1})}{E^{t\cup(t+1)}(x^t, y^t)} \\
&= \frac{E^{t+1}(x^{t+1}, y^{t+1})}{E^t(x^t, y^t)} \left(\frac{E^{t\cup(t+1)}(x^{t+1}, y^{t+1})}{E^{t+1}(x^{t+1}, y^{t+1})} \frac{E^t(x^t, y^t)}{E^{t\cup(t+1)}(x^t, y^t)} \right) \\
&= \mathrm{EC} \times \mathrm{TC}_{aj}
\end{aligned} \tag{5-18}
$$

式中，$E^{t\cup(t+1)}(x^t, y^t)$、$E^{t\cup(t+1)}(x^{t+1}, y^{t+1})$ 分别为采用联合前沿得到的对应决策单元的效率值；$E^t(x^t, y^t)$ 和 $E^{t+1}(x^{t+1}, y^{t+1})$ 分别为采用各自对应的生产前沿面计算得到的效率值，那么 $\mathrm{EC} = \frac{E^{t+1}(x^{t+1}, y^{t+1})}{E^t(x^t, y^t)}$ 和 $\mathrm{TC}_{aj} = \left(\frac{E^{t\cup(t+1)}(x^{t+1}, y^{t+1})}{E^{t+1}(x^{t+1}, y^{t+1})} \frac{E^t(x^t, y^t)}{E^{t\cup(t+1)}(x^t, y^t)} \right)$，则分别代表从时间 t 到 $t+1$ 相对技术效率变化值和技术进步指数。当两者的值大于 1 时表示生产率的升高，小于 1 表示生产率的下降，即代表安徽省产业绿色创新能力的升高或者下降。

三、绿色创新能力评价指标体系构建

（一）指标选取原则

为了确保能准确、客观地对安徽省产业部门的绿色创新能力进行评价，在指标体系的选择过程中，需要对模型指标进行合理选择，因此模型体系的构建需要遵循以下基本原则：

（1）科学性原则。对安徽省两种不同产业发展的绿色创新能力进行评价时，首先需要把握绿色创新和产业发展的本质，选择具有代表性的指标，保障指标选择从理论到实践的科学性。

（2）层次性原则。开展新兴产业的评价涉及众多的指标，体系十分复杂。因此在选择指标体系时需要兼顾体系之间的相互联系，从不同的层次和方面综合选择指标，这样才能有效地对绿色创新能力进行更好的综合评价。

（3）导向性原则。本章的研究主题是安徽省各产业的绿色创新能力，因此模型应该坚持研究主题的导向性，选择反映产业绿色创新能力的代表性指标，从而能够进行准确的评价，并发现相关产业绿色创新的不足，为后期提升绿色创新能力提供思路。

（4）可行性原则。指标选取除了从理论上选择以外，还要结合具体的产业发展、安徽省社会经济状况和统计数据可获得性等方面进行综合考虑，选择既能满足两种产业部门创新能力评价的指标，又能够兼顾指标收集的可行性。

（二）指标体系的确定

根据安徽省战略性新兴产业和传统优势产业的基本发展特征和统计数据，结合以上的指标体系选择原则，确定了包括 5 个一级指标和 18 个二级指标的体系，具体指标见表 5-1。

表 5-1　绿色创新能力指标体系

	一级指标	二级指标	指标含义	单位
绿色创新能力指标体系	研发资金投入（RDK）	RDK1	R&D 经费内部支出合计	万元
		RDK2	R&D 经费内部支出占主营业务收入的比例	%
		RDK3	R&D 项目经费内部支出	万元
		RDK4	机构经费支出	万元
		RDK5	技术改造经费支出	万元

续表

	一级指标	二级指标	指标含义	单位
绿色创新能力指标体系	研发人员投入（RDL）	RDL1	R&D 人员合计	人
		RDL2	R&D 人员折合全时当量合计	人
		RDL3	R&D 项目人员折合全时当量	人/年
		RDL4	机构人员合计	人
	行业研发规模（RDS）	RDS1	R&D 活动单位数	个
		RDS2	R&D 项目数	项
		RDS3	企业办科技机构数	个
	行业研发成果（RDP）	RDP1	期末有效发明专利数	件
		RDP2	新产品产值	万元
		RDP3	新产品销售收入	万元
	行业环保水平（IEL）	IEL1	废水治理设施运行费用	万元
		IEL2	废气治理设施运行费用	万元
		IEL3	一般固体废弃物处置量	万吨

（三）数据来源

本章在进行安徽省相关产业绿色创新能力评价中，选择战略性新兴产业和传统优势产业部门规模以上企业分行业数据进行研究，时间跨度为2012～2014年。本章选取的所有数据按照一级指标进行收集，除“行业环保水平”来源于安徽省环境保护厅的实地调研数据以外，其他指标数据均来自安徽省统计局或者课题组实地调研获得的数据。按照安徽省产业代码，选择28个主要产业部门，并按照产业性质、战略性新兴产业范围将其大致划分为战略性新兴产业部门和传统优势产业部门。由于这一划分无法区分具体的产业门类，因此与本节相关的战略性新兴产业概念是指七大战略性新兴产业所在的行业大类，具体的产业选择如表5-2所示。

表 5-2　产业绿色创新能力评价产业选择和行业代码

行业代码	产业部门	行业代码	产业部门
6	煤炭开采和洗选业	14	食品制造业
8	黑色金属矿采选业	15	酒、饮料和精制茶制造业
10	非金属矿采选业	17	纺织业
13	农副食品加工业	19	皮革、毛皮、羽毛及其制品和制鞋业

续表

行业代码	产业部门	行业代码	产业部门
22	造纸和纸制品业	34	通用设备制造业
25	石油加工、炼焦和核燃料加工业	35	专用设备制造业
26	化学原料和化学制品制造业	36	汽车制造业
27	医药制造业	37	铁路、船舶、航空航天和其他运输设备制造业
28	化学纤维制造业	38	电气机械和器材制造业
29	橡胶和塑料制品业	39	计算机、通信和其他电子设备制造业
30	非金属矿物制品业	40	仪器仪表制造业
31	黑色金属冶炼和压延加工业	42	废弃资源综合利用业
32	有色金属冶炼和压延加工业	43	金属制品、机械和设备修理业
33	金属制品业	44	电力、热力生产和供应业

第二节 安徽省产业绿色创新能力实证结果

本节围绕实证内容进行分析，以因子分析法进行原始数据的处理和加工，之后采用支持向量回归机进行实证。本节主要运用本章第一节的相关方法，探讨模型确定、参数选取、支持向量回归机模型检验结果并结合安徽省战略性新兴产业和传统优势产业进行分析。

一、绿色创新能力综合得分

（一）因子分析适用性检验

本章以战略性新兴产业七大部门及部分传统优势产业为基本研究对象，选择2013年安徽省规模以上28个产业部门的数据。根据本章绿色创新能力评价模型的一般步骤，首先使用因子分析法进行数据预处理与模型的初步评价。运用SPSS20.0按照因子分析的一般步骤，对标准化处理后的数据进行相关系数矩阵求解及检验，结果如表5-3所示。

表 5-3 因子分析检验结果

统计量	检验值
KMO 检验	0.680
Bartlett's 检验	1291.861
自由度	153
P 值	0.000

KMO 检验值越大，表明变量之间存在越强的相关性，一般而言 KMO 检验值最大为 1，通常将 KMO 检验值按照区间进行划分，0.7 以上表示较为适合做因子分析，小于 0.5 表示极不适合做因子分析。表 5-3 的检验结果显示 KMO 检验值为 0.680，较为接近 0.7。与此同时 Bartlett's 检验对应的 P 值为 0.000，通过了 1%的显著性检验，拒绝了“相关系数矩阵是单位矩阵”的原假设，因此认为相关指标的选择较为适合做因子分析。

紧接着，对指标的原始变量进行共同度求解，变量之间的共同度是指选取的变量对公共主因子的依赖程度大小，共同度越高，说明信息丢失越小，保留的信息也就越多。从表 5-4 可以看出，本章所选择的 18 个变量中共同度都较高，基本维持在 89%或者 90%以上的水平，仅有两项指标的共同度小于 80%。主因子包含了大多数变量的基本信息，因此可以说本章因子模型提取的结果较为理想。相应的结果如表 5-4 所示。

表 5-4　因子分析变量共同度检验

指标	初始值	提取值	指标	初始值	提取值
RDK1	1	0.888	RDS1	1	0.947
RDK2	1	0.957	RDS2	1	0.939
RDK3	1	0.973	RDS3	1	0.945
RDK4	1	0.980	RDP1	1	0.899
RDK5	1	0.849	RDP2	1	0.917
RDL1	1	0.946	RDP3	1	0.864
RDL2	1	0.972	IEL1	1	0.747
RDL3	1	0.969	IEL2	1	0.658
RDL4	1	0.898	IEL3	1	0.976

（二）提取公因子

在因子分析检验通过以后基本可以确定因子分析的适用性，因此开始对因子分析进行相应的求解和计算，分别计算相关矩阵的特征值、累计贡献度等指标，结果如表 5-5 所示。

表 5-5　特征值和累计贡献度　　（单位：%）

因子	特征值	累计贡献度	因子	特征值	累计贡献度
1	67.698	67.698	10	0.161	99.791
2	12.948	80.647	11	0.137	99.928
3	6.243	86.890	12	0.044	99.972
4	3.808	90.698	13	0.014	99.986
5	3.196	93.894	14	0.006	99.992
6	2.886	96.780	15	0.004	99.996
7	1.320	98.100	16	0.003	99.999
8	1.036	99.137	17	0.001	100.000
9	0.493	99.630	18	0.000	100.000

由表 5-5 可知，以主成分方法进行因子提取以后，从累计贡献度来看，前四个因子的累计贡献度超过了 90%达到 90.698%，意味着前四个因子包含了所有变量超过 90%的原始信息，因此本章的因子分析可以提取这四个因子作为主因子进行分析，并提取相对应的成分矩阵，如表 5-6 所示。

表 5-6　成分矩阵提取结果

变量	第一主因子	第二主因子	第三主因子	第四主因子
RDK1	0.888	−0.125	−0.168	0.236
RDK2	0.946	−0.080	0.193	−0.137
RDK3	0.947	−0.075	0.187	−0.191
RDK4	0.984	0.066	0.074	−0.042
RDK5	0.745	−0.212	0.080	−0.492
RDL1	0.952	−0.135	−0.028	0.143
RDL2	0.944	−0.072	0.190	−0.201
RDL3	0.976	0.092	0.078	−0.052
RDL4	0.890	−0.147	−0.161	0.242
RDS1	0.968	−0.099	−0.011	−0.036
RDS2	0.941	0.221	−0.047	0.046
RDS3	0.943	−0.135	−0.125	0.147
RDP1	0.917	0.130	−0.095	0.178
RDP2	0.924	0.190	−0.078	0.144
RDP3	0.334	0.859	−0.007	−0.119
IEL1	0.084	0.844	0.078	0.146
IEL2	−0.057	0.786	−0.104	−0.164
IEL3	−0.112	0.043	0.945	0.263

如表 5-6 所示，在对四个主因子进行分析时发现主因子的意义不够明确，对于各个典型变量的代表性不是十分突出，因此为了达到经济意义上的合理性进行因子旋转，得到表 5-7 所示的结果。

表 5-7　旋转成分矩阵

变量	第一主因子	第二主因子	第三主因子	第四主因子
RDK1	0.928	0.103	−0.069	−0.111
RDK2	0.801	0.550	0.010	0.118
RDK3	0.781	0.595	0.020	0.095
RDK4	0.877	0.431	0.151	0.038
RDK5	0.498	0.761	−0.105	−0.101
RDL1	0.938	0.250	−0.067	−0.009
RDL2	0.774	0.603	0.024	0.096
RDL3	0.864	0.435	0.177	0.041
RDL4	0.932	0.103	−0.092	−0.103
RDS1	0.880	0.412	−0.014	−0.046
RDS2	0.877	0.286	0.295	−0.041
RDS3	0.941	0.215	−0.067	−0.099
RDP1	0.914	0.158	0.191	−0.050
RDP2	0.903	0.189	0.254	−0.043
RDP3	0.224	0.138	0.891	−0.016
IEL1	0.088	−0.163	0.831	0.151
IEL2	−0.139	0.004	0.791	−0.116
IEL3	−0.100	0.003	0.000	0.983

由表 5-7 可知，第一主因子在 R&D 经费内部支出合计、机构人员合计等多个指标下对应的系数比较大。因而可以看出，研发投入和产出水平、行业规模等因素是安徽省各个产业创新要素中最为重要的因素，在绿色创新能力评价中占据了主要地位。第二主因子在 R&D 人员折合全时当量合计以及 R&D 项目人员折合全时当量等指标上的主因子系数较大，说明研发人员对于安徽省主要产业绿色创新能力也具有重要影响。第三主因子涉及的变量较少，主要是废水和废气治理设施运行费用等少数几项上系数较大。第四主因子仅在一般固体废弃物处置量这一项系数较大，因此第三主因子和第四主因子对于产业部门的绿色创新影响主要体现在各行业的环保水平上。

（三）因子得分

根据因子分析的结果，因子模型最终选择四个主因子，根据主因子对模型进行分析和综合评价，运用 SPSS20.0 得到因子模型的得分系数矩阵，如表 5-8 所示。

表 5-8 主因子得分系数矩阵

变量	第一主因子	第二主因子	第三主因子	第四主因子
RDK1	0.215	−0.308	−0.077	−0.040
RDK2	−0.020	0.257	−0.011	0.099
RDK3	−0.050	0.324	−0.002	0.069
RDK4	0.043	0.100	0.040	0.043
RDK5	−0.220	0.676	−0.021	−0.159
RDL1	0.156	−0.152	−0.069	0.036
RDL2	−0.056	0.337	0.000	0.068
RDL3	0.036	0.113	0.052	0.043
RDL4	0.219	−0.314	−0.087	−0.031
RDS1	0.056	0.077	−0.031	−0.029
RDS2	0.097	−0.051	0.095	−0.016
RDS3	0.166	−0.182	−0.069	−0.044
RDP1	0.174	−0.227	0.039	0.000
RDP2	0.153	−0.182	0.069	0.000
RDP3	−0.057	0.120	0.384	−0.045
IEL1	0.065	−0.201	0.340	0.146
IEL2	−0.101	0.142	0.357	−0.148
IEL3	0.052	−0.090	−0.026	0.918

由表 5-8 可以得到主因子得分函数表达式：

$$F_1 = 0.215c_1 - 0.020c_2 - 0.050c_3 + 0.043c_4 - 0.220c_5 + 0.156c_6 - 0.056c_7 + 0.036c_8 \\ + 0.219c_9 + 0.056c_{10} + 0.097c_{11} + 0.166c_{12} + 0.174c_{13} + 0.153c_{14} - 0.057c_{15} \\ + 0.065c_{16} - 0.101c_{17} + 0.052c_{18}$$

$$F_2 = -0.308c_1 + 0.257c_2 + 0.324c_3 + 0.100c_4 + 0.676c_5 - 0.152c_6 + 0.337c_7 + 0.113c_8 \\ - 0.314c_9 + 0.077c_{10} - 0.051c_{11} - 0.182c_{12} - 0.227c_{13} - 0.182c_{14} + 0.120c_{15} \\ - 0.201c_{16} + 0.142c_{17} - 0.090c_{18}$$

$$F_3 = -0.077c_1 - 0.011c_2 - 0.002c_3 + 0.040c_4 - 0.021c_5 - 0.069c_6 + 0.000c_7 + 0.052c_8 - 0.087c_9 - 0.031c_{10} + 0.095c_{11} - 0.069c_{12} + 0.039c_{13} + 0.069c_{14} + 0.384c_{15} + 0.340c_{16} + 0.357c_{17} - 0.026c_{18}$$

$$F_4 = -0.040c_1 + 0.099c_2 + 0.069c_3 + 0.043c_4 - 0.159c_5 + 0.036c_6 + 0.068c_7 + 0.043c_8 - 0.031c_9 - 0.029c_{10} - 0.016c_{11} - 0.044c_{12} + 0.000c_{13} + 0.000c_{14} - 0.045c_{15} + 0.146c_{16} - 0.148c_{17} + 0.918c_{18}$$

式中，F_1、F_2、F_3、F_4分别为第一主因子至第四主因子得分。因此，根据以上主成分计算公式，得到各因子的得分，通过主因子旋转作为权重对各个产业部门的绿色创新能力进行综合评价，即

$$F = 0.57710F_1 + 0.13681F_2 + 0.13256F_3 + 0.06051F_4 \tag{5-19}$$

根据式（5-19），计算得到安徽省产业部门主因子得分及综合因子得分，具体结果如表 5-9 所示。

表 5-9　2013 年绿色创新能力主因子得分和综合因子得分

行业代码	第一主因子	第二主因子	第三主因子	第四主因子	综合因子得分
6	−0.753	2.117	−0.311	2.567	−0.031
8	−0.356	−1.049	−0.466	4.069	−0.165
10	−0.612	−0.622	−0.462	−0.276	−0.516
13	0.258	−1.328	−0.483	−0.273	−0.113
14	−0.377	−0.745	−0.351	−0.259	−0.382
15	−0.502	−0.164	−0.138	−0.338	−0.351
17	−0.384	−0.259	−0.202	−0.284	−0.301
19	−0.548	−0.668	−0.427	−0.283	−0.481
22	−0.682	−0.156	0.189	−0.228	−0.404
25	−0.586	−0.761	−0.135	−0.171	−0.471
26	1.346	−0.358	0.787	0.694	0.874
27	−0.085	0.674	−0.518	−0.520	−0.057
28	−0.680	−0.305	−0.373	−0.329	−0.503
29	0.202	−0.059	−0.590	−0.289	0.013
30	0.101	−0.943	0.219	−0.216	−0.055
31	0.065	−0.505	4	0.423	0.524
32	−0.132	0.813	1.373	−0.262	0.202
33	0.164	−0.289	−0.496	−0.341	−0.031
34	1.274	0.403	−0.583	−0.211	0.700
35	0.717	−0.055	−0.630	−0.353	0.301
36	1.402	3.157	0.022	−0.093	1.238

续表

行业代码	第一主因子	第二主因子	第三主因子	第四主因子	综合因子得分
37	−0.680	−0.100	−0.470	−0.371	−0.491
38	3.765	−1.101	−0.069	−0.013	2.012
39	0.440	1.444	−0.511	−0.415	0.358
40	−0.944	1.020	−0.554	−0.634	−0.517
42	−0.631	−0.514	−0.449	−0.310	−0.513
43	−0.769	−0.134	−0.455	−0.406	−0.547
44	−1.013	0.487	2.081	−0.880	−0.295

由表 5-9 可以看出，从产业大类而言，战略性新兴产业特别是装备制造业相关部门的绿色创新能力要高于传统优势产业，两大类产业之间存在着较大的差距。绿色创新能力综合评价排名最高的是电气机械和器材制造业，其次是汽车制造业，其他因子评分的优势并不明显。第一主因子主要涉及了研发资金、研发成果和行业规模这些综合评价指标，虽然这一因素在安徽省战略性新兴产业和传统优势产业绿色创新过程中发挥了重要作用，但是以一个主因子就确定综合评价结果，需要进行更加谨慎的考虑。为了检验评价结果的稳健性，使得评价结果有更强的政策性和实用性，进一步考虑改进因子模型，以便提升评价结果的稳健性。

通过因子分析得到了安徽省战略性新兴产业和传统优势产业综合评价的四个主因子，并对各产业部门进行了综合评价，对指标过多的问题进行了有效的处理，完成了数据指标的降维，为了进一步检验评价结果的准确性，将因子分析结果代入支持向量回归机模型进行下一阶段的评价。

二、绿色创新能力预测评价

（一）模型参数的选取

根据本章构建的支持向量回归机绿色创新评价模型，在 ε-SVRM 模型的基础上选用 Gauss 径向基核函数为核函数，这一核函数在应用上具有较高的实用性。基于径向基核函数的支持向量回归机模型，模型结果受到参数选择的影响较为明显，为了得到评价结果，需要首先确定调整因子 C 、核参数 g 及最优参数 ε 的区间范围。

调整因子 C 是平衡模型计算复杂度的一个重要参数，表示一旦模型损失超过了样本和参数的取值，那么此时以调整因子 C 来构建样本和参数之间的惩罚机制，以降低模型损失。当 C 趋向于无穷小时，模型风险较低，从而降低了模型的复杂度，但也会导致模型训练误差较大，降低了模型的精准度；当 C 趋向于无穷大时，模型的经验风险就会升高，此时模型较为复杂，问题转换为对最小化经验风险的求解。核参数 g 由于自身特征空间和函数的关联，决定了支持向量回归机的训练效果，核参数的变动决定了样本特征空间的变动范围，一旦核参数取值不符合实际，模型的学习效果就会较差。只有当核参数的选取十分合适时，支持向量回归机模型才是具有良好泛化能力的模型。支持向量回归机的另一个重要特征就是 ε^- 不敏感损失函数，它对支持向量的个数起到了决定性作用，可以保持模型解的稀疏性，代表了模型推广能力。较为平滑的不敏感损失函数虽然可以提升模型的性能，但是有降低模型精度的危险，因此合理的参数值对于 ε^- 不敏感损失函数十分重要。根据模型的基本特征，在评价安徽省相关产业部门的绿色创新能力的过程中，为了提升模型的训练和预测效果，需要选择合适的最优参数，基于此，本章利用交叉检验法和网格搜索相结合的方法对最优参数进行计算。

所谓交叉检验法，即将样本人为地划分为训练集和检验集两个部分，然后运用不同的分组和模型分别进行检验以得到最优的整体参数的方法，是当前检验参数较为常用的方法之一，在得到的参数中选择误差最小的参数作为最优参数，从而得到支持向量回归机，换而言之，就是将训练得到的模型根据已知的数据进行预测，对比预测值和实际值的差异，从而判别模型效果。

基于以上思想，本章将数据划分为若干组，将调整因子 C、核参数 g 及最优参数 ε 分别取 M、N、S 个值，采用网格搜索的办法进行模型的训练，最终得到 $M\times N\times S$ 个的 (C,g,ε) 组合。根据模型训练得到的参数进行交叉检验，从而对最优的模型结果进行选择。

根据以上支持向量回归机的基本思想，确定安徽省产业部门绿色创新能力评价的参数，从而为得到最优的模型结果奠定基础，相关参数最优值的选择如表 5-10 所示。

表 5-10　模型参数寻优结果

参数类别	调整因子 C	核参数 g	最优参数 ε
寻优结果	256	0.000 976 6	0.001

（二）仿真结果及分析

根据以上的相关分析，建立安徽省相关产业绿色创新能力评价的 ε-SVRM 模型，将本章得到的因子分析结果作为训练样本对模型能力进行检验并得到产业部门的绿色创新能力最终评价结果。为了尽可能地训练得到最优模型，从本章选择的产业部门中随机挑选出 7 个部门作为比较样本以检验模型的泛化和推广能力，具体的产业部门和样本数据如表 5-11 所示。为了对模型进行求解，运用 R 语言的 e1071 包进行计算和训练。

表 5-11 安徽省产业部门绿色创新能力评价实例的检验样本

部门代码	第一主因子	第二主因子	第三主因子	第四主因子	综合因子得分
13	0.258	0.258	0.258	0.258	0.258
25	−1.328	−1.328	−1.328	−1.328	−1.328
27	−0.483	−0.483	−0.483	−0.483	−0.483
30	−0.273	−0.273	−0.273	−0.273	−0.273
39	−0.113	−0.113	−0.113	−0.113	−0.113
42	−0.586	−0.586	−0.586	−0.586	−0.586
43	−0.761	−0.761	−0.761	−0.761	−0.761

表 5-12 给出了选择的 7 个产业部门的绿色创新能力评价结果，在经过模型训练以后随机选择的产业部门综合因子得分检验显示模型的实际评分与最终结果的误差在可接受的范围之内，说明了 ε-SVRM 评价模型具有良好的推广和泛化能力，可以较为容易地被推广到其他产业的分析和预测中，从而得到各个产业部门的绿色创新能力评估结果，进而对比安徽省战略性新兴产业和传统优势产业部门的绿色创新能力差异。与此同时，运用这一模型进行综合评价可以提高预测的精准度并降低模型的复杂度，与传统的评价方法相比，这一方法降低了外部因素和主观因素对评价结果的影响。

表 5-12 产业部门绿色创新能力评价样本实例的评价结果

产业代码	综合因子得分	预测值
13	−0.1133	−0.112
25	−0.471	−0.471
27	−0.057	−0.058
30	−0.055	−0.055
39	0.358	0.359
42	−0.513	−0.513
43	−0.547	−0.547

（三）2014 年战略性新兴产业依托部门绿色创新能力预测评价

根据训练得到的 FA-SVR 模型，使用安徽省各产业部门 2014 年的数据进行推广，进一步扩展 FA-SVR 模型。根据本章在建立模型以后确定的求解顺序，首先进行因子分析检验，检验结果如表 5-13 所示。由表 5-13 可知，KMO 检验值为 0.768，超过 0.7，表明所选择的样本数据比较适合做因子分析。

表 5-13　KMO 检验和 Bartlett's 检验

统计量	检验值
KMO 检验	0.768
Bartlett's 检验	1270.243
自由度	153
P 值	0.000

在确定因子分析适用性以后，对数据指标按照因子分析的步骤依次求解，具体结果如表 5-14 所示。

表 5-14　因子分析特征值及累计贡献度　（单位：%）

因子	特征值	累计贡献度	因子	特征值	累计贡献度
1	66.316	66.316	10	0.209	99.862
2	12.120	78.436	11	0.049	99.911
3	5.706	84.142	12	0.040	99.950
4	5.054	89.196	13	0.022	99.973
5	3.900	93.096	14	0.015	99.988
6	2.876	95.972	15	0.011	99.999
7	2.144	98.116	16	0.001	100.000
8	0.934	99.050	17	0.000	100.000
9	0.602	99.652	18	0.000	100.000

由表 5-14 可知，前四个因子作为主因子包含了全部变量超过 85%的信息。在对 2014 年安徽省战略性新兴产业和传统优势产业指标数据进行评价分析时，已经介绍了如何进行因子分析并解释其模型含义，因此直接得到各指标的因子得分，如表 5-15 所示。

表 5-15　2014 年战略性新兴产业绿色创新能力主因子得分

产业部门	第一主因子	第二主因子	第三主因子	第四主因子
6	−0.365	−0.148	1.575	0.987
8	−0.557	−0.327	−0.411	4.686
10	−0.700	−0.484	−0.777	−0.318

续表

产业部门	第一主因子	第二主因子	第三主因子	第四主因子
13	0.129	−0.511	−1.374	−0.334
14	−0.492	−0.471	−0.787	−0.336
15	−0.529	−0.105	−0.107	−0.270
17	−0.410	−0.415	−0.579	−0.280
19	−0.644	−0.458	−0.668	−0.328
22	−0.745	0.235	−0.067	−0.169
25	−0.714	0.187	−0.768	−0.234
26	1.277	0.499	−0.285	1.236
27	−0.004	−0.613	0.464	−0.317
28	−0.824	−0.44	0.305	−0.317
29	0.244	−0.373	−0.017	−0.288
30	0.075	0.119	−1.108	−0.214
31	−0.089	3.450	−0.302	0.242
32	0.131	1.488	0.843	−0.387
33	0.019	−0.303	−0.319	−0.356
34	1.366	−0.848	−0.323	−0.249
35	0.807	−0.861	−0.116	−0.261
36	2.007	0.569	2.422	0.026
37	−0.692	−0.534	−0.124	−0.339
38	3.217	−0.169	−0.959	−0.314
39	0.957	−0.317	0.869	−0.095
40	−0.694	−0.650	0.763	−0.350
42	−0.707	−0.480	−0.733	−0.335
43	−1.231	−0.711	2.904	−0.411
44	−0.835	2.671	−0.325	−0.677

进一步地，将各产业的主因子作为原始数据代入模型中，预测得到安徽省 28 个产业部门绿色创新能力的最终综合得分，具体结果如表 5-16 所示。

表 5-16　2014 年战略性新兴产业绿色创新能力的综合得分预测值

产业部门	综合排名	预测值	产业部门	综合排名	预测值
38	1	1.689	39	4	0.619
36	2	1.557	34	5	0.617
26	3	0.841	31	6	0.399

续表

产业部门	综合排名	预测值	产业部门	综合排名	预测值
32	7	0.367	17	18	−0.388
35	8	0.318	40	19	−0.409
29	9	0.069	22	20	−0.418
6	10	0.037	43	21	−0.440
27	11	−0.045	14	22	−0.473
33	12	−0.095	25	23	−0.503
30	13	−0.101	37	24	−0.510
8	14	−0.137	28	25	−0.515
44	15	−0.194	19	26	−0.543
13	16	−0.197	42	27	−0.591
15	17	−0.352	10	28	−0.592

根据表 5-16 的模型预测与检验结果，在电气机械和器材制造业，汽车制造业，计算机、通信和其他电子设备制造业等与战略性新兴产业部门密切相关的产业部门绿色创新能力较好，但是传统优势产业部门中化学原料和化学制品制造业等行业创新能力也较高，是安徽省传统优势产业之一，这说明传统优势产业的绿色创新水平也有所提升。石油加工、炼焦和核燃料加工业和非金属矿采选业等行业的绿色创新能力较低，说明传统的化石能源行业需要进行技术改造，与战略性新兴产业部门相结合，发展新能源产业。另外，安徽省的铁路、船舶、航空航天和其他运输设备制造业绿色创新水平能力也相对较低，说明安徽省战略性新兴产业部门之间的发展水平和创新水平差距较大，安徽省需要结合自身优势进行战略性新兴产业部门的重点培育。

对比 2013 年和 2014 年安徽省各产业部门的绿色创新能力，可以对安徽省产业绿色创新水平进行综合评价，计算其动态变化水平，各产业的绿色创新评价得分如表 5-17 所示。

表 5-17　2013 年和 2014 年战略性新兴产业绿色创新能力综合得分对比

产业部门	2013 年得分	2014 年得分	变化值	产业部门	2013 年得分	2014 年得分	变化值
6	−0.031	0.037	0.068	17	−0.301	−0.388	−0.087
8	−0.165	−0.137	0.028	19	−0.481	−0.543	−0.062
10	−0.516	−0.592	−0.076	22	−0.404	−0.418	−0.014
13	−0.113	−0.197	−0.084	25	−0.471	−0.503	−0.032
14	−0.382	−0.473	−0.091	26	0.874	0.841	−0.033
15	−0.351	−0.352	−0.001	27	−0.057	−0.045	0.012

续表

产业部门	2013 年得分	2014 年得分	变化值	产业部门	2013 年得分	2014 年得分	变化值
28	–0.503	–0.515	–0.012	36	1.238	1.557	0.319
29	0.013	0.069	0.056	37	–0.491	–0.51	–0.019
30	–0.055	–0.101	–0.046	38	2.012	1.689	–0.323
31	0.524	0.399	–0.125	39	0.358	0.619	0.261
32	0.202	0.367	0.165	40	–0.517	–0.409	0.108
33	–0.031	–0.095	–0.064	42	–0.513	–0.591	–0.078
34	0.7	0.617	–0.083	43	–0.547	–0.44	0.107
35	0.301	0.318	0.017	44	–0.295	–0.194	0.101

根据表 5-17 的评价结果，各个产业部门的绿色创新能力表现为较为明显的上升趋势，且具有明显提升的产业部门多数与战略性新兴产业部门关系密切，其中专用设备制造业、计算机、通信和其他电子设备制造业等行业是战略性新兴产业部门或者战略性新兴产业直接依托部门。在所有呈现上升趋势的产业中，仅有煤炭开采和洗选业、黑色金属矿采选业等部分产业属于传统优势产业部门，这说明安徽省将战略性新兴产业与传统优势产业融合发展、相互促进的战略措施起到了较好的作用，也说明安徽省战略性新兴产业发展和传统优势产业技术升级改造的同时对安徽省绿色创新能力具有较大的促进作用。

三、绿色创新能力动态分析

为了分析安徽省战略性新兴产业和传统优势产业的动态绿色创新能力，考虑到现有指标体系之间的相互关联，本章使用评价产业绿色创新能力最为有效的方法（Song et al.，2016a，2016b），也即 SBM-DEA 模型。本节主要运用包含非期望的超效率 SBM-DEA 模型进行产业部门绿色创新能力评价，并结合 Malmquist 指数分析绿色创新能力的动态变化特征。本章已经构建了 SBM-DEA 模型，因此模型的投入产出指标如下。

（1）投入指标。包括 R&D 活动单位数（以安徽省主要产业部门 R&D 单位数为变量，包括企业、政府和科研机构等）、R&D 人员合计（采用 R&D 人员当量统计数据表示）、R&D 经费内部支出合计及技术改造经费支出四个技术投入指标。

（2）期望产出指标。期望产出包含两部分，用期末有效发明专利数表示产业部门的创新和研发成果，用新产品产值表示产业部门的最终产出，两个指标分别从产业部门发展和产业部门创新能力两个层面对产业生产结果进行了衡量。

（3）非期望产出指标。非期望产出主要是经济活动中损害经济效益的产出，为了评价产业部门的绿色创新能力，以工业部门的污染物排放为非期望产出指标，工业污染主要包括三大类：工业废水、工业废气和一般固体废弃物。

产业部门绿色创新能力的基本决策单元是各产业部门，本节选择2012～2014年三年的数据，依次计算各产业部门的技术效率，并运用Malmquist指数分解来计算各年绿色技术的变化。

根据图5-3，EC_1为2012～2013年产业部门的技术创新效率变化，EC_2为2013～2014年产业部门的技术创新效率变化。当EC的值大于1时表示产业部门的技术创新效率水平呈现出上升的趋势；当EC值等于1时，说明产业部门技术创新效率水平发生明显的变化，EC值小于1则说明产业部门技术创新效率水平呈现出下降的趋势。

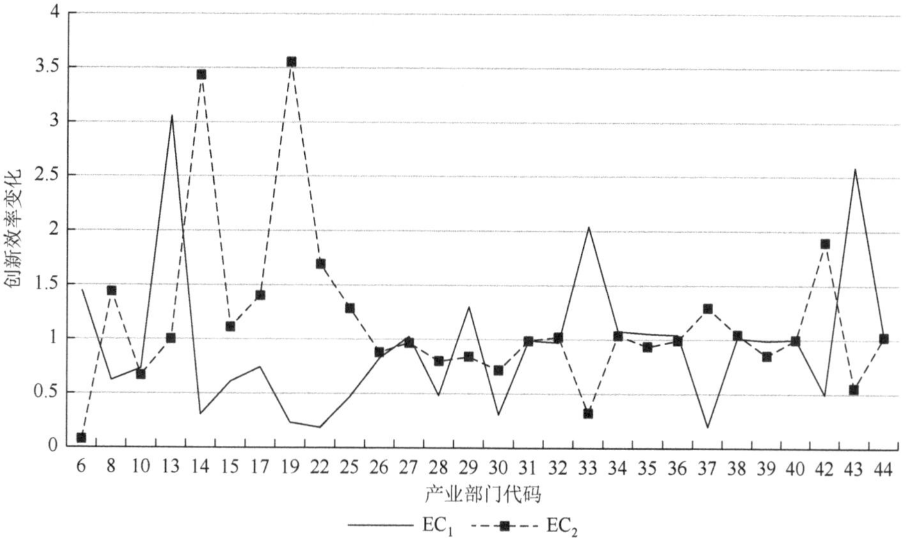

图5-3　产业部门技术创新效率变化趋势

从2012～2013年安徽省各产业部门技术创新效率变化指标EC_1来看，煤炭开采和洗选业（6）、农副食品加工业（13）、橡胶和塑料制品业（29）、金属制品业（33）等产业部门的技术创新效率变化大于1，意味着在2012～2013年这些产业部门的技术创新效率呈现上升的趋势。上升最明显的行业分别是农副食品加工业（13）和金属制品、机械和设备修理业（43），提升幅度分别在200%和150%左右，这两个行业是安徽省发展较为完善的传统优势产业。2012～2013年技术创新效率呈现下降趋势的产业远远多于呈现上升趋势的产业部门，下降幅度最高在80%左右。这意味着，2012～2013年安徽省大多数产业部门的技术创新效率提升效果并不明显。

从 2013～2014 年的技术创新效率变化指标 EC_2 来看，多数产业部门的技术创新效率得到了明显的提升，技术创新效率变化低于 1 的产业部门绿色创新能力下降幅度也有所降低。其中，食品制造业（14），皮革、毛皮、羽毛及其制品和制鞋业（19），废弃资源综合利用业（42）等产业部门的技术创新效率提升幅度最为明显，从技术创新效率负增长转变成正增长。但是金属制品业（33），金属制品、机械和设备修理业（43）的绿色创新能力相比于 2012～2013 年极大地降低了。

图 5-4 中，TC 表示产业部门绿色创新的技术变化，TC_1 表示各产业部门 2012～2013 年的技术变化，TC_2 表示 2013～2014 年各产业部门的技术变化。从 TC_1 可以看出，2012～2013 年大多数产业部门的技术变化大于 1，即多数产业部门绿色创新技术呈现上升的趋势。在所有产业部门中，食品制造业（14）、造纸和纸制品业（22）及铁路、船舶、航空航天和其他运输设备制造业（37）的技术变化最大，技术变化的提升幅度均超过 150%。另外，石油加工、炼焦和核燃料加工业（25）和仪器仪表制造业（40）这两个行业的技术变化明显小于 1，说明其绿色创新技术在 2012～2013 年呈现下降趋势，下降幅度约为 40%和 27%。非金属矿采选业（10）和有色金属冶炼和压延加工业（32）的技术变化较为接近 1，说明其技术变化不明显。从总体来看，传统优势产业的技术变化提升幅度要远远高于战略性新兴产业相关产业，说明安徽省传统优势产业具有较大的绿色创新发展潜力。

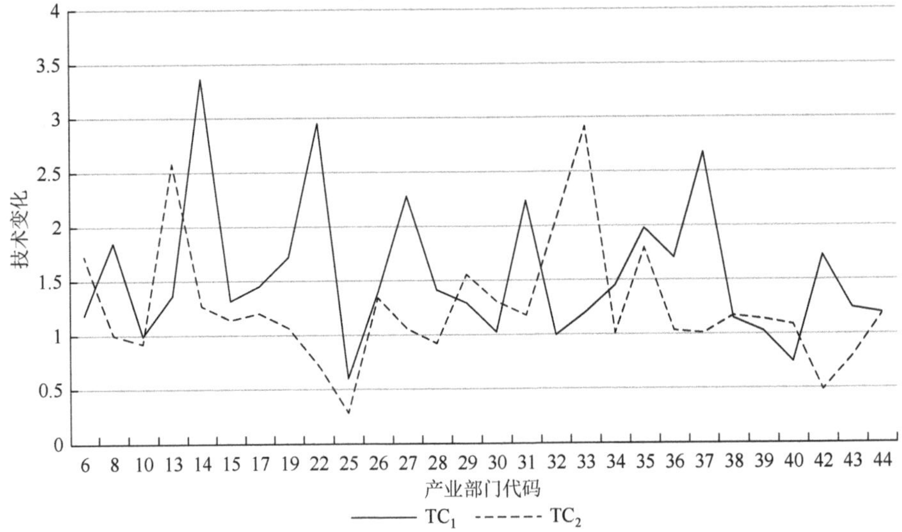

图 5-4　产业部门绿色创新技术变化趋势

根据 2013～2014 年的技术变化趋势，多数行业依然表现为技术变化的较大幅度提升，但是农副食品加工业（13）和金属制品业（33）两个传统优势产业部门的技术提升幅度远远高于其他产业；石油加工、炼焦和核燃料加工业（25）的技术变化进一步降低，说明其绿色创新能力的下降。铁路、船舶、航空航天和其他运输设备制造业（37）的技术变化从较大幅度提升变为基本稳定；废弃资源综合利用业（42）的绿色创新技术变化水平由提升转变为下降，且下降速度较快。综合 TC_1 和 TC_2 的技术变化水平可以看出，各部门绿色创新技术变化的差别较大且变动较不稳定，安徽省需要进一步坚持不同产业绿色创新能力的提升，保持产业部门技术进步的稳定，处理好传统优势产业和战略性新兴产业部门之间的技术进步协调度。

根据图 5-5，从 2012～2013 年各产业部门的生产率指标 MI_1 来看，10 个部门的生产率变化小于 1，占到了全部产业部门三分之一以上的比例。生产率较低的部门主要有：非金属矿采选业（10），酒、饮料和精制茶制造业（15），造纸和纸制品业（22）及石油加工、炼焦和核燃料加工业（25）等产业部门，其中下降最为明显的是石油加工、炼焦和核燃料加工业（25），其生产率的下降幅度超过 72%，其次是非金属矿物制品业（30），其生产率的下降幅度超过 68%。在全部生产率表现明显上升趋势的产业部门中，农副食品加工业（13）的生产率提升幅度超过了 317%，居于首位，其次是金属制品、机械和设备修理业（43），其生产率提升达到了 220%。此外，医药制造业（27）、金属制品业（33）及专用设备制造业（35）等产业部门的生产率提升也较为明显，提升幅度均超过了 100%，说明以生产率衡量安徽省产业部门绿色创新能力的产业部门中，传统优势产业部门的生产率下降较为明显，战略性新兴产业相关部门的生产率明显高于传统优势产业部门。

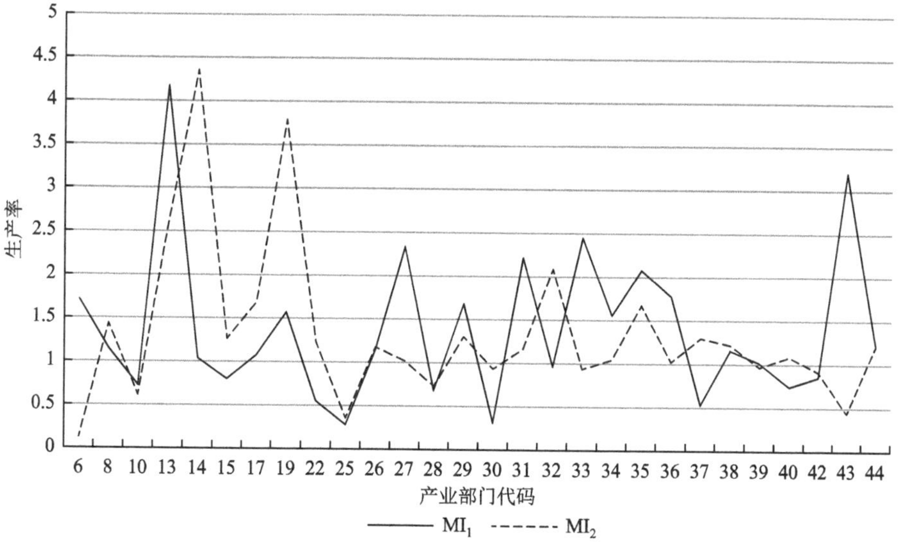

图 5-5　产业部门生产率变化趋势

结合 2013～2014 年安徽省各产业部门绿色创新生产率的变化来看，煤炭开采和洗选业（6）由 2012～2013 年超过 50%的增长率变为 2013～2014 年超过 87%的下降幅度，此外金属制品、机械和设备修理业（43）的生产率同样表现为由增转降的趋势，生产率在 2013～2014 年下降幅度超过 56%。而其他产业部门的绿色创新生产率表现为上升的趋势，从产业部门的综合生产率指标 MI 来看，部门之间绿色创新能力的生产率变化差别较大，2012～2013 年和 2013～2014 年各部门的生产率基本较为稳定。

在分析得到安徽省各产业部门绿色创新能力相关分解指标的变化趋势以后，需要进一步展开动态分析，计算各项效率值的均值和标准差，以便反映产业部门绿色创新水平的发展差异，对传统优势产业和战略性新兴产业部门的发展进行有效对比，结果如表 5-18 所示。

表 5-18　描述性统计结果

指标	均值	标准差
EC_1	0.952	0.661
TC_1	1.724	1.154
MI_1	1.385	0.870
EC_2	1.165	0.739
TC_2	1.243	0.548
MI_2	1.337	0.900

根据表 5-18 的结果，总体而言，安徽省各产业部门的绿色创新指标呈现出良好的发展势头。2012～2013 年各产业部门的技术创新效率降低了约 4.8 个百分点，但是技术变化的平均值却增加了超过 72.4%以上，从而使得生产率增加的幅度接近 38.5%。2013～2014 年各产业部门的绿色创新效率相比较于 2012～2013 年有了明显的提升，技术创新效率变化、技术变化和生产率水平分别增加了 16.5 个百分点、24.3 个百分点和 33.7 个百分点。同时可以看出，安徽省产业部门绿色创新水平进步的主要动力来源于技术进步和生产率增加。因此，安徽省要重视对于战略性新兴产业创新能力的培育和传统优势产业的升级改造，进一步提升安徽省产业整体创新水平和绿色发展水平。

第三节　小　　结

本章通过对安徽省战略性新兴产业和传统优势产业的28个依托部门的分析，

按照科学合理的指标设计原则，对安徽省各产业部门的绿色创新能力评价进行了综合指标体系的设计。结合安徽省规模以上工业企业分行业数据，利用SPSS软件进行因子模型的建立和求解，依据得到的分析结果对安徽省产业部门绿色创新能力进行了综合评价和分析。并在此基础上，构建基于FA-SVRM的安徽省产业部门绿色创新能力综合评价模型。将本章因子分析提取出的四个主因子和综合因子得分作为训练样本代入ε-SVRM，并根据数据结果对该评价模型进行了训练和泛化能力预测。基本构建了基于FA-SVRM的安徽省主要产业部门的绿色创新能力评价模型并进行有效训练，运用此模型对2014年安徽省相关产业部门的绿色创新能力进行进一步的评价应用。研究显示，将因子模型和支持向量回归机模型相结合提升了模型的计算效率，使得这一模型较好地应用于安徽省战略性新兴产业和传统优势产业的评价问题上，并有效地完成了产业部门的绿色创新能力综合评价工作。此外，结合非期望的超效率SBM-DEA模型及DEA-Malmquist指数，对安徽省战略性新兴产业和传统优势产业的绿色创新效率进行了动态比较分析，通过指标分解找出安徽省产业部门绿色创新能力变化的主要驱动力。本章主要得到以下研究结论。

（1）基于安徽省主要产业部门发展的基本状况，构建了安徽省产业部门绿色创新能力综合评价的指标体系。从研发的资金、人员、规模及成果等方面出发，考虑行业环保水平等绿色创新和绿色产出，综合考察安徽战略性新兴产业与传统优势产业的绿色创新评价指标体系的科学性和合理性，建立了较为全面科学的指标体系以便更加全面地反映安徽省相关产业绿色创新能力的状况。安徽省战略性新兴产业和传统优势产业绿色创新能力综合评价模型，不仅可以有效地评价相关产业绿色创新能力，与此同时还可以较好地指出影响绿色创新能力水平的相关因素，进而能够全面地发现安徽省战略性新兴产业和传统优势产业在整体绿色创新过程中存在的不足，进而依据目前存在的问题，结合安徽省产业发展战略采取相应的措施进行改进。

（2）以因子分析为产业绿色创新数据处理和初步评价的基础，采用因子分析对指标体系和数据进行了降维处理，完成了对产业部门创新能力的初步评价。当前关于安徽省产业部门绿色创新能力评价的指标选取中，指标体系从产业部门各个方面进行选择，很容易导致指标体系出现覆盖面广、指标烦琐等问题。如果将其不加以处理直接作为相关产业绿色创新能力综合评价的依据，就会导致计算量大大增加，运算效率降低，从而对模型求解产生影响。为了在模型复杂度和训练精度上寻找平衡，本章以因子模型为基本的指标处理方法，通过提取公因子保留指标信息并对数据降维，极大地简化了数据处理，为评价模型最终的训练与预测提供了极大的便利，大大缩减了相关模型的训练时间，提高了综合评价模型的训练速度和响应速度。

（3）支持向量回归机作为主流的一种机器学习方法，是支持向量在函数回归领域的推广和应用，支持向量回归机能够较好地处理由样本较小带来的学习问题。由于安徽省主要产业部门的绿色创新能力评价涉及诸多产业部门，产业状况复杂带来了指标体系复杂等问题，同时也造成了数据之间存在非线性关系，降低了一般计量或者机器学习的适用性。支持向量回归机模型则克服了这一缺点，其自身非线性学习能力较强，能够有效地通过事先确定的方式，对非线性问题进行处理，将向量映射到另外一个较高维特征的空间内，进而在这一较高的维度空间中将非线性问题转换为线性问题进行回归，从而能够取得在原空间非线性回归的一致且有效的效果，并且能够较为快速、高效地解决大部分信息量十分庞大且指标体系复杂的现实回归问题。最后本章通过实证分析证明此方法能有效解决战略性新兴产业绿色创新能力评价问题。

（4）给出了各产业部门绿色创新效率评价的基本方法和最终结果。该方法主要应用包含非期望产出的超效率 SBM-DEA 模型与 Malmquist 指数分解相结合的方式，获取对安徽省各产业部门绿色创新的效率值及其分解，并提供有效途径对比其动态变化，以此评价了 2012～2013 年及 2013～2014 年安徽省产业部门的绿色创新水平的基本变动情况，通过对产业部门创新效率的有效分解，从绿色创新的技术创新效率变化、技术变化和生产率三个方面对比分析不同产业的基本特征，寻找驱动产业创新能力提升的主要因素，为安徽省各产业部门的发展和绿色技术创新提供必要的技术支持和科学依据。

第六章　战略性新兴产业和传统优势产业耦合分析

本书的研究重点在于资源与环境双重约束下安徽省战略性新兴产业与传统优势产业的相互协调发展程度，因此需要重点阐述安徽省两种产业的耦合机理，对产业耦合的过程和内在作用进行详细的分析。

第一节　耦合机理分析

一、耦合动因分析

根据产业发展的相关理论，产业耦合是产业发展过程中的一个重要阶段，是产业关联和产业融合的过渡阶段，是在产业发展中联系不断紧密的一个过程。产业耦合的基本驱动力主要来源于产业发展的基本内涵和规律，从这一角度来讲，产业发展的根本目的主要是提升相关产业的竞争力或者区域产业整体的竞争力，从而能够长期保持相关产业或者区域产业的增长。而产业之间逐渐发展的耦合关系，使得各产业部门之间原本清晰的产业界线逐渐变得模糊，从而加强了产业之间的相似度和产业链的交叉，促进了安徽省各个产业的发展，加速了产业发展目的的实现。因而，战略性新兴产业和传统优势产业之间的耦合是产业发展的基本规律和内在要求，也是安徽省产业发展的主要内在驱动力。在产业融合发展的过程中，产业创新机制、创新需求及产业发展所面临的外部环境和产业政策都是促进产业之间相互耦合发展的重要驱动因素，在产业交叉融合的过程中都发挥了极其重要的作用。

第一，产业创新是耦合的重要驱动。产业创新是推动产业部门之间耦合发展的重要手段，产业内部创新包含产业的技术创新、管理创新及组织创新等方面的内容。一方面，安徽省战略性新兴产业的发展，需要对自身的创新机制进行创建并完善，集中自身的技术和人才优势，使得技术创新与产业发展基本规律相一致；另一方面，利用传统优势产业雄厚的资本积累，结合战略性新兴产业的技术创新特点，可以充分地将资本与技术相结合，扩大技术扩散效应，形成更为强大的产业驱动力和吸引力。

第二，市场需求是不可或缺的外在驱动因素。战略性新兴产业和传统优势产业之间的耦合发展不断加速，主要是由市场需求的不断变化带动的。如果创新需求是传统优势产业和战略性新兴产业耦合的根本动力，那么市场需求恰好构成了耦合连续和深化发展的基本因素。传统优势产业基础完善、体系完整和实力雄厚，具有扎实的市场基础。传统优势产业生产的相关产品需求稳定、市场范围广泛，是居民生活和工业生产所必需的产品。但是随着技术水平的不断提升，传统优势产业产品开始出现需求集中的现象，限制了传统优势产业市场需求的进一步扩充。居民收入水平和产业技术改造的变化，带来了产品需求市场的变化。如果继续以传统优势产业作为主导，安徽省在未来经济发展中将会逐渐陷入市场低迷的状态。战略性新兴产业的发展可以有效地实现市场的扩展，满足居民和企业对产品的新需求。但是新产品的市场扩展，需要依托传统优势产业的市场基础。因而可以将传统优势产业和战略性新兴产业的发展进行优势互补，发挥各自在经济运行中的作用，加速产业耦合的深度和广度发展。

第三，政策环境是必要的外部驱动因素。相对宽松的政策环境和产业支撑政策为战略性新兴产业和传统优势产业之间的耦合提供了外部必要条件。在战略性新兴产业发展中，政府部门的规划起到了重要作用，产业政策是调节产业发展和产业耦合的重要的“无形的手”，对两种产业的耦合和发展起到了统筹和协调的重要作用。合适的产业政策对产业结构的合理均衡发展十分重要，在政策引导下政府部门对相关产业进行重点扶持，并有意识地引导和鼓励相关产业的融合发展，促进不同产业部门在产业链、市场和产品上加强融合。另外，包括市场需求和创新等在内的产业融合发展条件也会受到政策引导作用的影响。安徽省在产业发展中引导传统优势产业部门和战略性新兴产业部门融合，带动了产业水平的整体提升，是产业政策促进产业融合的重要体现之一。

二、耦合逻辑结构分析

结合本书对产业耦合的相关定义，本章认为产业耦合可以从狭义和广义两个层面进行划分。狭义的产业耦合描述了产业之间相互关联的一种动态过程，重点强调产业融合的正向关联，此时产业耦合的直接表现是产业部门的相互促进和依赖关系的形成；广义的产业耦合更加强调产业之间的相互作用及其变化发展的自然过程而非耦合方向，因此本章对产业耦合在时间和空间上的相互关系的研究主要基于广义产业耦合的概念。

（一）时间耦合

产业耦合的时间角度主要表现为随着时间的变化，安徽省战略性新兴产业和传统优势产业之间变化的生命周期。在无外界干扰因素的强有力影响的情况下，战略性新兴产业和传统优势产业的耦合发展过程必然遵循产业发展规律和产业耦合规律。在时间上可以将两种产业的耦合阶段划分为萌芽期、成长期、成熟期和衰退期四个主要阶段，如图 6-1 所示。

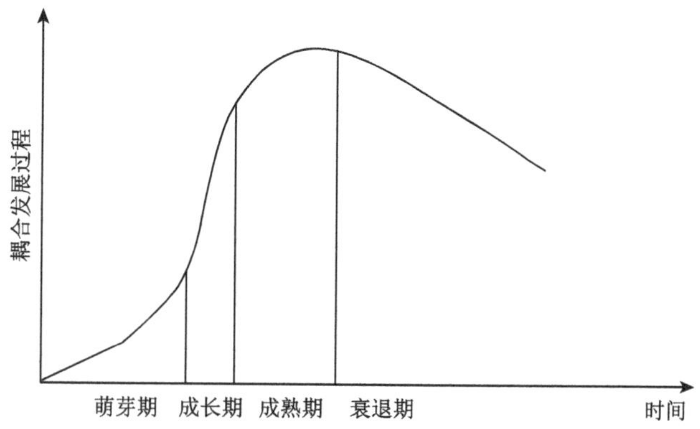

图 6-1　产业时间耦合趋势

首先，在两种产业耦合的萌芽期，产业之间的相互关联十分脆弱，仅在少数领域或者少数行业内形成部分耦合。在这一时期，战略性新兴产业处于初始布局的状态，在区域内尚未形成足够的产业影响力，未进入区域产业链，由于这一发展特征，产业之间开始在技术、产品或者市场等方面出现相互作用，产业链不断完善且市场的供求关系不断变化，产业之间的耦合状态逐渐进入萌芽期，整个耦合系统刚刚具有耦合的趋势，在整体上仍处于无序的混沌状态。此时，产业系统内部根据区域产业发展特征，正在进行着产业间的自主耦合判别，将逐渐甄别耦合的正向和负向效应，从而促进产业系统向更为稳定的阶段发展。

随后，耦合系统进入成长期，耦合高速发展，战略性新兴产业部门融合了区域，产生生产链，开始熟练地借助区域内传统优势产业在技术、人才和资本等方面的巨大优势发展自身，而传统优势产业也借助战略性新兴产业先进的技术、管理理念和产业组织形式对自身进行深刻的技术改造和产业转型升级。两种产业开始呈现相辅相成的耦合发展态势。在这一阶段，随着战略性新兴产业规模的逐渐扩大，战略性新兴产业逐渐利用传统优势产业的资源优势获得了自身发展和市场的扩充。但是在产业耦合成长期的后期，产业部门之间的关系变得更加复杂，部分系统表现为更为牢固和稳定的关系，其余的产业耦合关系受到市场、外部环境等相关因素的影响开始表现出相互排斥的现象。这一过程是产业耦合内部联系更加明确的必经阶段，降低了产业耦合的发展趋势，从而最终进入产业耦合的成熟期。

在产业耦合的成熟期，相关的产业关系已经十分明确，产业部门之间不必要的联系简化了，使得产业耦合达到成本最小化或者利润最大化。除非出现外部冲击或者内部技术改造，否则这一关系将基本不发生变化，然而事实上随着产业技术水平的提升和新产业部门的出现，这一耦合关系逐渐达到极限，并开始呈现新的耦合趋势，原本的产业耦合关系进入衰退期，为新的耦合形成创造条件。此时的战略性新兴产业成为主导产业，传统优势产业的主导地位逐渐丧失。传统优势产业一部分由于技术和环境因素遭到淘汰，一部分融入战略性新兴产业的上下游部门而形成新的战略性新兴产业部门。

以上产业耦合的生命周期和产业生命周期的理论与过程基本趋于一致，主要原因在于产业的耦合过程其实就是产业发展的本质，是战略性新兴产业对传统优势产业主导地位的替代过程，产业耦合是产业发展的一种外在表现形式。通过对产业耦合系统不同生命周期阶段特征的分析，可以较为直观地分析安徽省战略性新兴产业和传统优势产业之间的耦合及未来发展的基本历程。

（1）根据产业部门之间耦合的交互联系，可以对产业耦合的阶段进行划分。当前主要的划分方式是根据耦合交互过程划分为双峰逼近、协调发展及良币驱逐劣币三个主要阶段（熊勇清和李世才，2010），如图 6-2 所示。

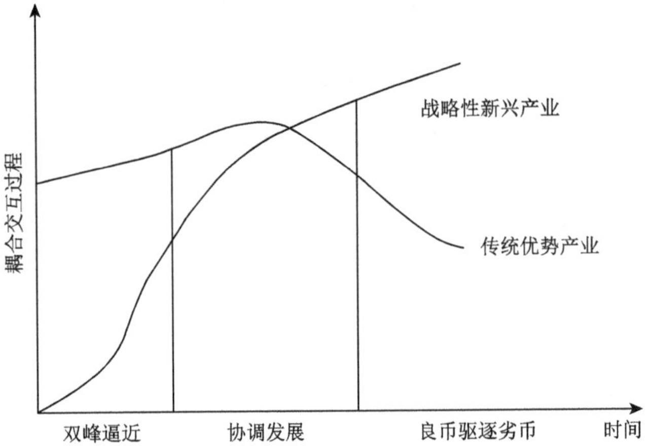

图 6-2　产业耦合交互过程

第一阶段是双峰逼近阶段。这一阶段对应了产业耦合发展的萌芽期或者成长期，此时战略性新兴产业作为新出现的产业部门，虽然在技术和市场上不具有优势但是呈现较快的发展速度；而传统优势产业处于发展的成熟期或者衰退期，市场规模较大，达到了产业发展的高峰，增长速度变缓。此时战略性新兴产业具有较为强劲的创新能力和发展潜力，在技术上能够形成对传统优势产业的溢出效应，为传统优势产业的升级改造提供牵引，但是此时战略性新兴产业对传统优势产业的影响较为微弱，战略性新兴产业的发展反而较为依赖传统优势产业的市场优势。熊勇清和李世才（2010）认为，政府在这一阶段应该发挥其在产业发展上的引导作用，采用“双轮驱动”的产业政策，促进两种产业在更多的领域融合发展。

第二阶段是产业协调发展阶段。在这一阶段，战略性新兴产业的发展体系逐渐趋于完整，产业规模扩大到一定程度，与传统优势产业之间的交流和融合不断加深。两种产业实现了全部领域的加速融合，产业之间的界限逐渐趋于模糊，但是两种产业的增长速度同时处于放缓的状态，特别是战略性新兴产业在经历高增长以后达到了相应的市场规模并趋向于饱和，战略性新兴产业开始呈现平稳增长的态势。此时传统优势产业增长速度继续下降，并最终落后于战略性新兴产业，传统优势产业进入生产生命周期的中后期阶段，战略性新兴产业占据了产业的主导地位。在产业协调发展阶段，两种产业仍然表现为相互促进和带动的状态。

第三阶段是良币驱逐劣币阶段，在这一阶段，大部分的传统优势产业开始逐渐步入衰退时期，产业增长趋于停滞甚至出现负增长。这一结果可能会导致战略性新兴产业和传统优势产业之间的耦合关系发生断裂。此外，战略性新兴产业则成长为新阶段的优势产业，新的产业部门出现，产业之间的耦合关系开始向其他方向和领域发展，战略性新兴产业取代了传统优势产业的主导地位，替代传统优势产业，并淘汰一部分不适应经济技术水平的产业部门。

（2）从产业耦合系统演化的基本角度来看，产业发展过程中发生的耦合关系，除了产业发展的内在驱动外，另一个主要影响因素是政策。根据政策影响下的产业耦合和发展，可以将产业耦合过程划分为四个主要过程：衰退型演化（Ⅰ）、停滞型演化（Ⅱ）、波动型演化（Ⅲ）和持续增长型演化（Ⅳ），如图 6-3 所示。

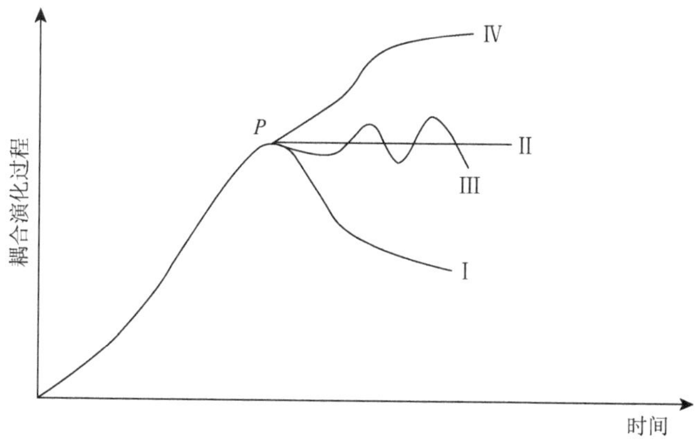

图 6-3　耦合系统

根据图6-3产业耦合的不同阶段特征，可以看出产业发展到一定阶段才出现产业耦合，即图6-3中的P点，P点之前产业的耦合与发展基本不存在明显差异；P点以后，两种产业之间的发展特征和融合趋势都受到了内部和外部多种因素的共同作用。①如果没有政府政策对产业进行调整，那么战略性新兴产业和传统优势产业之间的发展及融合的趋势将不可预测，可能某一产业发展或者两个产业严重不协调发展，导致整个产业耦合链的断裂，从而使得已有的产业融合走向衰退。此时产业融合进入Ⅰ型路径。②当产业发展到P点，在政府政策的支持和引导下，产业在一定程度上呈现出较好的融合趋势，但是受到产业内部发展缺陷的限制，产业融合无法有效地引导产业的发展，产业发展和融合的路径停留在原有水平上，形成停滞型的演化路径，即图6-3中的Ⅱ型路径。③当政府支持政策可以完全地作用于产业耦合时，在产业发展中如果忽略市场的基础作用、市场发展规律和产业发展规律，政府政策和市场规律反复作用于产业耦合，导致路径演化的持续波动，形成如图6-3所示的Ⅲ型路径。④产业在发展和融合的过程中，可以充分地利用市场规律和政府的政策引导，在内部机制和外部环境上形成良好的生态循环，产业发展和融合都将呈现继续发展的趋势，形成Ⅳ型路径。此时，产业耦合的整个体系在P点将不会受到约束因素的限制，产业发展和耦合的整体系统能够有效地配置资源，各产业部门能够发挥各自优势，在政府政策的有效引导下实现产业发展和耦合的高水平发展及持续性耦合。

（二）空间逻辑

（1）产业要素耦合。产业要素耦合是指要素之间耦合关系的形成，如与产业发展密切相关的产品要素、技术要素、资本要素和市场要素产生的耦合现象。①产品耦合，其是指两种产业之间在生产的产品方面互为中间投入产品的现象，如传统优势产业产品作为战略性新兴产业的投入，或者战略性新兴产业的产品构成传统优势产业生产资料等。一般而言，战略性新兴产业的产品由于较高的技术含量及对新需求的满足，往往又会反作用于传统优势产业设备的改进和产品的生产，提高传统优势产业市场占有率。主要表现在以下几方面，战略性新兴产业产品是传统优势产业产品的升级形式，大多数产品能够替代现有的传统优势产业产品，另外战略性新兴产业产品可以用于传统优势产业生产设备的改进，提高其生产效率，同时传统优势产业对于战略性新兴产业产品的应用为战略性新兴产业提供了市场支持和资本积累。两种产业的产品耦合能够降低交易成本，提升产业发展的效率和水平。②技术耦合，两种产业之间的技术耦合主要表现为战略性新兴产业带来的技术溢出和扩散效应。在产业耦合发展和产业耦合的过程中，战略性新兴产业发展的新技术会随着市场发展、信息交流及人才流动等方式自发地向系统内部其他产业扩散，一旦战略性新兴产业相关技术可以促进传统优势产业提高生产效率，得到更高的经济效益和利润水平，那么其他产业为了自身发展和盈利也会纷纷效仿并将新技术运用到产业生产经营中。③资本耦合，资本耦合的方向是传统优势产业向战略性新兴产业耦合，这与技术耦合方向恰好相反，在发展初期，战略性新兴产业由于缺乏资本积累，资本实力较为薄弱，传统优势产业完整且具有较长时间的资本积累和市场扩展，在融资和风险分散方面积累了足够的经验和资本。④市场耦合，产业间的市场耦合表现为一种双向管理，即战略性新兴产业依靠传统优势产业对新产品和新技术的应用扩展市场，传统优势产业通过与战略性新兴产业融合，利用新兴产业市场规模快速扩大的优势相互促进和拉动。市场耦合相对于其他要素耦合是一种更高层次的耦合，也是产业要素耦合的最终发展目标。

（2）产业创新耦合。创新耦合的方式较多，但是始终围绕研发创新和技术升级改造这一核心。在两种产业部门耦合发展的过程中，战略性新兴产业是技术创新的基本主体和动力，技术发展催生了新的战略性新兴产业部门，新的产业部门也推动了技术的创新。战略性新兴产业技术创新的成果是对传统优势产业升级改造的基础，可以有效地利用传统优势产业在市场、资本等方面的优势，为技术的创新提供基本条件。因此，战略性新兴产业和传统优势产业耦合的关键是在技术上的相互促进，加强技术交流和合作是产业发展耦合的最强动力。

（3）产业结构耦合。产业结构耦合是产业融合的过渡阶段，在三次产业中表现为两种产业所占的比例变化。在安徽省经济社会和产业发展的当前阶段，传统优势产业占据着主导地位，决定了安徽省社会经济的发展。安徽省的工业化过程使得主要传统优势产业集中分布在第二产业，特别是能源相关产业和制造业部门。战略性新兴产业相关部门也是主要发源于第二产业中的制造业部门，逐渐兴起并扩展了产业领域。战略性新兴产业和传统优势产业的集中催生了产业的耦合，产业结构是产业耦合系统内部的组织和优化能力的一种主要表现。产业部门可以根据社会需求和技术水平自主地调整自身的结构和比例，从而保持产业构成的稳定和协调。

（4）产业布局耦合。产业布局主要是指产业部门的地理空间分布组织情况，安徽省当前战略性新兴产业的布局基本基于以下原则，在政策引导下按照以下三种主要情况进行产业部门的布局。①产业地域布局耦合，在地区主导产业的基础上，对差异化产业部门进行区域集中与分布布局。例如，战略性新兴产业依托“合蚌芜”产业基础和人才力量进行集中布局，并沿皖南和皖北各地区优势产业进行两翼布局。布局战略性新兴产业的地区往往也是传统优势产业发展水平较高的地区。传统优势产业在初始布局上可能更多地考虑劳动和资本的分布情况。两种产业在空间上依托各自需求的稀缺资源相互支撑，为耦合的形成创造了有利条件。②产业地域分工耦合，不同产业部门在地域分工上形成了不同的类型，各产业结合区域优势依托自身的资源禀赋进行发展，从而实现各产业部门在产业生产过程中的差异化分工，在地域上表现为产业链横向和纵向延伸与关联的区域分工布局。③产业区域转移耦合，产业发展水平与地区经济水平是密切相关的，经济条件或者资源禀赋的差异会导致产业在特定条件下发生转移，单一地区的资源、人才或者政策发生改变，产业部门会向更加有利于自身发展的地区转移，从而在转移的过程中发挥政策引导和市场配置在产业部门和地区耦合中的作用。

（5）产业政策耦合。产业政策是政府部门为了正确地引导产业发展，制定的本地区产业发展的指引和优惠政策。就安徽省而言，对于战略性新兴产业和传统优势产业的发展都出台了一系列的产业政策措施。不同的产业政策对两种产业的发展方向、支持政策和支持力度等的影响都存在差异。这就影响了两种产业的发展和耦合效果。

第二节　产业耦合协调度衡量方法

根据以上理论分析和耦合机理的分析可知，传统优势产业和战略性新兴产业之间的耦合关系并非一蹴而就和一成不变的，它们之间存在着十分复杂的动态关系。除了两种产业部门内部存在联系和外部环境的相互作用的客观条件以外，政府政策的合理引导、产业之间的积累和磨合等因素构成了产业耦合的主观因素。因此本节的分析基于产业耦合的动态关系，在已有静态耦合的基础上对耦合模型进行构建和扩展，搭建两种产业耦合的指标体系和计算指标权重，并最终确定本书的耦合评价模型。

一、耦合方法介绍

从本章第一节的内容可以了解到，安徽省战略性新兴产业和传统优势产业均呈现规模扩大的趋势，但是安徽省工业增长速度近年来增速放缓，战略性新兴产业规模快速扩大，二者的差距正在逐渐缩小，呈现相互协调发展的良好态势，两大产业的融合正在发生。科学地测度区域产业融合水平，以更好地促进战略性新兴产业和传统优势产业渗透融合是十分有必要的。然而对于产业间融合水平的测算，国内外学者虽均已取得了重要的研究进展，但尚未形成一套一致的测算方法与标准，目前使用较为广泛的方法如下。

（一）赫芬达尔指数

赫芬达尔指数（HI）起初用于测量产业集中度，之后被延伸至产业技术融合

度的测算，因技术融合被看作实现产业融合的关键，该指数成为衡量不同行业间融合度的重要指标。其计算公式为

$$\mathrm{HI}=\sum_{i=1}^{N}(X_i/X)^2=\sum_{i=1}^{N}S_i^2 \tag{6-1}$$

式中，X_i为第i个行业拥有专利数；X为行业专利总拥有数；$S_i = X_i / X$，为第i个行业专利占有率；N为不同行业数。显然，HI值越大，表示不同行业拥有专利的集中程度越高，垄断程度也越高，相应的技术融合程度就越低，不利于产业融合发生。利用此方法测度产业融合度的有：Gambardella 和 Torrisi（1998）整理了美国 1984～1992 年五大产业的专利数据，利用赫芬达尔指数法测算了不同产业间的技术融合，近似地估计产业融合程度；Suzuki 和 Kodama（2004）调查了两家大型日本公司的专利数据，在此基础上根据赫芬达尔指数度量技术型公司的融合发展水平等。

（二）投入产出法

投入产出法是根据投入产出表中的数量关系，分析不同部门之间的相互依存关系。中间投入率、中间需求率、前向关联效应、后向关联效应是反映产业融合程度的重要指标。其中，中间投入率表示某一产业对另一产业的中间投入占总投入的比例，该指标值越大，对其他产业的带动能力就越强；中间需求率是指其他产业对该产业的中间需求与总需求的比值，该值越大，表明该行业越依赖其他产业对其的中间需求；前向关联效应是指某产业的发展变化对下游产业的影响；后向关联效应与前向关联效应是相对而言的，是指产业的发展变化为其后向关联部门带来的变化和关联效应的大小可以通过感应系数来衡量，感应系数越大，产业前后向联系越密切。以上指标与产业融合度均呈正相关关系。利用此方法测度产业融合度的有：陈晓峰（2012）运用影响力系数、感应力系数等指标具体衡量了南通生产性服务业与制造业融合发展程度；而谢丹（2016）分别从投入系数与需求系数两个角度对福建省服务业和制造业的融合程度进行了测度等。

（三）耦合协调度

耦合协调度是借鉴物理学中耦合系统概念构建的数学模型，可用于度量不同行业、不同系统之间的相互依赖程度。当考察对象为两个不同产业时，其计算公式为

$$D=\sqrt{C\times T}=\sqrt{\sqrt{u_{\mathrm{A}}\cdot u_{\mathrm{B}}/(u_{\mathrm{A}}+u_{\mathrm{B}})^2}\times(\alpha u_{\mathrm{A}}+\beta u_{\mathrm{B}})} \tag{6-2}$$

式中，$C=\sqrt{u_A \cdot u_B/(u_A+u_B)^2}$ 为耦合度，表示两个不同产业在发展过程中的相互依存关系，可能是“双高耦合”或“双低耦合”，又或是“单高耦合”；$T=\alpha u_A+\beta u_B$，表示的是两个产业的综合调和指数，α、β 为两个产业的贡献系数。根据耦合协调度模型可以较准确地判断不同产业间的耦合协调发展程度，一般来说，耦合协调度值越大，产业间融合度越高。利用此方法测度产业融合度的有：贺正楚等（2015）通过构建生产性服务业与专用设备制造业耦合发展模型对两产业融合互动程度进行了测量；翁钢民和李凌雁（2016）运用耦合协调度模型实证分析了全国 31 个省市多年的产业融合变动趋势等。

赫芬达尔指数测算产业融合度时涉及专利数据，但分行业专利数据不易获取，是难以将其运用于生产性服务业与制造业融合度测度的重要原因；另外，虽然在理论上利用投入产出法测度产业的融合度较为科学，但在现实生活中，投入产出表每五年更新一次，可利用的样本量较少，尤其是缺少 2012 年以后的数据，难以对现状进行准确描述，并且具体产业部门分类前后往往有所变动，鉴于此，此方法也难于完全满足本书研究需要，只是作为辅助方法用于验证相关结论。根据产业融合过程的分析可知，战略性新兴产业和传统优势产业是在耦合协调发展中不断地加深产业融合度，两个不同系统由无序向有序演变的关键在于系统内部各因素的耦合协调作用，即各生产要素紧密配合、相互影响，这与融合互动发展的机理不谋而合，但是产业融合是产业耦合在发展中后期的主要形式，其区别在于产业界限是否在耦合的过程中逐渐模糊或者消除。因此，可以参考和借鉴相关学者对产业耦合的研究，构建产业融合度测度模型，作为衡量战略性新兴产业与传统优势产业融合发展水平的分析工具。

二、耦合权重选择

在耦合评价中，建立指标体系是进行评价的第一步，指标体系构建完成以后需要得到评价指标的权重。不同指标在耦合度评价模型中的作用不同，地位存在差别，为了综合达到合理的耦合度评价，需要准确客观地对相关的指标进行赋权。赋权大小不同，得到的评价结果就有差别，因此赋权大小直接决定了耦合评价的效果。现有研究中，较为成熟的赋权方法包括主观赋权和客观赋权两大类在内的十几种赋权方法，常用的方法包括层次分析法、主成分分析法、神经网络法及 Delphi 法等，在同一个评价体系中，两种或者多种方法可以适当组合，由此派生的赋权方法更是数不胜数。在不同问题的评价中，赋权也会因研究者的主观选择和评价指标体系的差别而存在不同。为了克服赋权方法的主观性，本章借鉴并改善应天元（1997）的赋权方法，构造出适应本书耦合度评价的赋权方法。这一方法是构造基于核函数的非线性主成分分析法（KPCA）和多维偏好线性规划（LINMAP）的 KPCA-LINMAP 耦合赋权模型。这一模型首先是利用核函数的非线性主成分分析法对指标体系涉及的各项指标按照原始样本的顺序进行一定的排列，在得到新的排列顺序的基础上作为多维偏好线性回归模型的数据被输入并得到线性规划的最优求解结果，根据结果计算各项指标的权重。该方法的显著优点是可以有效地利用原始样本的真实优劣顺利进行客观赋权，不但克服了主观赋权的随意性，而且相对于其他客观赋权指标，降低了研究人员主观选择赋权方法给模型评价带来的不利影响，因此该方法得到的权重更加科学合理。

（一）核主成分子模型

作为一种典型的数据分析方法，核函数主成分分析法是基于主成分分析的一种非线性特征提取方法，该方法假设存在一个原始向量 $X_k \in R^p (k=1,2,\cdots,n)$，其中 p 表示指标的个数，k 表示存在 n 个样本，并对原始数据进行标准化处理，将标准化以后的数据用 $X=(X_1,X_2,\cdots,X_n)$ 表示。相较于传统的主成分分析法，基于核函数的主成分分析在对原始数据进行变换时采用非线性的方法将数据从所在空间向新的特征空间进行投影，在此基础上对转换后的数据进行线性的主成分分析，这样处理的好处是可以有效地避免传统的主成分分析模型在处理数据间的二阶线性相关时存在的问题，提高指标和数据处理的准确性和科学性。

笔者假设指标所在的特征空间为 $\phi=(\phi(X_1),\phi(X_2),\cdots,\phi(X_n))$，且满足 $\sum_{i=1}^{n}\phi(X_i)=0$ 的约束条件，那么可以得到协方差矩阵 $A=\frac{1}{n-1}\sum_{j=1}^{n}\phi(X_j)\phi(X_j)^{\mathrm{T}}$，这样模型的求解最终转换成矩阵的特征方程 $\lambda\alpha=A\alpha$ 的求解，其中 α 为特征向量，λ 为矩阵的特征值。根据假设条件，特征向量 α 属于空间 ϕ，那么可以推导出

$$\lambda\phi(X_k)\alpha=\phi(X_k)A\alpha,\quad k=1,2,\cdots,n \tag{6-3}$$

与此同时存在一组非零的向量，$\beta=(\beta_1,\beta_2,\cdots,\beta_n)^{\mathrm{T}}$，满足以下条件

$$\alpha=\sum_{i=1}^{n}\beta\phi(X_i) \tag{6-4}$$

定义矩阵 $K_{ij}=\phi(X_1)\phi(X_j)$，将式（6-2）和式（6-3）代入特征方程中，从而将特征方程转换为 $n\lambda B=KB$，在这一表达式满足 $\sum_{i=1}^{n}\phi(X_i)=0$ 的基础上，可以对表达式进行求解。然而现实情况是很难找到合适的条件使得 $\sum_{i=1}^{n}\phi(X_i)=0$，为了解决这一困难，对矩阵 K 进行中心化处理。为了简化表达式，令 $\phi_i=\phi(X_i)$，则可以求得

中心化的表达$\phi_i^c = \phi_i - \overline{\phi}_i$，那么在此基础上可以对模型进行求解：

$$\begin{aligned} K_{ij}^c &= \phi_i^c \phi_j^c = \left(\phi_i - \frac{1}{n}\sum_k \phi_k\right)^{\mathrm{T}} \left(\phi_i - \frac{1}{n}\sum_l \phi_l\right) \\ &= \varphi_i^{\mathrm{T}} \phi_j - \frac{1}{n}\sum_l \phi_i^{\mathrm{T}} \phi_l - \frac{1}{n}\sum_k \phi_k^{\mathrm{T}} \phi_j + \frac{1}{n^2}\sum_k \sum_l \phi_i^{\mathrm{T}} \phi_l \\ &= K_{ij} - \frac{1}{n}\sum_l K_{il} - \frac{1}{n}\sum_k K_{kj} + \frac{1}{n^2}\sum_k \sum_l K_{kl} \end{aligned} \tag{6-5}$$

将模型进行简化，令$C = (1/n)_{n\times n}$，则将K进行中心化以后可以表达为

$$\hat{K} = K - CK - KC + CKC \tag{6-6}$$

一般对于 KPCA 模型而言，一旦得到了$K_{ij} = \phi(X_i)\phi(X_j)$，就无需再对非线性转换函数$\phi$进行具体的模型求解。此时按照这一方法对原始数据进行主成分提取，找到一个满足条件的核函数即可，函数的对称函数K作为核函数仅仅需要满足 Mercer 条件（Baudat and Anouar，2000），目前存在多种可用的核函数，比较常用的包括以下几种类型：

$$K_1(x,y) = (s(x \times y) + c)^d \tag{6-7}$$

$$K_2(x,y) = \exp\left(-\frac{\| x-y \|^2}{2\sigma^2}\right) \tag{6-8}$$

$$K_3(x,y) = \tanh(x \times y + \theta) \tag{6-9}$$

$$K_4(x,y) = -\| x-y \|^q + 1 \tag{6-10}$$

其中，式（6-7）～式（6-10）分别是多项式核函数、高斯核函数、Sigmoid 核函数及条件正定核函数。

（二）多维偏好线性规划

假设进行评价时原始数据形成的矩阵为$Y = (y_{ij})_{n\times p}$，表示存在p个指标及n个样本容量。将数据标准化以后记为Y。使用$y^* = (y_1^*, y_2^*, \cdots, y_p^*)^{\mathrm{T}}$表示在进行评价时，评价者所进行决策的最理想样本点，那么笔者使用任意一点Y_j到最优点之间的加权欧氏距离的平方可以表示为

$$D_j = \sum_{i=1}^{p} \omega_i (y_{ij} - y^*)^2 \tag{6-11}$$

在样本集中的空间内，假设任意两个方案之间都具有可比性，可以用来做两两之间的比较，那么根据比较结果，评价值的最优方案形成有序对集合$\Theta = \{(k,l) \mid k,l = 1,2,\cdots,n\}$，其中在$k$和$l$两种方案中，在任何情况下$k$是不劣于$l$的方案，那么最优方案的距离可以表示为

$$D_k = \sum_{i=1}^{p} \omega_i (y_{ik} - y^*)^2 \tag{6-12}$$

$$D_l = \sum_{i=1}^{p} \omega_i (y_{il} - y^*)^2 \tag{6-13}$$

对于一个任意的两个样本集合(k, l)，如果存在$D_k \leqslant D_l$，那么此时样本K是决策偏好一致性的最优样本点。相反，如果存在$D_k \geqslant D_l$，那么说明这一样本点是与决策偏好相违背的。我们定义一个有序数组(k, l)，以样本之间的加权距离平方和表示变量之间的不一致程度，记作$(D_l - D_k)^-$，当样本存在不一致时令函数为$D_l - D_k$，否则为0，可以表示为

$$\begin{aligned}(D_l - D_k)^- &= \begin{cases} D_k - D_l, & D_l < D_k \\ 0, & D_l = D_k \end{cases} \\ &= \max(0, D_k - D_l)\end{aligned} \tag{6-14}$$

对于集合Θ中的全部有序数组(k,l)进行求和计算不一致程度，表示为

$$B = \sum_{(k,l)\in\Theta} (D_l - D_k)^- \tag{6-15}$$

在此基础上，我们将决策偏好的一致程度进行加总可以得

$$G = \sum_{(k,l)\in\Theta} (D_l - D_k)^+ \tag{6-16}$$

式中，集合$(D_l - D_k)^+$可以表示为

$$\begin{aligned}(D_l - D_k)^+ &= \begin{cases} D_l - D_k, & D_l > D_k \\ 0, & D_l = D_k \end{cases} \\ &= \max(0, D_l - D_k)\end{aligned} \tag{6-17}$$

为了降低不一致程度，从而得到决策偏好更为一致的估计结果，我们根据之前的定义将式（6-13）和式（6-14）进行计算，得到

$$\begin{aligned}G - B &= \sum_{(k,l)\in\Theta} (D_l - D_k)^+ - \sum_{(k,l)\in\Theta} (D_l - D_k)^- \\ &= \sum_{(k,l)\in\Theta} [(D_l - D_k)^+ - (D_l - D_k)^-] \\ &= \sum_{(k,l)\in\Theta} (D_l - D_k) = h\end{aligned} \tag{6-18}$$

根据这一等式，笔者可以得到求解决策者最小不一致程度的非线性约束条件：$G - B \geqslant h$，因此以最小化不一致程度为目标，本章建立多维偏好线性规划模型。定义$\lambda_{kl} = \max(0, D_k - D_l), (k,l) \in \Theta$，那么约束条件为

$$\min\left\{\sum_{(k,l)\in\Theta}\lambda_{kl}\right\}$$

$$\text{s.t.}\begin{cases}D_l-D_k+\lambda_{kl}\geqslant 0,(k,l)\in\Theta\\ G-B\geqslant h\\ \sum_{j=1}^{p}w_j=1\\ w_j>0,j=1,2,\cdots,p\\ \lambda_{kl}\geqslant 0,(k,l)\in\Theta\end{cases}\tag{6-19}$$

将本节全部的推论代入本模型中，可以得到本章完整的约束方程：

$$\min\left\{\sum_{(k,l)\in\Theta}\lambda_{kl}\right\}$$

$$\text{s.t.}\begin{cases}\sum_{j=1}^{p}w_j(y_{lj}^2-y_{kj}^2)-2\sum_{j=1}^{p}v_j(y_{lj}-y_{kj})+\lambda\geqslant 0,\quad (k,l)\in\Theta\\ \sum_{j=1}^{p}w_j\sum_{(k,l)\in\Theta}((y_{lj}^2-y_{kj}^2)-2\sum_{j=1}^{p}v_j,\quad\sum_{(k,l)\in\Theta}(y_{lj}-y_{kj})\geqslant h\\ \sum_{j=1}^{p}w_j=1\\ v_j=w_jy^*\\ w_j\geqslant 0,\quad j=1,2,\cdots,p\\ \lambda_{kl}\geqslant 0,\quad (k,l)\in\Theta\end{cases}\tag{6-20}$$

（三）KPCA-LINMAP 方法模型求权重

本章将 KPCA 模型和 LINMAP 模型相结合，得到计算权重的 KPCA-LINMAP 方法，并以此为基础进行本章权重的求解，具体计算方法可以归纳如下。

（1）以 $X_{n\times p}$ 表示原始数据的标准化矩阵，其中 p 为数据中指标的个数；n 为样本数量。

（2）对核函数进行选择，选择出适合的核函数并进行内积求解 $K_{ij}=\phi(X_i)\phi(X_j)$，并进行中心化处理：$\hat{K}=K-CK-KC-CKC$。

（3）对 $n\lambda\beta=\hat{K}\beta$ 进行求解，根据矩阵计算的基本定理，通过求解 $\hat{K}$ 可以得到矩阵的特征向量和特征值，进一步求解最大特征根对应的特征向量的值。

（4）对得到的样本进行重新排序，从而得到有序数组 (k,l)。

（5）将有序数组 (k,l) 代入本节建立的模型中从而得到各指标对应的权重，根据权重进行综合评价和分析。

三、耦合模型的建立

安徽省战略性新兴产业和传统优势产业之间的发展与融合，涉及两个产业系统之间复杂的相互作用和交叉关系，以及两个产业内部所包含的所有子系统之间的相互关联。因此在进行产业耦合度评价时，需要首先将战略性新兴产业和传统优势产业各产业进行对比分析，现有的研究大多数基于七大产业部门进行耦合评价，但是也会影响细分产业耦合评价的准确性，因此本章采用细分产业部门进行分析。两大产业细分产业之间的耦合关系主要是各行业之间的耦合，如图 6-4 所示，笔者需要根据这一耦合关系，进行模型构建与分析并展开对耦合模型评价效果的讨论。

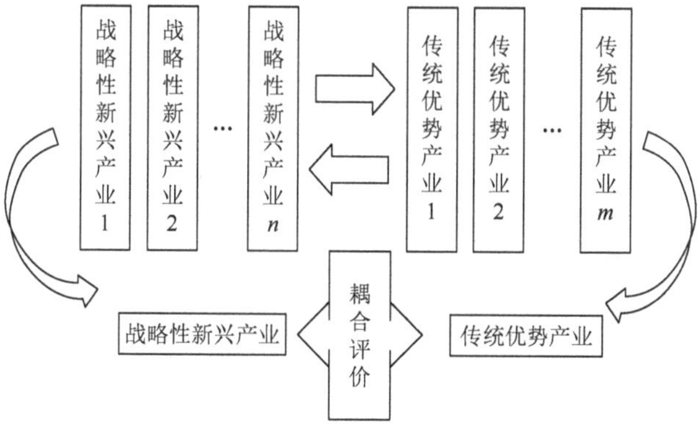

图 6-4　产业耦合相互关系

根据图 6-4 安徽省战略性新兴产业与传统优势产业之间的耦合关系图，将根据所要研究的问题进行以下定义。

定义 1：假设战略性新兴产业细分产业（子产业）以 s 表示产业对于总的体系产生的综合贡献值，以 s_i 表示一级指标对总体的贡献值，s_{ij} 表示参数估计值，x_{ij} 表示数据实际值。其中 $i=1,2,\cdots,n_1; j=1,2,\cdots,m_1$，$n_1$和$m_1$ 表示包含了 n_1 个一级指标及 m_1 个二级指标。以 t 表示传统优势产业的细分产业，那么 t_i和t_{ij} 同样分别代表了第 i 个一级指标的贡献值和包含第 j 个参数的变量的一级指标的贡献值，以 y_{ij} 表示传统优势产业的指标值，以 n_2和m_2 分别表示传统优势产业的各级指标数量。

定义 2：对战略性新兴产业子系统稳定的临界点的上下限进行设定，分别设定为α_{ij}和β_{ij}，对应地设定传统优势产业稳定的临界值上下限分别为η_{ij}和γ_{ij}，以此为基础建立产业部门综合评价指标模型：

$$s_{ij} = \frac{x_{ij} - \beta_{ij}}{\alpha_{ij} - \beta_{ij}},\quad t_{ij} = \frac{y_{ij} - \gamma_{ij}}{\eta_{ij} - \gamma_{ij}} \tag{6-21}$$

式中，$\beta_{ij} \leqslant x_{ij} \leqslant \alpha_{ij}, \gamma_{ij} \leqslant y_{ij} \leqslant \eta_{ij}$，一般而言，$s_{ij}$及$t_{ij}$的取值在 0～1，数值越小说明贡献度越低，反之贡献度越高。其他参数如α_{ij}、β_{ij}、η_{ij}和γ_{ij}的判别依据各有差异，分别依据区域内的研究基准年份、时期确定、标准值或者最优值。

定义 3：设定λ_i为一级指标权重，λ_{ij}为二级指标权重，与此同时设定传统优势产业第i个一级指标对应的权重为μ_i，i指标对应的j指标的权重为μ_{ij}。

在以上定义的基础上，借鉴耦合系统的概念和计算法则，构建耦合关联度模型：

$$C = \sqrt[n]{\frac{O_1 \cdot O_2 \cdots O_N}{\prod(O_i + O_j)}} \tag{6-22}$$

式中，C为耦合关联度衡量指标；O为系统序列参量；i和j为两对不同的对序列参量，一共包含n个参量。将模型扩展到产业耦合度的度量上，可以表示为

$$C = \sqrt{\frac{s \cdot t}{(s+t)^2}} \tag{6-23}$$

式中，$s = \sum_{i=1}^{n_1} \lambda_i s_i$，$s_i = \sum_{j=1}^{m_1} \lambda_{ij} s_{ij}$，$t = \sum_{i=1}^{n_2} \mu_i t_i$，$t_i = j\sum_{i=1}^{m_2} \mu_{ij} t_{ij}$

在耦合关联度模型的基础上构建耦合持续发展模型，以体现产业部门之间耦合的动态性和不平等性，在模型上能够降低由上下限选取不同带来的模型度量误差，从而体现产业部门之间耦合的有序化趋势，模型可以表示为

$$D = \sqrt{\sqrt{\frac{s \cdot t}{(s+t)^2}}(\rho_1 s + \rho_2 t)} \tag{6-24}$$

式中，指标D为耦合持续发展程度指标；$C = \sqrt{\frac{s \cdot t}{(s+t)^2}}$，即为产业耦合关联度；$I = \rho_1 s + \rho_2 t$，为产业间的综合协调度指数。产业协调度的引进可以有效地规避耦合关联度模型在整体功效和协同效应分析中无法将这两种效应进行分解的弊端。式（6-24）中，ρ_1和ρ_2分别为战略性新兴产业和传统优势产业的贡献度，是模型的待估参数，一般而言两者之和为 1，即$\rho_1 + \rho_2 = 1$。从耦合度持续发展公式可以看出，D的取值为 0～1，一般而言若D趋向于 1，那么此时的协调发展程度最优，相反，一旦D趋向于 0，协调发展程度最差。

在对安徽省战略性新兴产业和传统优势产业之间进行耦合程度协调的过程

中，需要建立统一的评价标准，这是模型构建与评价的基础。本节依据相关文献和安徽省两种产业发展及耦合状况，分别建立耦合持续度评价标准和耦合关联度评价标准两种客观标准，为接下来的实证分析耦合效果做出铺垫。

由产业发展的基本理论可知，新兴产业的出现必然与传统优势产业之间存在关联，这一关联导致了产业耦合关联度 C 不可能达到完全耦合的标准，而是在某一时点维持动态平衡的状态，因此 C 在（0, 1）的区间内取值。但是为了评价标准的完整性，本章在对 C 的范围确定时仍然将产业完全耦合及无耦合纳入产业耦合关联度 C 的趋势内，如表 6-1 所示。

表 6-1　产业耦合关联程度评价标准

耦合关联度 C	所处阶段	耦合程度
$C=0$	—	无耦合
$0<C\leqslant 0.3$	萌芽期	低度耦合
$0.3<C\leqslant 0.5$	磨合期	中低度耦合
$0.5<C\leqslant 0.8$	成长期	中度耦合
$0.8<C<1$	成熟期	高度耦合

产业耦合关联度的评价标准如表 6-1 所示。产业耦合关联度评价表不仅可以判断产业耦合的程度，也可以判断产业耦合所处的阶段。根据本章的分析，产业耦合可以大致划分为萌芽期、磨合期、成长期、成熟期四个阶段。耦合程度则划分为从高度耦合到无耦合关系的五种判别标准。据此，在安徽省战略性新兴产业和传统优势产业细分行业的基础上，可以对两种产业之间耦合发展所处的状态进行初步的评估与对比。为更加详细地对战略性新兴产业和传统优势产业之间总体的产业发展水平和耦合发展形态进行讨论，在表 6-1 耦合关联程度评价标准的基础上，结合耦合持续发展评价的基本定义确定其评价的标准体系，如表 6-2 所示。

表 6-2　耦合持续发展评价标准

类别	耦合持续发展度 D	细分类别
失调衰退型	0～0.09	严重失调发展型
	0.10～0.19	中度失调发展型
	0.20～0.29	轻度失调发展型
勉强协调型	0.30～0.39	濒临失调发展型
	0.40～0.49	勉强协调发展型

续表

类别	耦合持续发展度 D	细分类别
中度协调型	0.50～0.59	过度协调发展型
	0.60～0.69	低度协调发展新
协调发展新型	0.70～0.79	中度协调度发展型
	0.80～0.89	良好协调发展型
	0.90～1	优度协调发展型

第三节　安徽省产业耦合评价效果

一、指标体系和模型介绍

（一）指标体系

根据安徽省当前战略性新兴产业和传统优势产业的基本发展特征与产业融合现状，从而确定两种产业耦合状况评价的综合指标体系。设立五个一级指标，在一级指标下根据样本企业的财务报告，分别设立二级评价指标，以更为细致有效地对相关指标进行定量化研究，为建立相应的耦合综合评价模型做好铺垫。一级指标“行业财务状况”及其下属的二级指标，主要直接反映企业日常生产经营活动的成果，体现企业的盈利能力和状况。“行业经营成果”指标反映了企业在市场活动中的收入、成本、税费和利润等，包括主营业务收入、主营业务成本、主营业务税金及附加、应交增值税、利润总额等指标。“行业经济效益”反映了企业内部和外部之间的相互联系。“行业发展规模”主要反映战略性新兴产业和传统优势产业总的产值规模，其二级指标主要包含工业总产值、工业销售产值和企业单位数。“行业发展活力”指标主要用来衡量产业未来融合的潜力，主要包括两个二级指标：工业增加值和职工人数（表 6-3）。

表 6-3　产业耦合评价指标体系

一级指标	二级指标
行业财务状况	资产、负债、所有者权益
行业经营成果	主营业务收入、主营业务成本、主营业务税金及附加、应交增值税、利润总额
行业经济效益	总资产贡献度、资产负债率、工业成本费用利润率、产品销售率
行业发展规模	工业总产值、工业销售产值、企业单位数
行业发展活力	工业增加值、职工人数

（二）模型介绍

在构建完整指标体系的基础上，采用 Weaver-Thomas 模型评价战略性新兴产业和传统优势产业的耦合效果。Weaver-Thomas 模型是一种用于综合评价的指数模型，最初由 Weaver 提出，后来经过 Thomas 的改进被广泛应用于产业选择和产业评价相关问题的研究中。这一模型在进行产业选择和优化等问题的研究中应用广泛，可以考虑产业间的相互关联，是较为有效的产业发展综合评价方法。该方法的基本原理是利用实际分布与假设分布之间的对比差异，在采用最小二乘（ordinary least squares，OLS）法进行数据分布的比较的基础上建立近似分布，根据得到的数据分布进行综合评价。

假设一共存在 n 个部门及 p 个指标，组成一个数据矩阵并设为 $A=(a_{ij})_{n\times p}$，进行标准化处理后记为 $B=(b_{ij})_{n\times p}$，处理公式为

$$b_{ij}=\frac{a_{ij}-\min\limits_{j} a_{ij}}{\max\limits_{j} a_{ij}-\min\limits_{j} a_{ij}}(i=1,2,\cdots,n;\ j=1,2,\cdots,p) \tag{6-25}$$

将得到的数据按照从大到小的排列准则进行重新排序，从而根据新的数据排列情况计算 Weaver-Thomas 指数值，计算公式为

$$\mathrm{WT}_{kj}=\sum_{i=1}^{n}\left(\lambda_i^k-\frac{100b_{ij}}{\sum\limits_{i=1}^{n}b_{ij}}\right)^2,\ j=1,2,\cdots,p \tag{6-26}$$

式中，WT_{kj} 为排序后各产业的 Weaver-Thomas 值，另外基本约束条件为：当 $i\leqslant k$ 时，$\lambda_i^k=100/k$；当 $i>k$ 时，$\lambda_i^k=0$。根据计算的 Weaver-Thomas 值，找到最小值对应的数据排列位置，以最小值为标准对战略性新兴产业部门的个数进行选择，记为 $nq_j=\left\{q:\mathrm{WT}_{kj}=\min\limits_{q}\mathrm{WT}_{qj},q=1,2,\cdots,n\right\}$；紧接着在得到全部指标选择个数的前提下，得到所选择的产业的总个数：$nq=\frac{1}{p}\sum\limits_{j=1}^{p}nq_j$；最后，根据得到的 Weaver-Thomas 值组成矩阵进行评价，矩阵表达方式为

$$\mathrm{WT}=\begin{Bmatrix}\mathrm{WT}_{11} & \mathrm{WT}_{12} & \cdots & \mathrm{WT}_{1p}\\ \mathrm{WT}_{21} & \mathrm{WT}_{22} & \cdots & \mathrm{WT}_{2p}\\ \vdots & \vdots & & \vdots\\ \mathrm{WT}_{n1} & \mathrm{WT}_{n2} & \cdots & \mathrm{WT}_{np}\end{Bmatrix} \tag{6-27}$$

根据赋权的基本原则对 WT 进行赋权，按照相应的顺序选择对应的战略性新兴产业和传统优势产业。

一般而言，在研究中对于模型的赋权多采用等权或者主观赋权的方式进行选择，缺乏对不同指标作用大小的考虑。为了解决这一问题，本节采用熵值法进行权重的选择与计算，熵值法能够处理指标体系的层次差异并兼顾样本顺序，同时克服了权重选择的主观性和随机性，因此其是一种较为理想的赋权方式。熵的概念主要是指系统内部的混乱程度，来源于物理学中的热力学概念，之后被引入社会经济领域，如表示数据有效信息和数据离散程度的数据熵概念的引入。

借鉴信息熵的基本理论，将包含 n 个样本和 p 个指标的数据矩阵进行标准化以后记作 $Y=\{y_{ij}\}_{n\times p}$，数据中个体占指标的比例记为 $U=\{u_{ij}\}_{n\times p}$，那么指标的信息熵可以用以下公式表示：

$$e_j=-K\sum_{i=1}^{n}u_{ij}\ln u_{ij} \tag{6-28}$$

式中，K 为大于 0 的常数，是根据样本容量得到的玻尔兹曼常量，当数据是无序的且信息量为 0 时，即 $u_{ij}=1/n$ 时，可以计算信息熵的极大值 $e_j=-K\sum_{i=1}^{n}\frac{1}{n}\ln\frac{1}{n}\ln n$，如果令 $K=1/\ln n$，那么确定信息熵的取值范围 $e_j\in[0,1]$，则差异性系数的表达式为

$$d_j=1-e_j \tag{6-29}$$

那么，第 j 个指标的权重为

$$\omega_j=\frac{d_j}{\sum_{j=1}^{p}d_j} \tag{6-30}$$

这就意味着数据中的信息价值越大，则得到的赋权越高，可以对数据指标进行合理的权重确定。

二、产业部分的微观划分

在安徽省战略性新兴产业和传统优势产业的耦合评价模型中，进行动态耦合效果的计算与判断的数据的样本期间为 2009～2013 年。由于 2011 年前后我国统计数据对国民经济产业部门的分类进行了修改，为了保持数据的一致性，将 2011 年以前的行业按照最新的行业分类标准进行调整。

根据上述分析，我国定义的战略性新兴产业的范围包括七大产业部门的 34 个重点发展方向。本章认为产业部门的耦合只能起到指导性作用，不能对产业耦合关联产生直接的影响，基于此，本节在上述产业耦合的基础上，进一步讨论基

于微观企业调查数据的战略性新兴产业和传统优势产业划分，对划分的依据和结果展开详细讨论，并为本章的产业耦合最终评价奠定基础。

由于安徽省处于工业化加速发展的产业发展阶段，工业部门是安徽省国民经济的主要支柱，主要的新兴产业和传统优势产业集中于工业部门，与此同时考虑数据样本的可获得性，将第二产业部门作为重点研究的范围，包括 2014 年安徽省 16 375 个规模以上工业企业调查的数据。调查指标主要是本节构建的产业指标体系，从一级指标和二级指标出发分别收集对应的数据。另外，为了考察企业在能源消耗上的差异，加入综合能源消耗量和电力消耗指标，从而更加合理地筛选出高能耗企业，使得产业划分更加合理可信。为了突出两种产业的发展规模，加入了分行业的职工人数和工业增加值指标，探讨未来产业发展潜力和耦合潜力，数据来源于 2013 年和 2014 年《安徽统计年鉴》，具体行业如表 6-4 所示。

表 6-4 行业选择和归类结果

行业名称	代码	企业数	行业名称	代码	企业数
煤炭开采和洗选业	6	14	化学纤维制造业	28	23
黑色金属矿采选业	8	83	橡胶和塑料制品业	29	733
有色金属矿采选业	9	52	非金属矿物制品业	30	1303
非金属矿采选业	10	168	黑色金属冶炼和压延加工业	31	346
开采辅助活动	11	3	有色金属冶炼和压延加工业	32	142
农副食品加工业	13	675	金属制品业	33	596
食品制造业	14	266	通用设备制造业	34	728
酒、饮料和精制茶制造业	15	144	专用设备制造业	35	606
烟草制品业	16	6	汽车制造业	36	580
纺织业	17	476	铁路、船舶、航空航天和其他运输设备制造业	37	113
纺织服装、服饰业	18	692	电气机械和器材制造业	38	873
皮革、毛皮、羽毛及其制品和制鞋业	19	187	计算机、通信和其他电子设备制造业	39	273
木材加工和木、竹、藤、棕、草制品业	20	457	仪器仪表制造业	40	93
家具制造业	21	179	其他制造业	41	62
造纸和纸制品业	22	154	废弃资源综合利用业	42	74
印刷和记录媒介复制业	23	209	金属制品、机械和设备修理业	43	6
文教、工美、体育和娱乐用品制造业	24	244	电力、热力生产和供应业	44	16
石油加工、炼焦和核燃料加工业	25	19	燃气生产和供应业	45	24
化学原料和化学制品制造业	26	652	水的生产和供应业	46	20
医药制造业	27	253			

注：由于数据可获得性的差异，本章的行业选择相比于第五章增加了部分行业部门。

由于数据量较大且部分企业的数据缺失严重，本章在剔除指标数据缺失较多的企业以后，按照《国民经济行业分类》（GB/T 4754—2017）中对于工业行业的分类将样本内所有企业按照所在的行业大类进行分类整理。与此同时，由于所调查的企业样本内不包含石油和天然气开采业（07）和其他采矿业（12）两个产业，因此不再纳入实证分析。筛选以后得到所有调查企业的 39 个工业产业。其中，全部调查的企业中 70.50%的企业符合数据要求，涉及 11 544 家企业，包含 212 家大型企业、1086 家中型企业、10 003 家小型企业及 243 家微型企业，具体如表 6-4 所示。

本章通过 Weaver-Thomas 模型，建立安徽省产业部门产业耦合的评价模型，并利用 R 语言软件进行编程求解。由于数据进行标准化以后会产生数据为零的变量，熵值法求权重的结果受到影响，因此以一个极小值（0.000 000 001）对 0 进行替代。为了简化表述，以 20 个产业部门的 5 个指标为例，计算得到的标准化数据如表 6-5 所示。

表 6-5　数据标准化结果

行业代码	营业收入	工业增加值	流动资产	利润总额	能源消费
6	0.0516	0.4995	0.0701	0.6307	0.0263
8	0.0031	0.2411	0.0025	0.6646	0.0003
9	0.0011	0.0270	0.0016	0.6643	0.0001
10	0.0008	0.0646	0.0005	0.6640	0.0002
13	0.0014	0.4826	0.0010	0.6644	0.0001
14	0.0013	0.1381	0.0009	0.6643	0.0001
16	0.0411	0.2599	0.0824	0.7199	0.0008
17	0.0011	0.2050	0.0009	0.6643	0.0001
21	0.0009	0.0662	0.0007	0.6641	0.0000
22	0.0010	0.0551	0.0008	0.6642	0.0002
27	0.0015	0.1565	0.0023	0.6650	0.0002
28	0.0024	0.0182	0.0034	0.6659	0.0019
29	0.0010	0.2847	0.0012	0.6644	0.0001
30	0.0010	0.5779	0.0011	0.6646	0.0012
33	0.0012	0.2904	0.0014	0.6644	0.0000
34	0.0015	0.4783	0.0017	0.6646	0.0001
35	0.0013	0.3296	0.0017	0.6644	0.0000
36	0.0023	0.4436	0.0040	0.6649	0.0001
40	0.0012	0.0564	0.0019	0.6652	0.0000
41	0.0008	0.0224	0.0006	0.6643	0.0000

注：由于篇幅限制仅给出部分行业和部分指标数据。

将数据按照从大到小的顺序重新进行排列，以此为基础计算 Weaver-Thomas 值，如表 6-6 所示。

表 6-6　Weaver-Thomas 值

行业代码	营业收入	工业增加值	流动资产	利润总额	能源消费
6	5893	1528	860	3041	5755
8	886	123	1458	747	1637
9	1131	177	1573	445	2089
10	1216	150	1702	322	1934
13	1071	1103	1640	282	2111
14	1097	114	1657	340	2006
16	1464	136	5366	7118	1434
17	1141	109	1649	268	2131
21	1193	143	1681	256	2301
22	1180	163	1673	293	1891
27	1040	109	1479	405	1842
28	941	198	1382	528	918
29	1158	153	1610	272	2150
30	1187	3723	1630	350	1301
33	1109	177	1586	314	2247
34	1056	821	1546	424	2037
35	1085	206	1560	306	2267
36	984	375	1320	496	2198
40	1120	156	1531	362	2316
41	1205	191	1695	260	2309

通过求解 $nq_j = \left\{ q : \mathrm{WT}_{kj} = \min\limits_{q} \mathrm{WT}_{qj}, \ q = 1, 2, \cdots, n \right\}$ 得到最小化 WT 值及其按照新的排列方式排列的数据位置信息，紧接着对所有指标计算平均值，并通过熵值法计算指标权重。在构建的 16 个指标组成的指标体系综合计算下，选择出 13 个产业发展程度较高的产业部门，指标权重的确定结果如表 6-7 所示。

表 6-7　产业选择个数及指标权重

指标	优选个数	权重	指标	优选个数	权重
流动资产	3	0.077	营业利润	39	0.013
营业收入	4	0.063	利润总额	39	0.007
主营业务收入	4	0.062	工业总产值	6	0.051
营业税金及附加	1	0.175	工业销售产值	6	0.051

续表

指标	优选个数	权重	指标	优选个数	权重
主营业务税金及附加	1	0.176	工业增加值	19	0.023
应交增值税	30	0.140	职工人数	19	0.025
销售费用	2	0.023	电力	5	0.073
管理费用	39	0.079	综合能源消费	3	0.111

最后，利用得到的矩阵 WT_{ij} 和指标权重值 ω_j，计算各产业总得分 F_i：

$$F_i = \sum_{j=1}^{p}(WT_{ij} \cdot \omega_j) \quad (6\text{-}31)$$

最终得到对安徽省各产业部门的综合评价结果及产业排名，具体如表 6-8 所示。

表 6-8　分行业综合评价结果

行业名称	综合得分	排序结果	行业名称	综合得分	排序结果
煤炭开采和洗选业	4146.5	1	通用设备制造业	3264.33	21
纺织服装、服饰业	3471.36	2	医药制造业	3255.12	22
开采辅助活动	3453.01	3	非金属矿采选业	3205.39	23
其他制造业	3439.71	4	燃气生产和供应业	3202.41	24
皮革、毛皮、羽毛及其制品和制鞋业	3421.83	5	水的生产和供应业	3171.15	25
文教、工美、体育和娱乐用品制造业	3418.83	6	化学原料和化学制品制造业	3167.67	26
木材加工和木、竹、藤、棕、草制品业	3400.34	7	计算机、通信和其他电子设备制造业	3135.89	27
农副食品加工业	3398.89	8	有色金属矿采选业	3126.49	28
电气机械和器材制造业	3390.85	9	金属制品、机械和设备修理业	3102.48	29
铁路、船舶、航空航天和其他运输设备制造业	3388.83	10	化学纤维制造业	3008.25	30
家具制造业	3382.57	11	汽车制造业	3000.09	31
印刷和记录媒介复制业	3362.58	12	废弃资源综合利用业	2916.05	32
造纸和纸制品业	3354.38	13	有色金属冶炼和压延加工业	2836.76	33
橡胶和塑料制品业	3346.68	14	黑色金属冶炼和压延加工业	2833.73	34
纺织业	3343.85	15	黑色金属矿采选业	2712.89	35
食品制造业	3340.08	16	酒、饮料和精制茶制造业	2547.04	36
非金属矿物制品业	3337.86	17	电力、热力生产和供应业	2506.27	37
仪器仪表制造业	3333.37	18	烟草制品业	1825.83	38
金属制品业	3330.3	19	石油加工、炼焦和核燃料加工业	1618.69	39
专用设备制造业	3300.93	20			

根据表 6-8 的评价结果可以看出，排名较为靠前的产业部门包括煤炭开采和洗选业，纺织服装、服饰业等行业，多数为安徽省传统优势产业部门，说明当前安徽省产业发展的主要驱动力依然是传统优势产业。在排名前十位的产业中，铁路、船舶、航空航天和其他运输设备制造业属于战略性新兴产业部门，电气机械和器材制造业属于与战略性新兴产业密切相关的部门，这说明了安徽省战略性新兴产业当前的发展取得了良好的成就，战略性新兴产业部门在国民经济中的作用得到了提升，但是战略性新兴产业的总体发展实力仍然有待加强。基于微观企业的计算结果，为安徽省产业综合实力的评价提供了良好的借鉴，安徽省需要根据自身的特色选择合适的战略性新兴产业部门进行重点建设和发展，促进重点产业部门的耦合。

三、耦合效果评价

在产业部门评价排序以后，将各产业部门进行归类划分，计算得到 39 个行业 2009～2013 年的 17 个数据指标。由于本书重点关注安徽省传统优势产业和战略性新兴产业的耦合情况，不同于一般单产业耦合评价，将产业部门按照两个产业进行归类和处理，得到最终的两种产业的历年数据，并以此为基础进行耦合评价。主要数据来源于历年的《安徽统计年鉴》（表 6-9）。

表 6-9　安徽省 2011～2013 年两种产业指标数据

指标	2011 年		2012 年		2013 年	
	（1）	（2）	（1）	（2）	（1）	（2）
资产/亿元	450	512	529	612	593	700
负债/亿元	269	304	309	369	352	415
所有者权益/亿元	179	207	216	241	237	282
主营业务收入/亿元	599	660	696	764	823	888
主营业务成本/亿元	506	563	593	646	712	754
主营业务税金及附加/亿元	3	10	4	12	4	14
应交增值税/亿元	21	20	23	23	25	27
利润总额/亿元	44	42	49	48	46	58
总资产贡献度/%	19	20	22	20	20	20
资产负债率/%	44	51	49	55	49	55
工业成本费用利润率/%	7	8	9	9	7	9
产品销售率/%	84	93	98	98	98	97
工业总产值/亿元	636	677	718	766	816	890

续表

指标	2011 年		2012 年		2013 年	
	（1）	（2）	（1）	（2）	（1）	（2）
工业销售产值/亿元	621	661	702	748	797	867
企业单位数/个	287	301	397	360	443	401
工业增加值/亿元	175	173	191	197	213	226
职工人数/人	80641	62894	90705	69764	95301	73763

注：在此仅列出部分数据，表中（1）和（2）分别代表战略性新兴产业和传统优势产业。

按照模型建立和求解的一般步骤，对本章选择的数据指标按照多项式核函数方法进行赋权，分别确定一级和二级指标的最终权重。考虑到各产业发展的变化导致各年份指标求解和权重的差异，因而分年份分别计算权重。限于篇幅，表 6-10 列出了 2013 年的权重计算结果。

表 6-10　2013 年产业耦合指标权重

一级指标	一级指标权重		二级指标	二级指标权重	
	（1）	（2）		（1）	（2）
行业财务状况	0.23	0.30	资产	0.0633	0.0525
			负债	0.0653	0.1328
			所有者权益	0.0558	0.0238
行业经营成果	0.18	0.15	主营业务收入	0.0290	0.0479
			主营业务成本	0.0249	0.0533
			主营业务税金及附加	0.1813	0.0921
			应交增值税	0.1089	0.0373
			利润总额	0.0566	0.0312
行业经济效益	0.27	0.25	总资产贡献度	0.0427	0.2268
			资产负债率	0.0371	0.0522
			工业成本费用利润率	0.0308	0.0663
			产品销售率	0.0428	0.0146
行业发展规模	0.22	0.23	工业总产值	0.0318	0.0385
			工业销售产值	0.0307	0.0413
			企业单位数	0.0160	0.0330
行业发展活力	0.10	0.07	工业增加值	0.0804	0.0266
			职工人数	0.1026	0.0254

注：表中（1）和（2）分别代表战略性新兴产业和传统优势产业。

对比产业部门各指标的最值、基准值和产业部门的规划值等多种指标，对比各指标在产业发展中的作用，确定各指标各序参量的上下限，如表 6-11 所示。

表 6-11　两种产业各序参量上下限

序参量	战略性新兴产业		传统优势产业	
	上限	下限	上限	下限
资产/亿元	2919.55	0.72	2575.06	17.12
负债/亿元	2101.35	0.21	1896.36	10.93
所有者权益/亿元	985.79	0.51	756.73	6.19
主营业务收入/亿元	3769.84	1.52	2389.31	16.6
主营业务成本/亿元	3155.56	1.18	2136.53	12.25
主营业务税金及附加/亿元	19.64	0.02	161.45	0.12
应交增值税/亿元	122.11	0.04	82.31	0.49
利润总额/亿元	273.8	0.18	175.43	−17.08
总资产贡献度/%	50.30	1.72	101.51	2.41
资产负债率/%	71.98	11.08	82.25	19.36
工业成本费用利润率/%	23.89	0.06	29.08	−4.50
产品销售率/%	99.65	17.37	101.46	78.95
工业总产值/亿元	4078.09	1.58	2444.56	19.18
工业销售产值/亿元	3945.08	1.54	2433.48	18.26
企业单位数/个	1553	5	1803	0
工业增加值/亿元	969.49	0.37	546.63	6.95
职工人数/人	319025	362	208174	4125

利用安徽省传统优势产业和战略性新兴产业历年指标的序参量上下限、指标值等，首先计算二级指标的权重，2013 年各二级指标的贡献值如表 6-12 所示。

表 6-12　2013 年产业部门二级指标贡献值

指标	（1）	（2）	指标	（1）	（2）
资产	0.20	0.27	主营业务成本	0.23	0.35
负债	0.17	0.21	主营业务税金及附加	0.22	0.09
所有者权益	0.24	0.37	应交增值税	0.20	0.32
主营业务收入	0.22	0.37	利润总额	0.17	0.39

续表

指标	(1)	(2)	指标	(1)	(2)
总资产贡献度	0.37	0.18	工业销售产值	0.20	0.35
资产负债率	0.63	0.56	企业单位数	0.28	0.22
工业成本费用利润率	0.29	0.40	工业增加值	0.22	0.41
产品销售率	0.98	0.81	职工人数	0.30	0.34
工业总产值	0.20	0.36	—	—	—

注：表中（1）和（2）分别代表战略性新兴产业和传统优势产业。

按照相同的方法，根据一级指标的权重计算其贡献值，得到各产业部门2009～2013年各项指标总的贡献值，并使用耦合评价模型进行计算，从中得出两种产业耦合关联度指标，如表6-13所示。

表6-13　2009～2013年各产业一级指标贡献度

指标	战略性新兴产业	传统优势产业
行业财务状况	0.0372	0.0529
行业经营成果	0.0840	0.0685
行业经济效益	0.0901	0.1073
行业发展规模	0.0171	0.0357
行业发展活力	0.0482	0.0194

根据表6-13安徽省2009～2013年战略性新兴产业和传统优势产业五个一级指标的贡献值可以看出，传统优势产业在行业财务状况、行业经济效益和行业发展规模上相对于战略性新兴产业具有更多的优势，这也再次说明了传统优势产业具有资本优势和市场优势，其中“行业发展规模”指标两种产业之间的差距最大，传统优势产业超过了战略性新兴产业108.77%的水平。战略性新兴产业属于发展较为迅速的产业，两种产业的差距呈现不断缩小的趋势，但是在综合实力方面仍然与传统优势产业存在差距，传统优势产业仍然是安徽省的主导产业，因此安徽省应该重点强调产业体系的完整并有效地促进两种产业的有机融合与协调发展。

从“行业经营成果”这一指标来看，在研究样本期间内安徽省传统优势产业虽然呈现出明显的上升趋势，但是增长速度却逐渐下降，这说明当前安徽省传统优势产业发展动力不足，需要改进增长方式。相反，战略性新兴产业的这一指标则呈现稳步增长的趋势，是所有指标中最为接近传统优势产业贡献值的指标。2013年安徽省战略性新兴产业的这一指标就已经超过了传统优势产业22.63%的水平。安徽省战略性新兴产业的发展对安徽省产业水平的整体提升起到了重要作用。

值得注意的是，在“行业发展活力”这一指标上，安徽省战略性新兴产业5年的贡献值都超过了传统优势产业35.55%以上的水平，且呈现逐渐增长的趋势。行业发展活力是国民经济系统中反映产业部门动态发展趋势的重要指标，说明战略性新兴产业在未来安徽省经济中相比于传统优势产业更具有发展潜力。传统优势产业部门的行业发展活力虽然呈现增长趋势但是增速放缓，战略性新兴产业的增速远远高于传统优势产业，说明战略性新兴产业取得了显著的建设成就。

同时，为了保障产业耦合持续发展模型对各种发展路径评价的有效性，将产业持续发展度划分为三种情形，如表6-14所示。

表6-14 2009～2013年两种产业耦合评价结果

时间		2009年	2010年	2011年	2012年	2013年
战略性新兴产业（s）		0.0370	0.0927	0.0453	0.0468	0.0566
传统优势产业（t）		0.0730	0.0500	0.0846	0.0567	0.0625
耦合度		0.4730	0.4736	0.4765	0.4977	0.4994
持续发展度	$\rho_1=0.3$，$\rho_2=0.7$	0.1714	0.1743	0.1863	0.1635	0.1742
	$\rho_1=0.5$，$\rho_2=0.5$	0.1612	0.1867	0.1759	0.1605	0.1725
	$\rho_1=0.7$，$\rho_2=0.3$	0.1503	0.1983	0.1650	0.1574	0.1707

表6-14为安徽省两种产业耦合度和耦合持续发展度指标的最终评价结果，给出了安徽省2009～2013年传统优势产业和战略性新兴产业的耦合度及三种情形下持续发展度指标，主要得到以下研究结论。

（1）从耦合评价结果来看，首先，从两种产业子系统的发展动态来看，在研究期间内，战略性新兴产业一直呈现出明显的上升趋势，2010年战略性新兴产业增长最为显著，其他年份相对平缓，增长幅度达到了150.54%的水平。而传统优势产业的增长并不明显，呈现波动状态，整体发展水平达到了0.0625，而战略性新兴产业整体水平仍然低于传统优势产业，为0.0566。这就表明在样本期间内，传统优势产业仍然占据着安徽省产业的主导地位，但是增速放缓，而战略性新兴产业发展速度不断提升，有望超过传统优势产业。与此同时两种产业之间呈现出相同的发展趋势，产业之间的融合程度有了显著的提升。

（2）从产业耦合关联度上来看，2009～2013年安徽省战略性新兴产业和传统优势产业的平均耦合程度为0.484，在样本期间内的耦合度在0.4～0.5内波动。根据本章的耦合关联度评价标准可知，当前安徽省两种产业之间的耦合关系处于中度耦合的磨合期。从样本期间两种产业耦合的具体数值可以看出，产业间的耦合关联度接近于 0.5 的水平，且表现出较为明显的逐年增长趋势，产业之间的耦合关系得到不断延伸，从中低度耦合逐渐向中度耦合转变，未来可能进一步地深化耦合关系，因此安徽省应该着力促进两种产业的协调发展和有效耦合。

第四节 小 结

产业耦合的研究既可以从宏观角度进行分析，又可以从微观领域进行阐述，不仅体现在两种产业体系的相互关系上，更体现在产业部门与企业个体之间的交叉和演变关系上。本章对安徽省战略性新兴产业和传统优势产业之间的耦合关联和耦合系统进行了详细的阐述，为产业耦合的研究方向和研究内容提供了参考。通过详细阐述产业耦合模型的动因、逻辑、结构及相互作用机制，利用安徽省分行业的企业微观数据，从微观领域划分了传统优势产业和战略性新兴产业部门，并建立耦合关联度和耦合持续发展度的评价模型和评价标准。重点探究了安徽省战略性新兴产业和传统优势产业之间的动态耦合关系，并结合相关模型和数据进行了详细的实证分析，本章主要得到如下几点结论。

首先，本章分析了产业之间耦合的内在机理，形成对产业耦合的基本原因认知，认为应该从内在和外在两个层面进行分析。第一，产业自身发展的客观规律要求产业完成自身的转型和升级，产业自身发展需求是产业耦合的内在驱动，在这一过程中带动了国民经济的发展。另外，创新机制、市场需求等也构成了产业耦合的内在驱动。第二，产业耦合的外在驱动可以归结为市场环境和政策环境。

其次，对耦合逻辑展开说明，认为安徽省当前产业耦合与我国整体产业耦合规律基本一致。从时间耦合特征来看，产业耦合的发生可以被划分为四个主要阶段，即萌芽期、成长期、成熟期及衰退期；根据产业耦合的交互关系，产业耦合又可以被划分为双峰逼近、协调发展和良币驱逐劣币三个阶段；根据产业结构发展过程中的演化阶段和演化路径的差异，可以将其划分为衰退型演化、停滞型演化、波动型演化和持续增长型演化四个阶段特征；与此同时，根据产业发展的空间逻辑，产业部门在要素、创新、结构、布局及政策等方面同样表现出不同的耦合特征，其中要素耦合是当前安徽省产业耦合的主要形式和基础，其他耦合形式加速了当前安徽省的产业耦合。

最后，建立耦合分析的实证模型。以安徽省产业融合为主要研究对象，对产业耦合的现实过程进行了实证分析。在总结常用耦合模型的基础上，提出本章实证的模型，采用 KPCA-LINMAP 耦合赋权方法进行模型赋权，并运用 Weaver-Thomas 进行耦合关联度及耦合持续发展度的最终评价。利用调研的安徽省微观企业数据进行行业部门划分，并从微观角度选出安徽省具有发展潜力的战略性新兴产业和传统优势产业部门，构建包括一级指标和二级指标在内的耦合评价指标体系。研究发现，安徽省产业融合在静态评估方法下评估得到的结果是处于耦合磨合期，耦合发展水平较低但是耦合趋势十分明确；从动态角度评价发现，安徽省两种产业的持续发展度为中度协调发展型，传统优势产业的主导地位难以被改变，两种产业之间的耦合程度需要进一步提升，产业耦合发展的任务仍然艰巨。

第七章 安徽省产业融合的影响因素和影响效应

在当前安徽省产业融合的现实状况下，本章主要围绕哪些因素影响安徽省战略性新兴产业和传统优势产业的融合，产业融合过程中对安徽省社会经济、绿色发展及产业结构的变化产生了哪些影响展开讨论。本章主要通过实证分析，综合利用面板数据模型、空间计量模型、DEA 模型对产业融合的影响因素和影响效应展开全面分析。

第一节 耦合影响因素分析

一、基本影响因素分析

资本是社会经济发展的基本要素之一，一般而言资本特指物质资本，是机器设备、生产工具和基础设施等实物形态的生产资料。物质资本的界定常常需要满足以下几个特点：①物质资本来源于投资，是投资的最终结果，是货币资本转换为生产的一种形式；②物质资本的结构和规模大小通常决定了目前的生产力和未来经济社会发展的基础，也就是说物质资本影响当前的生产水平并在未来生产发展中起到决定性作用；③物质资本随着时间的推移会出现折旧和磨损等。随着社会经济的发展和科学技术的进步，物质资本在社会经济生产中的作用降低，对经济的贡献逐渐让步于知识资本，但是其仍然是经济社会发展必要的因素之一，当前主流经济学研究仍然将物质资本视作增强社会经济生产力的重要因素，认为物质资本的积累可以有效地加速地区产业发展。物质资本在传统优势产业发展中起到了决定性的作用，对于战略性新兴产业的发展，物质资本依然是其主要的依托。两种产业的发展和融合都是在特定的物质资本积累下发生的，因此物质资本是促进战略性新兴产业和传统优势产业融合的主要驱动因素之一。

在内生经济增长模型中，人力资本是另外一项与物质资本同样重要的生产要素之一，并在生产实践中证明了其对社会经济发展的重要作用。普遍认为教育水平的高低决定了劳动者素质的高低，能够直接影响创新能力，并提高企业的生产效率，人力资本越高的地区一般也具有较高的社会创新能力。劳动者作为生产的直接参与者是技术和知识的直接载体，人力资本的流动其实就是熟练劳动和创新技术的流动，从而促进技术创新的传播，提升行业甚至产业的整体生产效率。在安徽省发展战略性新兴产业和提升传统优势产业相协调的背景下，高素质劳动力是产业发展的主要支撑因素。在当前国际经济格局形成的过程中，开展新兴产业竞争和科技竞争是各国布局未来经济增长点的主要内容，人才是战略性新兴产业发展的第一要义，引起世界范围内高新技术人才的争夺。安徽省虽然人口总量较大，带来了丰富的劳动力，但是劳动力素质参差不齐，高素质人才集中分布。由于毗邻长江三角洲，大量的人才流失，形成劳动密集型产业大量发展但是高新技术产业止步不前的局面，制约了传统优势产业的进一步发展和战略性新兴产业的布局。

技术水平的重要性逐渐受到经济学家的关注，技术进步可以促进技术创新的发生和技术水平的扩散，进一步提高社会整体生产力水平，促进产业资本配置的变化和产业发展要素的流动，这是推动战略性新兴产业发展和传统优势产业升级的主要动力，在两种产业融合过程中也发挥了极大的作用。技术进步产生的新成果可以直接转换为新的产业部门，促进战略性新兴产业部门内容的扩充，同时技术的进步也促进了传统优势产业设备和工艺的升级改造，这一方面促进了传统优势产业的进一步发展，同时根据产业升级理论的内容，传统优势产业的升级可以带来新的产业部门的形成。技术的突破打破了地区间的技术差异，使得对于资本和劳动力总量需求较小而更多需求技术的战略性新兴产业能够发展，降低了产业发展对地区资源的依赖程度，促进产业结构升级。另外，一个地区技术水平越高，也就越能够吸引周边区域的企业和人才，从而使得地区形成新的经济增长极，技术的进步显著地推动了战略性新兴产业的发展和两种产业的有效融合。我国战略性新兴产业处于起步阶段，目前形成的战略性新兴产业布局规模较小，且体现了国家的整体战略布局，市场发展的潜力巨大，是安徽省实现经济突破从而融入长江三角洲的重要机遇，一旦实现技术上的巨大突破，就会使得安徽省在发展战略性新兴产业上具备其他地区所缺乏的核心竞争力，从而提升社会经济生产效率，吸引资源和要素的流入，进一步为战略性新兴产业布局和产业融合提供平台和机遇，带动相关产业的发展，延长产业链，并促进社会就业和整体经济发展。

战略性新兴产业和传统优势产业的融合需要相关产业提供相应的基础，服务业特别是生产性服务业的发展是促进产业融合的关键因素。一般而言服务业的发展是地方经济发展水平的直接体现，有利于区域产业集聚的形成，为产业融合提供配套设施。服务业的发展可以降低产业融合的信息成本和运输成本，从而大幅度地降低企业成本且提高企业效率。战略性新兴产业和传统优势产业的融合离不开配套设施的发展，需要现代生产性服务业提供足够的支撑，帮助产业扩充产业链，扩大市场，使得企业能够有效地获取低成本的劳动力、技术交流和获取市场信息等。因此，安徽省现代服务业特别是现代生产性服务业的发展体系建设是促进产业融合的关键。在研发、技术、产权、交易平台和成果转换等方面，服务业的产业部门是培育战略性新兴产业并促进其与传统优势产业融合的关键因素和重要支撑。

在当前我国不断深化对外开放程度的背景下，对外开放程度成为影响产业结构升级和产业融合的另外一项重要因素。一方面，外商直接投资（foreign direct investment，FDI）能够带来大量的资本，解决了地区发展过程中资本不足的问题，弥补资金缺口，同时可以带来较为先进的机器设备和国外企业先进的管理水平，普遍认为FDI能够带来知识外溢效应，促进地区技术水平和劳动者素质水平的提升，从而为战略性新兴产业布局和其与传统优势产业融合提供基本的资本、技术和人才支撑。另一方面，对外开放程度的提升可以使得产业生产的产品出口到世界范围，扩大国内的需求和国际市场，拉动经济增长，促进社会就业，使得更多的生产资源可以投入战略性新兴产业和传统优势产业的升级和融合中。

一个地区的基础设施水平决定了本地区企业的生产成本和交易成本的高低，是吸引外部企业进入和战略性新兴产业布局的主要因素。基础设施水平较高的地区要素集聚速度较快，要素的流动更加高效和迅速，能够提高社会整体的生产效率。另外，基础设施水平使得市场信息成本降低和技术扩散更为有效，形成规模经济和产业集聚。因此，进行战略性新兴产业布局和促进战略性新兴产业与传统优势产业的融合需要较为完善的外部环境和产业配套措施。

战略性新兴产业的发展和其与传统优势产业的融合离不开政府对产业的支持和培育。我国战略性新兴产业的布局是国家战略意志的体现，产业政策在产业发展过程中起到了重要的指引作用，可以克服市场的缺陷，降低外部性和产业发展的不确定性。我国战略性新兴产业从概念提出到全国布局都是在相关政策支撑下进行的，通过政府直接投资、财政补贴、税收支撑和宣传引导等方式进行产业布局，鼓励新兴产业进入战略性新兴产业部门。但是由于缺乏经验借鉴，我国战略性新兴产业的发展目标和发展程度是不确定的，战略性新兴产业是技术依赖程度较高的产业部门，技术研发伴随着巨大的风险和较长的资本回报周期，会导致企业不愿或者难以进入这一产业，政府的支撑如提供税收减免、补贴，对企业的研发进行补助，对高新技术产业产品进行政府采购以降低企业的顾虑，促进更多产业进入这一行业，一旦产业政策不合理，将会给企业带来较大的影响，降低企业公信力，带来经济波动。因此，如何通过科学有效的政府产业政策促进战略性新兴产业和传统优势产业融合发展是提高安徽省产业融合度的关键内容。在产业融合中，明确哪些传统产业是优势产业，可以和战略性新兴产业进行协调发展，哪些产业应该淘汰，是政府产业融合政策制定的前提。合理的产业政策可以为安徽省战略性新兴产业与传统优势产业的融合提供良好的制度环境。

二、模型构建和指标选取

本章选用面板数据模型对安徽省 16 个地级市的战略性新兴产业和传统优势产业耦合发展影响因素进行定量分析，这样可以充分利用时间和截面单元的信息，挖掘不同时间点、不同地区产业耦合的变动特征，从而有针对性地制定符合该区域发展情况的政策。

（一）静态面板数据模型

面板数据模型是利用面板数据回归求解构建的计量经济模型，它具有既可以弥补样本量少的缺陷又可以提高估计精度，同时也能够从多方面反映样本信息等特点，因而自其发展以来在经济分析中已得到广泛应用。面板数据模型又分为以下三种类型，需根据样本结构数据特点加以选用。

1. 混合模型

若面板数据模型有如下形式：

$$Y_{it}=\alpha+X_{it}\beta+\varepsilon_{it},\quad i=1,2,\cdots,N;t=1,2,\cdots,T \tag{7-1}$$

式中，Y_{it}为被解释变量列向量；α为截距项；X_{it}为解释变量，是$k\times1$阶列向量；β为要估计的回归系数列向量；ε_{it}为误差项，符合上述一般形式的模型则可称为混合模型，此时认为各个截面或时点序列没有异质性，因此α、β在各截面上是相等的。

2. 固定效应模型

固定效应模型又细分为个体固定、时点固定及个体时点双固定效应模型。

（1）个体固定效应模型。若面板数据模型的表达形式如式（7-2）所示，则称为个体固定效应模型。

$$Y_{it}=\alpha_i+X_{it}\beta+\varepsilon_{it},\quad i=1,2,\cdots,N;t=1,2,\cdots,T \tag{7-2}$$

式中，Y_{it}为被解释变量列向量；X_{it}为$k\times1$阶解释变量列向量；ε_{it}为误差项；β为回归系数列向量，每个回归函数的斜率是相等的；α_i为不同个体的截距项，其值仅会随个体的变化而变化，与时间变化无关。

（2）时点固定效应模型。若面板数据模型的表达形式如式（7-3）所示，则称为时点固定效应模型。

$$Y_{it}=\alpha_t+X_{it}\beta+\varepsilon_{it},\quad i=1,2,\cdots,N;t=1,2,\cdots,T \tag{7-3}$$

式中，Y_{it}为被解释变量列向量；X_{it}为$k\times1$阶解释变量列向量；ε_{it}为误差项；β

为回归系数列向量，每个回归函数的斜率是相等的；与个体固定效应模型不同的是，α_t 为不同时点的截距项，其值会随时点变化，但不会随个体变化。

（3）个体时点双固定效应模型。个体时点双固定效应模型表达式为

$$Y_{it}=\alpha_0+\alpha_i+\alpha_t+X_{it}\beta+\varepsilon_{it}, \quad i=1,2,\cdots,N;t=1,2,\cdots,T \qquad (7\text{-}4)$$

式中，Y_{it} 为被解释变量列向量；X_{it} 为 $k\times1$ 阶解释变量列向量；β 为回归系数列向量；ε_{it} 为误差项；α_i、α_t 分别为不同个体、时点的截距项，为随机变量，二者的值都与 X_{it} 的分布变化相关联。

3. 随机效应模型

若面板数据模型表达形式如式（7-5）所示，且表达式中随机变量 α_i 的变化与 X_{it} 无关，则可称为随机效应模型。

$$Y_{it}=\alpha_i+X_{it}\beta+\varepsilon_{it}, \quad i=1,2,\cdots,N;t=1,2,\cdots,T \qquad (7\text{-}5)$$

式中，Y_{it} 为被解释变量列向量；X_{it} 为 $k\times1$ 阶解释变量列向量；β 为回归系数列向量；ε_{it} 为误差项。需要特别指出的是，随机效应模型中的 α_i 与固定效应模型中的 α_i、α_t 虽同为随机变量，却存在较大差异，固定效应中的此随机变量的分布与 X_{it} 相关，而随机效应模型中此随机变量的分布与 X_{it} 无关。

在面板数据模型分析的过程中，首先需要建立正确的模型形式，如果模型设定存在偏差，那么估计结果也会不准确。第一步我们需要判断模型采用何种估计得到的结果最优，常用的检验方法是协方差，建立混合估计和随机效应估计的 F 检验：

$$F_1=\frac{(S_2-S_1)/[(N-1)k]}{S_1/(NT-N(k+1))}\sim f[(N-1)k,N(T-k-1)] \qquad (7\text{-}6)$$

式中，S_2 和 S_1 分别为混合估计和固定效应的残差平方和；N 为固定时间的截面个数；T 为时间；k 为解释变量总数。如果计算得到的 F 值小于 F 分布的显著性临界值，那么拒绝采用混合效应的原假设，接受固定效应的备择假设。

究竟用固定效应模型还是随机效应模型需要进行 Hausman 检验来确定，存在原假设：$H_0:u_i$与x_{it},z_i不相关，也即假设随机效应模型是正确的，如果接受原假设，那么说明随机效应是最优模型，否则模型采用固定效应模型估计，Hausman 检验的统计量可以表示为

$$W=(\hat{b}_{\mathrm{CV}}-\hat{b}_{\mathrm{GLS}})'[\mathrm{var}(\hat{b}_{\mathrm{CV}})-\mathrm{var}(\hat{b}_{\mathrm{GLS}})]^{-1}(\hat{b}_{\mathrm{CV}}-\hat{b}_{\mathrm{GLS}}) \qquad (7\text{-}7)$$

式中，$\hat{b}_{\mathrm{CV}}$ 为固定效应得到的参数估计值；$\hat{b}_{\mathrm{GLS}}$ 为随机效应得到的参数估计值；W 为 χ^2 分布，其自由度为 k，在显著性水平确定的情况下，如果 Hausman 检验拒绝原假设，则应该采用固定效应模型进行估计。

（二）动态面板数据模型

面板数据模型虽然可以对个体效应进行准确的度量，但是大多数理论目前倾向于认为经济状态存在自身状态的调整和固有惯性，个体除了受到其他因素的影响外，主要受到的影响取决于自身过去的行为。在面板数据模型中，将被解释变量的滞后期加入解释变量中，得到动态面板数据模型，其基本形式为

$$y_{it} = \alpha + \rho y_{i,t-1} + \beta x_{it} + u_i + \varepsilon_{it}, \ t = 2,3,\cdots,T \tag{7-8}$$

式中，y_{it} 为被解释变量；$y_{i,t-1}$ 为被解释变量滞后一期；x_{it} 为解释变量；u_i 为个体固定效应；其他符号与静态面板数据模型一致。

对于动态模型的估计，一般而言是首先通过一阶差分消除个体固定效应，由于被解释变量与其自身滞后一期的解释变量之间存在严格的内生性问题，因此需要寻找合适的工具变量，从而得到一致性估计。Anderson 和 Hsiao（1981）提出使用被解释变量滞后两期 $y_{i,t-2}$ 作为 $\Delta y_{i,t-1}$ 的工具变量，采用两阶段最小二乘法（two-stage least squares，2SLS）进行估计，得到 Anderson-Hsiao 估计量。在此基础上 Arellano 和 Bond（1991）对模型进行了扩展，认为更高阶的滞后变量同样可以作为工具变量对模型进行内生性控制，但是由于更多的滞后项被纳入工具变量中，工具变量个数多于内生变量的个数，此时采用 2SLS 估计的效率较低，因此其采用广义矩阵（generalized method of moments，GMM）进行估计，被称为差分 GMM（difference GMM，DGMM），在使用 DGMM 进行模型估计时，一般需要满足扰动项不存在自相关要求，即 $\mathrm{Cov}(\varepsilon_{it}, \varepsilon_{is}) = 0, t \neq s, \forall i$ 。

DGMM 估计虽然解决了工具变量的问题，但是一旦解释变量 X_{it} 是前定变量而且不是严格外生变量时，即使 x_{it} 与 ε_{it} 在本期间内不存在相关关系，经过差分以后的 $\Delta x_{it} = x_{it} - x_{i,t-1}$ 与 $\Delta\varepsilon_{it} = \varepsilon_{it} - \varepsilon_{i,t-1}$ 也可能存在相关关系，Δx_{it} 此时变成了内生变量，$\{x_{i,t-1}, x_{i,t-2}, \cdots\}$ 可以作为 Δx_{it} 的工具变量，导致模型内生性难以处理。另外，当面板数据的 T 比较大时，此时需要更多的差分项被用作工具变量进行处理，导致弱工具变量问题的出现，而且差分使得变量 z_i 被消除了（z_i 表示不随时间变化的个体趋势），导致 DGMM 无法准确估计 z_i 的系数。为了解决这一问题，Arellano 和 Bover（2004）提出了水平 GMM（level GMM，LGMM），使用 $\{\Delta y_{i,t-1}, \Delta y_{i,t-2}, \cdots\}$ 作为 $y_{i,t-1}$ 的工具变量，但是必须保证工具变量和个体效应 u_i 不相关。

Blundell 和 Bond（1998）在 DGMM 和 LGMM 的基础上将两者相结合提出了系统 GMM（system GMM，SGMM）估计动态面板的方法。相比于 DGMM，SGMM 可以有效地提升估计效率，并且可以使得在动态模型中，解释变量可以包括被解释变量滞后多期的滞后值，其一般形式可以表示为

$$y_{it}=\alpha+\rho_1 y_{i,t-1}+\rho_2 y_{i,t-2}+\cdots+\rho_p y_{i,t-p}+x_{it}'\beta+z_i'\delta+u_i+\varepsilon_{it} \tag{7-9}$$

如果其他解释变量 x_{it} 中包含了内生性变量，那么在进行模型估计时同样可以采用其滞后阶作为工具变量进行 SGMM 的估计。

（三）指标选择和数据说明

由上述分析可知，战略性新兴产业和传统优势产业的融合发展不但受到产业生产要素的影响，外部经济发展环境对产业间的融合也起到不容忽视的影响作用。考虑到区域样本数据的可比性及可获得性，现选取以下指标反映上述影响因素。

（1）物质资本水平（K），物质资本水平反映了安徽省各地级市战略性新兴产业和传统优势产业发展的资本水平，是经济发展的基本构成要素，为了反映这一指标，本章采用固定资产投资作为被解释变量，以 2006 年为基期进行价格平减。

（2）人力资本水平（L）。人力资本水平决定了劳动力素质，劳动力教育水平是劳动力素质的主要体现，因此采用安徽省各地级市人均受教育年限作为人力资本水平的替代指标。

（3）技术创新能力（RD）。技术创新体现了企业和政府对于研发的重视，无论是战略性新兴产业还是传统优势产业，产业的发展都离不开技术的支持和研发的投入。技术创新是促进产业融合发展的重要内在推动力，正是企业在生产过程中追求利润最大化的特性，促使企业推广应用新技术来提高生产效率、降低生产成本，不同企业间出现了技术渗透，从而促进了产业融合的发生。而技术创新的发生在一定程度上取决于技术创新的投入，本章以 R&D 经费支出占 GDP 的比例（TC）表示该因素。

（4）服务业水平（SL）。服务业，特别是生产性服务业是产业融合所必须依赖的产业部门，地方生产性服务业水平的高低决定了产业融合深度和融合速度。由于地方生产性服务业的数据难以度量，因此我们以地方服务业总水平进行代替，采用第三产业增加值占 GDP 的比例表示服务业发展水平。

（5）对外开放程度。对外开放程度决定了企业引进资本和出口贸易的水平，笔者从两个层面衡量地区的开放程度：一个是货物进出口层面，以进出口总额占 GDP 的比例表示；另一个是直接利用 FDI 占 GDP 的比例来衡量 FDI 投资的影响，FDI 存在广泛的技术外溢效应，因此笔者对这一变量进行控制。

由于第三产业的发展一定程度上可以以服务业基础和固定资产投资进行衡量，为了避免多重共线性，不再纳入模型。对于政策变量，由于安徽省战略性新兴产业自2012年开始执行，战略性新兴产业和传统优势产业的融合对政策的反应程度前后不一致，为了避免政策前后差异，不再将这一因素纳入模型中。

建立基本计量模型：

$$Y_{it}=\alpha+\beta_1 K_{it}+\beta_2 L_{it}+\beta_3 \mathrm{RD}_{it}+\beta_4 \mathrm{SL}+\beta_5 \mathrm{OPEN}+\beta_6 \mathrm{FDI}+\varepsilon_{it} \quad (7\text{-}10)$$

式中，Y_{it}为被解释变量，以安徽省各地级市的产业融合度指标（IFD）为变量衡量其他因素对战略性新兴产业和传统优势产业的影响；α和ε_{it}分别为常数项和随机误差项；β为各解释变量的待估系数。

为了反映产业融合的动态趋势，我们在静态模型的基础上将模型动态化，得到本章的动态面板数据模型：

$$Y_{it}=\alpha+\rho Y_{i,t-1}+\beta_1 K_{it}+\beta_2 L_{it}+\beta_3 \mathrm{RD}_{it}+\beta_4 \mathrm{SL}+\beta_5 \mathrm{OPEN}+\beta_6 \mathrm{FDI}+\varepsilon_{it}$$

（7-11）

式中，$Y_{i,t-1}$为滞后一期的产业融合度指标；ρ为其待估系数。

本章数据选取安徽省2006～2016年的面板数据，虽然我国战略性新兴产业的提出在2012年以后，但是这之前战略性新兴产业就已经存在并发展，对于涉及价格因素的指标，以2006年为基期进行价格平减，为了消除异方差，对数据进行对数化处理。本节的全部数据来源于历年《安徽统计年鉴》《安徽统计公报》等。表7-1为安徽省16个地级市产业融合影响因素的统计性描述结果。

表7-1　产业融合影响因素的统计性描述

变量	样本量	均值	标准差	最小值	最大值
IFD	176	0.692	0.129	0.393	0.948
K	176	15.562	0.880	13.722	17.990
RD	176	0.004	0.003	0.000	0.019
L	176	8.367	0.768	6.770	10.890
OPEN	176	0.124	0.172	0.003	1.304
FDI	176	0.032	0.018	0.003	0.093
SL	176	0.354	0.055	0.234	0.514

由表7-1可以看出，所有变量的标准差均小于1，均值和最大值、最小值检验显示模型不存在异常值问题。但是变量可能因为数据矩阵X不满秩而存在多重共线性问题，导致最小二乘估计存在偏误。由于STATA软件可以识别严格多重共线性并进行数据的自动删除处理，因此我们对变量的非严格多重共线性进行检验（也称“近似多重共线性”）。假设在变量协方差主对角矩阵上的第k个元素为

$$\mathrm{var}(b_k \mid X)=\frac{\sigma^2}{(1-R_k^2)S_{kk}} \quad (7\text{-}12)$$

式中，$S_{kk}=\sum_{i=1}^{n}(x_{ik}-\bar{x}_k)^2$为变量$X$的离差平方和，反映了第$k$个变量$x_k$的变动

幅度，如果x_k变动较小，那么模型的估计是有效且准确的，在x_k完全不变的情况下，$S_{kk}=0$，此时无法有效估计系数 b 的参数，因此定义其为方差膨胀因子（variance inflation factor，VIF），即

$$\text{VIF}_k \equiv \frac{1}{1-R^2} \tag{7-13}$$

VIF 值越大表示变量之间的多重共线性越严重，根据既有经验准则，一般认为当 VIF 最大值不超过 10 时，则不存在多重共线性问题，模型进行最小二乘法估计是有效的。表 7-2 为安徽省产业融合影响因素的多重共线性检验。

表 7-2　产业融合影响因素的多重共线性检验

变量	VIF	1/VIF
K	2.38	0.420
RD	2.19	0.457
L	2.06	0.487
OPEN	1.31	0.765
FDI	1.30	0.767
SL	1.02	0.980
VIF 均值	1.71	

根据表 7-2 的内容可以看出，VIF 值最大的是 *K*，对应的 VIF 值为 2.38，远远小于 10，VIF 均值为 1.71，说明所有变量均不存在多重共线性问题。

三、实证分析结果

（一）单位根和协整检验

本章的面板数据存在序列问题，因此数据趋势的平稳性至关重要，由于本章的样本容量相对较小，此时若单变量含有单位根，那么随机扰动项对经济系统的影响就会被无限地放大，进而影响模型整体的估计结果。单位根的存在会导致模型系数的 t 检验失效，使得模型显著性判断出现偏误，另外如果存在两个相互独立的单位根，那么可能会导致模型出现伪回归（spurious regression）和伪相关问题。因此笔者采用面板单位根检验的 LLC 检验、IPS 检验和 PP 检验对模型的单位根进行检验，结果如表 7-3 所示。

表 7-3 产业融合影响因素的单位根检验

	变量	LLC 检验	IPS 检验	PP 检验
水平统计量	IFD	−7.452***	−5.986***	−6.939***
	K	−10.013***	−7.793***	−8.966***
	RD	−12.931***	−10.966***	−12.325***
	L	−14.633***	−12.547***	−13.960***
	OPEN	−20.680***	−13.434***	−11.738***
	FDI	−11.163***	−8.450***	−9.673***
	SL	−6.380***	−4.271***	−4.909***
一阶差分统计量	IFD	−6.030***	−4.895***	−5.856***
	K	−5.210***	−4.549***	−5.487***
	RD	−2.459***	−3.558***	−4.240***
	L	−11.256***	−10.916***	−12.704***
	OPEN	−2.154**	−5.224***	−6.307***
	FDI	−5.676***	−4.357***	−5.238***
	SL	−2.521***	−1.340*	−1.467*

***、**和*分别表示在 1%、5%和 10%的水平上通过显著性检验。

表 7-3 为安徽省战略性新兴产业和传统优势产业融合的相关影响因素指标的单位根检验。从水平统计量的检验可以看出，所有变量均通过了 1%的显著性检验，说明在 1%的显著性水平上，所有变量均拒绝“存在单位根”的原假设，接受“变量不存在单位根”的备择假设，数据具有平稳趋势。为了进一步检验数据平稳趋势的稳定性，笔者对所有指标进行一阶差分处理后再重新进行单位根检验，检验结果显示，除 SL 的 IPS 检验和 PP 检验没有通过 5%以上的显著性水平以外，其他变量的三种检验指标均拒绝原假设，变量不存在单位根，具有平稳趋势。SL 指标的一阶差分的 LLC 检验通过 1%显著性检验，IPS 检验和 PP 检验通过 10%的显著性检验，结合 SL 的水平统计检验，我们可以认为 SL 指标不存在单位根，不会影响模型整体的稳定性。

可以看出，单位根检验拒绝原假设，因此单位根对模型估计的影响较小，但是进行一阶差分以后的变量 SL 的单位根依然存在，在模型回归中不得不将其考虑其中。对于存在单位根的变量，一般方法是将其进行一阶差分以后再进行回归，但是一阶差分改变了原来序列的经济含义，使得模型结果的说服力下降，同时本章检验显示一阶差分以后的变量 SL 的单位根会重新出现，因此我们借助均衡思想，考察变量之间是否存在某种“长期均衡关系”（long-run equilibrium），如果存在，那么说明变量进行回归后依然具有经济含义，其本质思想就是检验单位根之间是否存在共同趋势项。本章变量的协整检验如表 7-4 所示。

表 7-4　产业融合影响因素的协整检验

检验	统计指标	统计量	*P* 值
KAO 检验	MDF（Modified Dickey-Fuller）检验	–1.8996**	0.0288
	DF（Dickey-Fuller）检验	–3.1878***	0.0007
	ADF（Augmented Dickey-Fuller）检验	–3.4417***	0.0003
	调整的 MDF（Unadjusted modified Dickey-Fuller）检验	–2.7935***	0.0026
	调整的 DF（Unadjusted Dickey-Fuller）检验	–3.6025***	0.0002
Pedroni 检验	MPP（Modified Phillips-Perron）检验	6.9203***	0.0000
	PP（Phillips-Perron）检验	–6.3069***	0.0000
	ADF（Augmented Dickey-Fuller）检验	–5.0571***	0.0000
Westerlund 检验	方差比	0.5485	0.2917

***、**分别表示在 1%、5%的水平上通过显著性检验。

表 7-4 为安徽省战略性新兴产业与传统优势产业融合影响因素的协整检验，首先从 KAO 检验结果可以看出，MDF 检验统计量为–1.8996 对应的 *P* 值为 0.0288，通过了 5%的显著性水平，即在 95%概率下拒绝“不存在协整关系”的原假设，可以认为模型存在协整关系，结合 KAO 检验的其他指标可以看出，统计量对应的 *P* 值均通过了 1%的显著性检验，因此 KAO 检验显示模型存在协整关系。Pedroni 检验的三个指标同样均通过了 1%的显著性检验，即根据检验结果可知模型拒绝“不存在协整关系”的原假设，认为当前选择的变量之间存在明确的协整关系。Westerlund 检验的统计量为 0.5485，对应的 *P* 值为 0.2917，无法通过 10%的显著性检验，因此接受“不存在协整关系”的原假设，认为模型不存在协整关系。综合 KAO 检验、Pedroni 检验和 Westerlund 检验的结果，多数通过了显著性检验拒绝原假设，有理由认为模型存在长期协整关系。

在模型协整的基础上，需要对变量的关系进行考察，以检验是否存在因果关系，即检验变量 X 和 Y 的相互关系，是 X 到 Y 还是 Y 到 X，又或是 X 和 Y 之间是一种双向的因果关联。为了确定模型方向，格兰杰等（Granger et al., 1969）提出了一种解决方法，假设 X 是 Y 的原因，但是 Y 并非 X 的原因，那么此时可以使用 X 的过去值来预测 Y 在未来的数值，但是与之相反，X 的未来值却不能由 Y 的过去值预测。考虑时间序列模型：

$$y_i = \gamma + \sum_{m=1}^{p} \alpha_m y_{t-m} + \sum_{m=1}^{p} \beta_m y_{t-m} + \varepsilon_t \tag{7-14}$$

式中，p 为时间序列中的滞后阶数，滞后阶数的选择可以根据信息准则进行判断。这一模型的原假设为："$H_0:\beta_1=\cdots=\beta_p=0$"，即假设变量 x 的过去值对 y 进行预测时是没有帮助的，根据模型分布，如果拒绝原假设，则 x 是 y 的"格兰杰因"（Granger cause），将变量位置互换可以得到 y 是 x 格兰杰因结论的正确性，如果两边同时拒绝原假设，那么表示变量 x 和 y 互为因果关系。

对于面板数据模型的格兰杰因果检验，则考虑 Hartwig（2009，2010）提供的思路，将模型扩展为

$$y_{it}=\gamma+\sum_{m=1}^{p}\alpha_m y_{i,t-m}+\sum_{m=1}^{p}\beta_m y_{i,t-m}+\mu_i+\varepsilon_{it} \tag{7-15}$$

式中，μ_i 为个体变量 i 的个体效应，一般对面板格兰杰的估计与动态面板数据模型类似，根据时间维度的长短进行选择估计方法，使用 GMM 或者偏差校正的 LSDV（bias-corrected least-squares dummy variables，LSDVC）法进行估计。本章选择的面板数据模型期间为 2006～2016 年，时间较短，因此采用 SGMM 方法进行模型估计。在进行格兰杰因果检验之前，使用信息准则进行滞后阶的选择，如表 7-5 所示。

表 7-5　格兰杰检验滞后阶选择的信息准则检验

滞后期	AIC	BIC	HQIC
1	−22.0721	−18.7517	−20.7229
2	−24.9064*	−20.2273*	−23.0052*
3	46.4320	52.7185	48.9826
4	69.9294	78.1567	73.2550
5	62.3252	72.9550	66.5870

*表示信息准则自动确定的滞后阶数。

由表 7-5 可以看出，AIC、BIC 和 HQIC 信息准则的检验结果均显示滞后两阶的格兰杰检验是合适的，因此确定本章模型中的滞后阶数为二阶。使用 GMM 方法对变量的格兰杰因果关系进行检验，如表 7-6 所示。

表 7-6　产业融合影响因素的格兰杰因果关系检验

等式	外生变量	卡方值	自由度	P	检验结果
IFD	K	6.2711	2	0.043	互为因果
K	IFD	7.929	2	0.019	
IFD	RD	1.4362	2	0.488	单向因果
RD	IFD	19.052	2	0.000	

续表

等式	外生变量	卡方值	自由度	*P*	检验结果
IFD	*L*	21.6290	2	0.000	互为因果
L	IFD	29.943	2	0.000	
IFD	OPEN	16.4320	2	0.000	单向因果
OPEN	IFD	3.7788	2	0.151	
IFD	FDI	18.9570	2	0.000	互为因果
FDI	IFD	16.746	2	0.000	
IFD	SL	30.574	2	0.000	互为因果
SL	IFD	5.7463	2	0.057	
IFD	ALL	181.16	12	0.000	

表 7-6 的格兰杰的检验结果显示：在以 IFD 为被解释变量的模型中，如果检验变量 *K* 系数的联合显著性(其含义是在模型中去掉变量 *K*)，其卡方量为 6.2711，对应的 *P* 值为 0.043，在 5%的显著性水平上拒绝原假设，故认为变量 *K* 是被解释变量 IFD 的格兰杰因。将 IFD 和变量 *K* 的位置互换重新进行格兰杰因果检验，检验变量 IFD 系数的联合显著性，对应的卡方值为 7.929，*P* 值为 0.019，在 5%的显著性水平下拒绝原假设，故认为变量 IFD 为变量 *K* 的格兰杰因。因此变量 *K* 和变量 IFD 之间存在双向因果关系，即两个变量互为格兰杰因果关系。同理，变量 IFD 和 *L*、FDI 在 1%的显著性水平上互为因果关系，IFD 和变量 SL 在 5%的显著性水平上互为因果关系。

在以 IFD 为被解释变量的模型中，对变量 RD 的系数进行联合显著性检验，卡方值为 1.4362，对应的 *P* 值为 0.488，无法通过 10%的显著性检验，即无法拒绝原假设，故认为 RD 不是 IFD 的格兰杰因。将两者的顺序改变后发现，IFD 是 RD 的格兰杰因，因此认为 RD 和 IFD 存在单向因果关系，IFD 是 RD 的格兰杰因，但 RD 不是 IFD 的格兰杰因。与之类似，IFD 和 OPEN 之间也是单向格兰杰因果关系，但是方向恰好相反，OPEN 是 IFD 的格兰杰因，但是 IFD 不是 OPEN 的格兰杰因。

另外，以 IFD 为被解释变量，同时检验其他解释变量系数的联合显著性，发现其卡方值为 181.16，对应的 *P* 值为 0.000，在 1%的显著性水平上强烈拒绝“所有变量都不是 IFD 的格兰杰因”的原假设，因此认为本章设定的解释变量和被解释变量之间存在因果关系，可以进行进一步的回归分析。

（二）模型回归结果

1. 基准回归结果

表7-7为安徽省战略性新兴产业和传统优势产业融合影响因素的静态面板基准回归结果。笔者分别采用面板最小二乘法（panel ordinary least squares，POLS）回归、固定效应（fixed effect，FE）回归和随机效应（random effect，RE）回归对产业影响因素进行回归分析。首先根据面板数据模型的组间R^2看出三个模型的拟合优度均大于0.7，拟合优度较好。笔者对三种模型进行选择，首先判断模型应该采取面板最小二乘法混合回归还是个体效应回归，采用F检验进行判断，根据表7-7的F检验结果可以看出F值为29.97，通过了1%的显著性检验，说明拒绝“不存在个体效应”的原假设，认为模型存在个体效应，因此采用个体效应回归可以避免模型设定形式对回归结果的影响。个体效应可以分为固定效应和随机效应，对于两种模型的选择，采用Hausman检验，根据表7-7，Hausman检验的结果为26.20，通过了1%的显著性检验，拒绝“不存在固定效应”的原假设，认为本章的模型应该采取固定效应模型进行回归。

表 7-7　产业融合影响因素的基准回归结果

变量	POLS	FE	RE
K	0.0836*** (6.20)	0.0748*** (5.23)	0.08355*** (6.20)
RD	0.9913*** (2.34)	0.9321 (0.39)	0.9913 (0.42)
L	0.0157*** (2.89)	0.0290* (1.85)	0.0157 (1.06)
OPEN	0.0051 (0.15)	−0.0078 (−0.23)	0.0051 (0.15)
FDI	0.6323* (1.78)	0.5551 (1.54)	0.6323* (1.78)
SL	0.2325** (2.13)	0.2418** (2.17)	0.2324** (2.13)
常数项	−0.6813*** (−4.67)	−0.6483*** (−4.34)	−0.6813*** (−4.67)
F 检验	29.97***		
Hausman 检验		26.20***	
组间 R^2	0.7165	0.7178	0.7165
样本量	176	176	176

注：***、**和*分别表示在 1%、5%和 10%的水平上通过显著性检验，括号内为 T 值。

根据表 7-7 的固定效应估计结果可以得到以下结论。

（1）固定资本对应的 T 值为 5.23，通过了 1%的显著性检验。固定资本的系数估计值为 0.0748，说明固定资本每变动一个百分点会引起安徽省战略性新兴产业和传统优势产业融合度提升 0.0748 个百分点。固定资本投资构成了安徽省战略性新兴产业和传统优势产业发展的物质资本要素，支撑了安徽省进行战略性新兴产业布局的客观条件。战略性新兴产业和传统优势产业的融合必须具备良好的物质资本，这符合笔者在本章第一节中得到的影响因素的相关分析结果。促进安徽省战略性新兴产业和传统优势产业融合需要加强物质资本投资，需要政府投资和民间投资相结合，吸引更多的外部投资。

（2）劳动要素通过了 10%的显著性水平检验，显著性较低，对于安徽省产业融合的影响作用模型拟合程度较为牵强，不过对比 POLS 估计结果可以看出，劳动力素质提升导致产业融合效果提升。在任何时候产业发展和产业融合都离不开人力资本的支持，特别是战略性新兴产业的发展和传统优势产业的升级改造的实质就是利用技术手段发展新兴产业，改造传统优势产业，因此安徽省加强人力资本投资，重视教育，吸引人才是促进产业融合的又一重要途径。

（3）服务业发展水平通过了 5%的显著性检验，系数估计值为 0.2418，说明服务业发展水平对于安徽省产业融合具有直接的促进作用，服务业发展每提升一个百分点带动产业融合度提升 0.2418 个百分点。可以看出服务业发展对产业融合的促进作用是大于固定资产和劳动要素的，安徽省当前的第三产业发展水平低于全国，因此安徽省未来经济发展需要大力发展服务业特别是生产性服务业，服务业为产业融合提供了基本的平台、信息服务，降低了产业融合的成本。

（4）静态面板固定效应分析结果显示，研发投入、对外开放程度和 FDI 对产业融合的作用未能通过显著性检验，这与理论分析存在差异，在确定指标选择正确的情况下，笔者考虑产业融合存在动态机制，而且采用静态面板 FE 估计忽略了可能存在的内生性问题。为了检验本章显著性并非数据选择的原因，笔者对模型进行进一步的分析，将模型扩展到动态面板，并从估计方法上进行改进，以期验证本节第一部分的相关影响因素对产业融合的影响。

2. 动态面板回归结果

笔者首先将被解释变量滞后一期作为解释变量增加到模型中，表示产业融合受到本地区上一期融合状况的影响，即产业融合是一个动态过程，存在融合的滞后效应。首先利用 POLS 和 FE 进行动态面板数据模型的估计，对产业融合相关因素进行初步分析。但是加入被解释变量滞后一期的模型可能存在着联立性偏误，格兰杰因果检验也显示变量之间可能存在互为因果的“同时性”问题。即相关因素影响产业融合，同时产业融合会反作用于相关因素。此外，本章模型有限，虽然尽可能多地加入相关控制变量，但是依然存在遗漏变量等问题，如政府的产业政策由于难以衡量没有被纳入本章的研究内容。联立性标准误和遗漏变量带来的内生性问题将会导致 OLS 估计的结果有偏，因此，笔者采用 SGMM 进行模型的回归，以产业融合自身的滞后项作为工具变量进行回归。

表 7-8 给出了 SGMM 模型的两步法估计结果。尽管两步 SGMM 估计的方差有偏，但在小样本条件下两步 SGMM 较一步 SGMM 更有效，且在考察工具变量的有效性和模型是否存在过度识别时更不易于犯第二类错误。

SGMM 模型成立的前提是接受“扰动项无自相关”的原假设，笔者以扰动项的差分进行检验，认为扰动项应该存在一阶序列自相关但是不存在二阶甚至高阶序列自相关。表 7-8 中 Arrellano-Bond AR（1）在 5%的显著性水平上拒绝“不存在一阶序列自相关”的原假设，AR（2）接受“不存在二阶序列自相关”的原假设，认为 GMM 估计结果存在一阶序列相关，但不存在二阶序列相关，SGMM 的估计不存在序列偏差。第二步对 SGMM 模型进行工具变量检验，由于 SGMM 使用被解释变量的滞后阶作为工具变量，可能使用多个工具变量，需要检验工具变量的过度识别。我们使用 STATA 中的 xtabond2 命令进行检验。Hansen 检验显示，其对应的 *P* 值为 1.000，无法拒绝原假设，因此认为本模型不存在工具变量的过度识别问题。对于 SGMM 模型的第三步检验，需要对比 POLS 和 FE 估计结果。根据 Bond（2002）的研究，SGMM 估计中因变量滞后一期项的系数位于 OLS（向上偏倚）和 FE（向下偏倚）估计系数值之间，可以看出本章 POLS 的被解释变量滞后一期值为 0.8859，FE 估计值为 0.6155，而 SGMM 估计值介于两者之间，为 0.7287，模型结果较为稳健。经过以上检验可知 SGMM 估计的结果是有效且可信的。

表 7-8　产业融合影响因素的动态面板估计结果

变量	POLS	FE	SGMM
L.IFD	0.8859*** （26.23）	0.6155*** （9.51）	0.7287*** （6.92）
K	0.0028*** （4.20）	0.0144*** （2.94）	0.0147*** （4.60）
RD	0.2162** （2.16）	0.0385*** （3.02）	0.6875*** （3.24）
L	−0.0058 （−0.92）	0.0239* （1.89）	0.0083*** （6.63）
OPEN	0.0111 （0.52）	−0.0069 （−0.25）	0.0045 （0.18）
FDI	0.2302 （1.15）	−0.0333 （−0.11）	0.3152 （0.49）

续表

变量	POLS	FE	SGMM
SL	0.1712*** （3.05）	0.3078*** （3.55）	0.2075*** （6.61）
常数项	0.1527* （1.88）	−0.0318 （−0.22）	−0.0335 （−0.28）
样本量	176	176	176
AR（1）			−2.12** [0.034]
AR（2）			−0.42 [0.678]
Hansen 检验			11.52 [1.000]

注：***、**和*分别表示在 1%、5%和 10%的水平上通过显著性检验；小括号内为 T 值，中括号内为 P 值，L.IFD 为产业融合的一阶滞后。

根据表 7-8 的两步法 SGMM 估计结果，笔者可以得到以下结论。

（1）产业融合的一阶滞后估计量为 0.7287，对应的 T 值为 6.92，通过了 1%的显著性检验。这说明安徽省战略性新兴产业和传统优势产业融合更多地受到了上一期本地区产业融合度的影响，产业融合具有滞后效应，本地区较好的产业融合基础能够加速产业融合，为未来更大规模的产业融合提供支撑。因此，安徽省需要从当前产业出发，不断强化自身的产业融合水平。

（2）固定资本的估计系数为 0.0147，且通过了 1%的显著性检验。说明固定资本依然是安徽省两种产业融合的重要促进作用，固定资本变动一个百分点会提升产业融合度 0.0147 个百分点。这一作用虽然不明显，但是资本投资是安徽省战略性新兴产业布局的关键，当前这一系数估计值较小说明安徽省对应的产业融合促进政策没有带动更多的资本进入战略性新兴产业建设和传统优势产业升级中，因此安徽省需要进一步加强招商引资力度，争取为战略性新兴产业和传统优势产业融合创造良好的社会资本条件。

（3）研发水平的系数估计显著为正，对产业融合的作用与滞后一期产业融合指标较为接近，说明技术水平和研发投入对于安徽省战略性新兴产业发展和其与传统优势产业融合具有重要作用。安徽省当前不断提升科研投入水平，合肥市更是成为全国“科教创新城”之一，依托省内一流高等院校和科研院所，在技术投入上取得了巨大的进步，为安徽省产业融合提供了良好的技术支撑。

（4）人力资本系数估计同样显著为正，但是估计系数较小。当前安徽省人均受教育年限平均在 9 年左右，相对处于较低的水平，大量的劳动力在战略性新兴产业布局中难以发挥作用，导致当前人力资本对战略性新兴产业融合发展的影响程度较小。省内高等院校人才大量流失到长江三角洲地区给安徽省产业融合的发展带来困境。因此，安徽省需要加强人才政策，争取留住人才、吸引人才，为安徽省产业融合提供人力资本支撑，提升人力资本在产业融合中的贡献度。

（5）服务业水平对于安徽省战略性新兴产业融合的贡献度约为 0.2075 个百分点。安徽省服务业发展水平较为落后，这与安徽省当前经济发展水平关系较为密切，服务业特别是生产性服务业发展滞后是导致当前战略性新兴产业和传统优势产业融合的一大阻碍因素。安徽省应该发挥生产性服务业在战略性新兴产业和传统优势产业融合过程中的作用，做好信息交流、科技转换、企业合作、科研院所与企业合作等相关服务，建立产业融合服务平台，健全科技保护机制、成果转换机制和资金流动安全机制，为安徽省产业融合做出支撑。

（6）对外开放程度和 FDI 的系数估计依然不显著，根据理论分析，这两种因素对安徽省战略性新兴产业和传统优势产业融合起到了扩充市场、弥补资金短缺的作用，但是当前安徽省处于中部地区，对外开放程度依然较低，且外商引进资本以低端劳动密集型产业为主，缺乏技术和资本密集型产业。对外贸易总量远远小于沿海地区，因此加强对外市场的扩展，吸收技术密集型外商投资是安徽省未来对外开放的重要任务，限制低端外资引入，展开国外技术合作是安徽省战略性新兴产业和传统优势产业融合的重要实现途径，也是两种产业融合发展的必然结果之一。

第二节　产业融合效应分析

为了研究安徽省战略性新兴产业与传统优势产业融合带来的影响，笔者重点关注对于安徽省经济增长、全要素生产率（total factor productivity，TFP）和产业结构的影响，其中全要素生产率的估计将生态环境的“非期望产出”纳入其中，考察战略性新兴产业和传统优势产业融合对安徽省绿色全要素生产率带来的影响。

除了从经典计量经济学实证角度考察安徽省战略性新兴产业和传统优势产业融合对安徽省社会经济的影响外，笔者将产业融合扩散的空间机制纳入模型中，建立空间计量经济学模型，这样既能够有效地检验安徽省产业融合带来的直接影响，又可以考察产业融合的空间机制和溢出效应，从而减少计量模型因忽略空间相关性带来的估计偏误，使得产业融合影响机制更加清晰明确。

一、研究方法

（一）空间计量方法

空间计量经济模型区别于经典计量经济模型的主要特征就是将变量之间

的空间相关性和空间异质性纳入模型分析中。空间相关性是指不同地区之间经济指标在空间上存在的相互依赖和相互影响制约的关系，当地区之间的变量出现高值与高值相邻或者低值与低值相邻时表示变量在空间上存在正的相关关系，如果变量表现为高值与低值相邻近，那么表示变量之间存在负的相关关系。

对于经济变量而言，数据可以对应到各自对应的空间相关点，如安徽省 16 个地级市的数据可以对应到安徽省各地级市所在的空间点，每个经济指标在安徽省内都对应相应的一个区位或者中心点，对于传统的计量模型而言，假设存在 n 个观察变量 $y_i(i=1,2,\cdots,n)$，以矩阵 X 表示解释变量形成的矩阵，那么对于普通的计量模型，可以设定为

$$y_i = X_i\beta + \varepsilon_i$$

$$\varepsilon_i \sim N(0,\sigma^2) \tag{7-16}$$

式中，β 为解释变量的待估系数；ε_i 为无法观测的随机误差项，其服从正态分布。这一模型的一个主要问题是忽略了变量对应的空间关系，将空间关系作为随机误差项进行解释，然而在实际经济活动中空间关联对于经济行为存在着极大的影响。因此需要将模型扩展到空间形式，假设存在 i、j 和 k 三个区域，那么为了表示它们的空间关联，用如下模型来表示：

$$y_i = \alpha_{i,j}y_i + \alpha_{i,k} + X_i\beta + \varepsilon_i$$

$$y_j = \alpha_{j,i}y_i + \alpha_{j,k} + X_j\beta + \varepsilon_j$$

$$y_k = \alpha_{k,i}y_i + \alpha_{k,k} + X_k\beta + \varepsilon_k$$

$$\varepsilon_i \sim N(0,\sigma^2), i=1$$

$$\varepsilon_j \sim N(0,\sigma^2), j=2$$

$$\varepsilon_k \sim N(0,\sigma^2), k=1$$

然而根据统计学知识可知，当模型的参数个数大于观察值数量时，模型估计出现偏误，因此需要应用额外的变量来表示变量之间的空间关联，使得模型符合基本的计量假设，且能够有效地反映变量之间的空间关系。设定变量之间的空间关联变量为 W，那么空间模型的基本定义形式可以用矩阵表示

$$y = \rho Wy + X\beta + \varepsilon$$

$$\varepsilon \sim N(0,\sigma^2 I_n)$$

式中，I_n 为一个 n 维的单位矩阵，根据经济理论可知，经济主体当前的行为会对未来产生一定的影响，这一因素同样适用于空间上的影响，将时间序列的自回归

模型进行扩展，考虑经济变量受到上一期经济发展水平的影响，那么邻近地区上一期的经济行为会对本期产生影响，作为变量 Wy_{t-1} 被纳入模型中，可得

$$y_t = \rho W y_{t-1} + X\beta + \varepsilon_t$$

值得注意的是，将模型 $y_{t-1} = \rho W y_{t-2} + X\beta + \varepsilon_{t-1}$ 代入上述模型可以得到空间自回归（spatial autoregressive，SAR）模型：

$$y = \lambda W y + X\beta + \varepsilon \tag{7-17}$$

SAR 模型虽然考虑了模型的空间相关性，但是忽略了模型的空间异质性，空间异质性的动因是不可观测的外部因素，也即空间以外的不可观测因素带来的影响，这一影响同于空间变量 W 产生的作用，为了考虑这一因素，在模型中采用约束截距项的方法来进行建模，因此截距项 a 是独立于解释变量 X 的：

$$a = \rho W + \varepsilon$$

$$a = (I_n - \rho W)^{-1} \varepsilon$$

因此，模型中的空间异质性被表示成空间的误差依赖，从而得到空间误差模型（spatial error model，SEM），其基本形式可以表示为

$$y = X\beta + \mu \tag{7-18}$$

式中，随机扰动项 μ 受到空间依赖性的影响，包含随机误差项及不可观测变量的空间相关性两部分内容，表示为

$$\begin{aligned} \mu &= \rho W \mu + \varepsilon \\ \varepsilon &\sim N(0, \sigma^2 I_n) \end{aligned} \tag{7-19}$$

在 SAR 模型和 SEM 模型的基础上，将空间误差和空间自相关同时纳入空间模型，同时为了解决遗漏解释变量空间相关的因素的问题，将模型扩展为空间杜宾模型（spatial Dubin model，SDM），这一模型同时包含解释变量、被解释变量的空间滞后，包括随机扰动项的空间相关性的模型被称为空间杜宾误差模型（SDEM），SDEM 的一般表示形式为

$$\begin{aligned} y &= \rho W y + X\beta + WX\gamma + \varepsilon \\ \varepsilon &\sim N(0, \sigma^2 I_n) \end{aligned} \tag{7-20}$$

建立空间模型的首要前提是变量之间存在空间相关性。本节采用探索性空间数据分析（exploratory spatial data analysis，ESDA）中的全域空间相关性指标和局域空间相关性指标，对安徽省产业融合及其相关因素进行空间相关性检验。全域空间相关性是指在全部的空间内，变量自身存在的相关性，局域空间相关性是指变量在区域内的相关性。

首先采用 Moran's I 指数检验全域空间相关性，具体的计算公式为

$$I=\frac{n\sum_{i=1}^{n}\sum_{j=1}^{n}w_{ij}(x_i-\overline{x})}{\sum_{i=1}^{n}\sum_{j=1}^{n}w_{ij}(x_i-\overline{x})^2}=\frac{\sum_{i=1}^{n}\sum_{j=1}^{n}w_{ij}(x_i-\overline{x})(x_i-\overline{x})}{S^2\sum_{i=1}^{n}\sum_{j=1}^{n}w_{ij}} \tag{7-21}$$

式中，n 为个体数量，此处为安徽省 16 个地级市；w_{ij} 为本书定义的变量空间位置的量化，表示安徽省 i 地区和 j 地区之间的相邻关系；x 为需要检验的经济变量指标；$\overline{x}$ 为其平均值；S^2 为变量 x 的方差，计算公式为 $S^2=\frac{1}{n}\sum_i(x_i-\overline{x})^2$，从本质上讲，Moran 指数表示变量 x 与自身空间滞后之间的关系，如果变量 x 为 j 邻近地区的空间关系，那么 Moran 指数的形式可以表示为

$$x_{i,-1}=\sum_j w_{ij}x_{ij}\bigg/\sum_j w_{ij} \tag{7-22}$$

基于此，可以得到 Moran 指数的取值区间为[−1, 1]，其越接近于 0 表示空间关系越不存在，说明分布具有随机性而非空间相关性。其绝对值越大表示空间相关性越明显，Moran 指数大于 0 表示存在正向的空间相关性，小于 0 表示存在负向的空间关联。

对于局域空间相关性的检验，在全域 Moran 指数上延伸出局域空间相关（local indicator of spatial association，LISA），用来检验与经济变量 x 相同或者类似特征的变量是否存在区域上的集聚现象，定义为

$$I_i=\frac{(x_i-\overline{x})}{S^2}\sum_{j\neq i}w_{ij}(x_i-\overline{x}) \tag{7-23}$$

对于局域 Moran 指数 I_i 而言，其取值为正表示本地区邻近地区与本地区属性相类似，如存在高值与高值集聚或者低值与低值集聚；其取值为负表示高值与低值的邻近，局域 Moran 指数可以使用散点图，表示地区在四个象限的坐标位置，判断局域相关情况及其动态变化。

对于空间权重 W 的选择是进行空间相关性分析和空间模型求解的另外一个基础性步骤，目前对空间权重矩阵的设定没有统一的标准，不同的空间矩阵导致最终结果的差异。为了最大限度地捕捉数据的有效信息，本章采用参数化空间权重矩阵进行设定，参考杜俊涛等（2017）的方法设定空间权重矩阵，具体方法如下。

设定参数化逆距离矩阵 W 为

$$W=\frac{1}{d_{ij}^{v}} \tag{7-24}$$

式中，d_{ij} 为 i、j 两地之间的地理距离；v 为衰减参数，在当前空间计量的应用领域，其在多数情况下受到空间权重假设的影响，衰减参数 v 被设定为 1 或者 2，即采用任意两地之间的距离倒数或者其平方来简单地表示经济地理关系，这样导致模型设定过于理想。因此，本章改进了这一方法，采用变量与地理距离的交替参数估计得到地区之间的关系，进而得到空间权重矩阵。根据安徽省 16 个地级市的城市中心点的经纬度，计算各地之间的地理距离，并在此基础上计算距离衰减参数，最终得到各地级市的空间权重矩阵 W。

（二）计量模型的建立

在上述模型的基础上，建立安徽省战略性新兴产业和传统优势产业融合对安徽省经济发展的影响模型，被解释变量是安徽省经济增长，以 Y 表示安徽省经济发展水平，主要包括三个指标：经济增长（Y_1）、绿色全要素生产率（Y_2）和产业结构（Y_3）。在解释变量中，主要解释变量为产业融合度和其他控制变量，以 X 表示，那么以此建立安徽省产业融合影响经济水平的计量模型：

$$Y_{it} = \alpha_{it} + X_{it}\beta + \varepsilon_{it} \tag{7-25}$$

以产业融合和其他变量为控制变量，以经济水平为被解释变量，i 和 t 分别表示个体和时间。

将空间因素加入模型，为了对安徽省战略性新兴产业和传统优势产业融合的空间效应和溢出效应进行分析，主要采用 SDM 模型进行分析和溢出效应分解，SDM 在溢出效应的分解上优于 SAR 模型和 SEM 模型，以 SAR 模型和 SEM 模型为对比检验模型的稳健性。因此，安徽省产业融合影响安徽省经济发展水平的 SDM 模型形式为

$$\begin{gathered} Y_{it} = \alpha_{it}\iota_N + \rho WY_{it} + X_{it}\beta + WX_{it}\theta + u_t \\ u_{it} = \lambda Wu_{it} + \varepsilon_{it} \end{gathered} \tag{7-26}$$

SDM 的动态模型形式为

$$\begin{gathered} Y_{it} = \alpha_{it} + \tau Y_{i,t-1} + \delta WY_{it} + \eta WY_{i,t-1} + X_{it}\beta + WX_{it}\theta + v_{it} \\ v_{it} = \rho v_{i,t-1} + \lambda Wv_t + \mu + \xi_t \iota_N + \varepsilon_t \\ \mu = \kappa W\mu + \xi \end{gathered} \tag{7-27}$$

本章的变量选取如下。

（1）被解释变量。经济增长水平表示安徽省战略性新兴产业与传统优势产业融合对安徽省经济增长的直接影响，产业发展的目的是经济水平的提升，因此以

地区人均 GDP 表示安徽省经济增长。绿色全要素生产率表示在环境与经济约束下的绿色发展水平，本书的研究主题是资源与环境约束下安徽省战略性新兴产业与传统优势产业融合的研究，因此采用在生态效率约束下的绿色全要素生产率表示安徽省绿色发展指标，采用 DEA 投入产出法计算包含环境“非期望产出”的效率。产业结构采用产业结构高级化和合理化两种指标表示，产业结构高级化表示产业间的结构升级，如第一产业向第二产业、第三产业发展；产业结构合理化是指产业内部的资源配置优化，如第二产业部门内部低端制造业向战略性新兴产业的高端装备制造业的发展。

（2）主要解释变量：产业融合度。本章主要研究产业融合对安徽省经济水平的影响，因此以产业融合度为主要解释变量。本节分别从行业层面和区域层面测算两种产业融合度指标，为了考察产业融合对安徽省经济增长的空间效应，采用区域层面的产业融合度作为本章模型的主要解释变量，为安徽省 16 个地级市 2006～2016 年的产业融合度指标。

（3）其他控制变量。本章主要研究产业融合度对安徽省经济形势的影响，控制变量的选取依然选择产业融合的相关影响因素，将产业融合度的影响因素纳入模型中，考虑到这些因素也会促进安徽省经济水平变化，并不会导致模型多重共线性和内生性的产生，在规避这些问题的前提下，本章选择的控制变量包括：①固定资产投资，以安徽省 16 个地级市固定资产投资总额按照资本折旧计算得到各地级市固定资产存量；②RD 支出，以安徽省各地级市 RD 研发投入总量占 GDP 比例表示，代表安徽省的科技水平和对研发的重视程度，这是影响经济增长、绿色全要素生产率和产业结构升级的主要因素；③人力资本水平，以安徽省人均受教育年限表示，人力资本是经济发展的最主要的推动力，在安徽省经济社会发展中起到了十分关键的作用，本书以安徽省统计局公布的人均受教育年限作为替代变量；④进出口水平，表示安徽省对外开放程度，一般而言对外开放程度越高，产业结构和经济发展水平越高，本章以安徽省各地级市进出口总额占 GDP 的比例表示；⑤FDI，代表安徽省接收外部投资的水平，是安徽省发展资本投资和技术投资的重要来源，普遍认为 FDI 能够带来技术溢出，为地区经济发展和技术进步做出贡献，本章以安徽省 FDI 投资占 GDP 的比例表示。

以上全部数据来源于历年《安徽统计年鉴》《安徽社会经济发展报告》《中国城市统计年鉴》《中国区域经济统计年鉴》，以及安徽省统计局。2011年巢湖市合并到芜湖、合肥等地，安徽省统计局提供了行政调整以后的历史数据，从而消除了巢湖市等地区合并带来的影响。为了消除异方差和价格因素的影响，对涉及价格的变量以2006年为基期进行平减，对非百分比数据进行对数化处理。安徽省各地级市的绿色全要素生产率在本节的第三部分进行估计。变量的描述性统计如表7-9所示。

表 7-9　变量的描述性统计

变量	样本量	均值	标准差	最小值	最大值
人均 GDP	176	0.429	0.688	−1.294	2.058
产业结构高级化	176	0.772	0.269	0.313	1.481
产业合理化	176	0.346	0.262	0.001	1.239
产业融合度	176	0.692	0.129	0.393	0.948
固定资产投资	176	15.562	0.880	13.722	17.990
RD 占比	176	0.004	0.003	0.000	0.019
人均受教育年限	176	8.367	0.768	6.770	10.890
进出口占比	176	0.124	0.172	0.003	1.304
FDI 占比	176	0.032	0.018	0.003	0.093

根据表 7-9 描述性统计结果可以看到，安徽各项经济指标的标准差较小，基本不存在异常值，紧接着对变量之间进行多重共线性的 VIF 检验，以防止非严格多重共线性影响模型。根据表 7-10 的估计可以看出，产业结构高级化的 VIF 值最大，为 7.35，其小于 10，VIF 均值为 3.07，因此认为本节计量模型选择的变量之间不存在多重共线性问题。

表 7-10　多重共线性的 VIF 检验

变量	VIF	1/VIF
产业结构高级化	7.35	0.136
固定资产投资	5.18	0.193
人均受教育年限	3.26	0.307
产业融合度	3.09	0.324
RD 占比	2.14	0.467
进出口占比	1.72	0.581
FDI 占比	1.64	0.610
产业合理化	1.52	0.658
均值	3.07	

二、对安徽省经济增长的影响

（一）影响机理

安徽省战略性新兴产业发展及与传统优势产业融合带来的最直接的影响

是经济增长，社会经济持续稳定增长是产业发展的最终目标。现有理论和既有实践经验均证明战略性新兴产业和传统优势产业融合发展在促进经济增长方面发挥了巨大的推动作用。不仅可以提高战略性新兴产业和传统优势产业的竞争力，为经济发展创造动力，还有助于提高区域经济辐射效应，带动整个区域经济的增长。

产业融合发展能够加速产业间、区域间的资源流动和重组，优化资源配置。战略性新兴产业与传统优势产业的融合发展在各个地区并不是以同样的起点、相同的速度展开的，总是由少数有区位优势的地区率先发展再扩散到其他地区，形成经济“增长极”。两大产业通过技术渗透实现业务交叉，有助于打破产业间的壁垒，同时有助于打破区域之间的界限，增强经济辐射效应，提高区域经济对外开放程度及资源流动性，使得发达地区的先进技术、管理模式、生产方式流动到落后地区的速度加快，同时落后地区不断向发达地区传递其需要的生产要素，逐渐缩小区域差异，实现整个区域经济快速发展。

图 7-1 为安徽省产业融合度和 GDP 增速之间的相关关系图，可以看出产业融合度和 GDP 增速具有明显的相关关系，拟合曲线呈现下降的趋势，说明产业融合和安徽省经济增长呈现负向相关的关系，为了考察这一现象，对安徽省近年来的经济增长特点进行探讨。

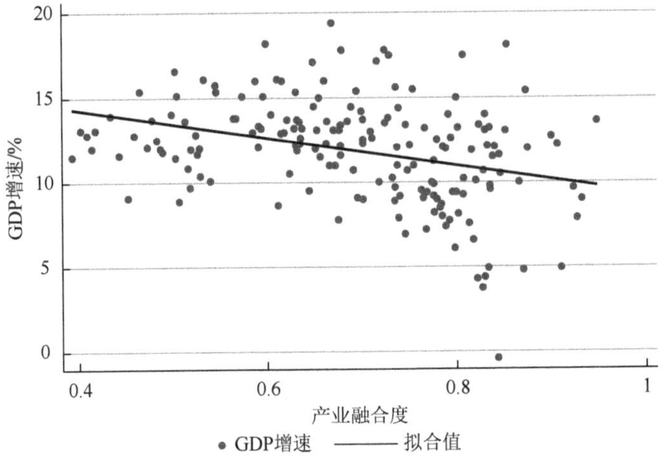

图 7-1　安徽省 GDP 增速与产业融合度的相关关系

安徽省处于我国中部地区，是长江三角洲重要的经济腹地和经济门户，也是长江经济带的重要经济节点。近年来安徽省一直保持着较高的经济增长速度，虽然受到 2008 年全球金融危机和我国“产能过剩”等问题的严重冲击，经济增长开始放缓，但是经济总量不断攀升，2012 年安徽省全省 GDP 总量为 17 212.1 亿元，

2017 年 GDP 总量达到了 27 518.7 亿元，在短短 5 年内增长了 59.88%。图 7-2 为安徽 2012～2017 年 GDP 总量和 GDP 增速。

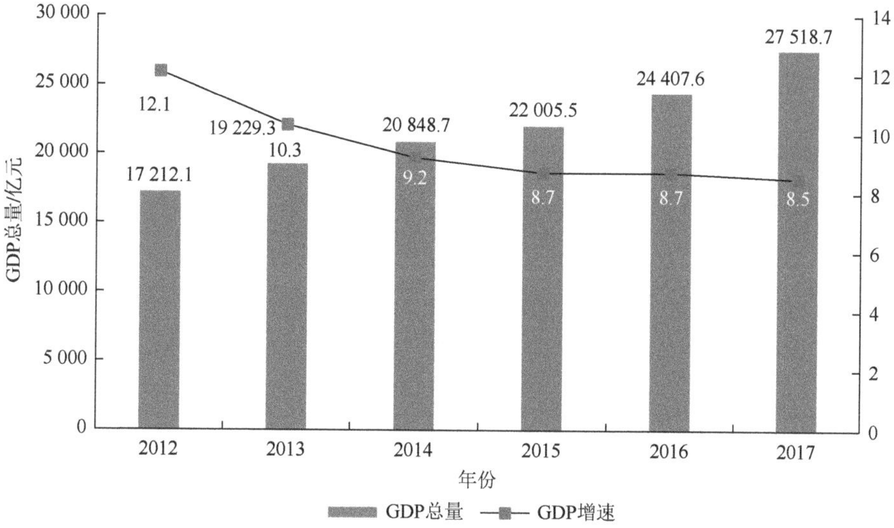

图 7-2　安徽省 GDP 总量和 GDP 增速

由图7-2安徽省经济增长速度来看，在产业融合度不断提升的情况下，安徽省经济增长速度不断提升。对于安徽省产业融合情况下GDP增速降低的情况而言，除了与受到宏观经济形势和“产能过剩”情况下去产能的影响有关以外，安徽省战略性新兴产业发展和传统优势产业融合调整也起到了十分关键的作用。安徽省改变过去依靠高能耗企业发展的道路，对安徽省现有经济增长方式进行了较大范围的改革；以绿色发展为导向，建立起一系列的绿色产业、循环经济和污染治理体系，对高污染高排放的企业进行了有效的整改；逐渐摆脱依靠污染换取经济增长的发展道路，更加重视产业链的完整性，并有序延长地区产业链，促进生产的协调性和整体性，提升产业上游度。这种情况下，安徽省传统的高污染产业被淘汰，战略性新兴产业得到布局，传统优势产业进行大规模的技术改造，当前处于投入时期，传统优势产业的技术优势尚未有效地转换为生产力，因此在一定程度上降低了安徽省整体的经济增长速度。与此同时，安徽省经济表现出明显的区域差异，地区间的产业融合度和产业增长表现出不同的发展阶段和发展特点。

根据图 7-3 可以看出安徽省各地级市的 GDP 增速变化差异较大。2005～2015 年安徽省各地级市 GDP 增速总体呈现下降趋势，亳州市、六安市、合肥市、宣城市、宿州市、池州市等地区基本呈现平缓下降的趋势，特别是 2010 年以后下降速度增加，在 2015 年经济有平缓或者上升的趋势，基本与我国整体经济增长趋势和安徽省经济变动趋势一致。安庆市、淮南市和马鞍山市在 2012～2013 年前后

GDP 增速出现大幅度的下降，这三个地区是安徽省主要的重工业基地，以煤炭、钢铁等传统行业为主，这一时期安徽省进行了重工业基地的改造和去产能产业升级，导致经济增长速度的降低，在经济调整和去产能目标实现以后，这部分地区的经济增长速度开始回到本地区的一般水平。由此可以看出安徽省各地区的经济发展速度存在较大的差异。

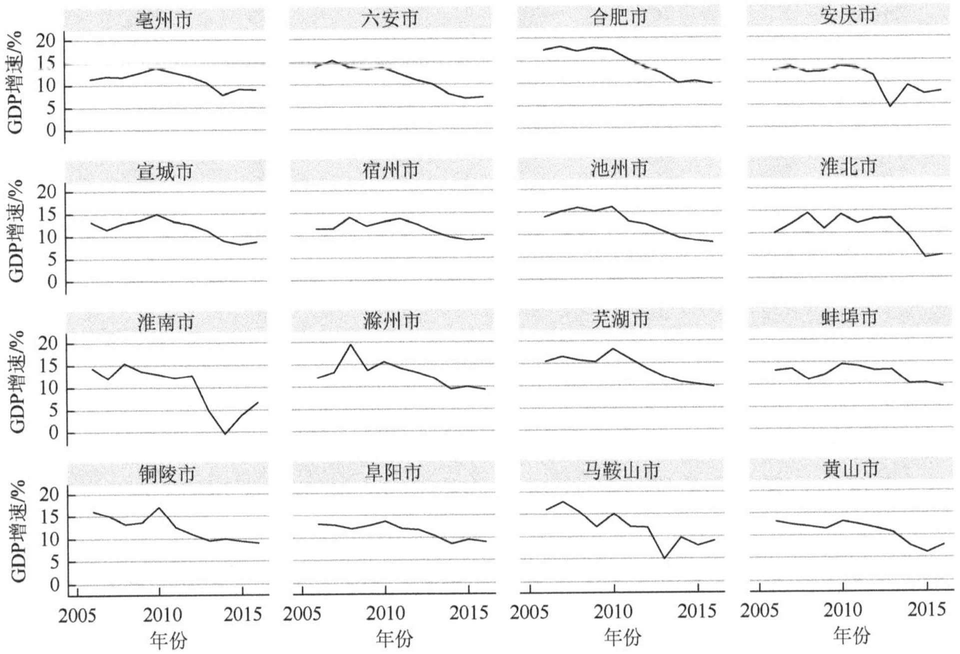

图 7-3　安徽省地级市 GDP 增长速度变化趋势

对安徽省战略性新兴产业和传统优势产业的产业融合度指标和经济水平进行全域 Moran 检验和局域 Moran 检验以探讨安徽省产业融合和经济增长的空间关系和空间分布，首先采用全域空间相关性进行分析，得到图 7-4 的 Moran's I 指数。

为了直观的分析，采用折线图 7-4 展现安徽省 2006～2016 年的 Moran's I 指数，可以看出 2006～2016 年安徽省经济增长的全域 Moran's I 指数基本呈现平稳趋势，空间相关性的最小值为 0.154，最大值为 0.198，在 2014 年以后，随着安徽省经济一体化发展进程和“长江经济带规划”的实施，安徽省地区交流不断发展，空间相关性程度提升。

进一步地检验了安徽省经济增长的局域 Moran's I 指数，局域 Moran's I 指数的高-高型、低-高型、低-低型和高-低型可以表示为散点图的四个象限，图 7-5 给出了安徽省 2006 年和 2016 年的 LISA 象限图，可以看出，2006 年安徽省区域

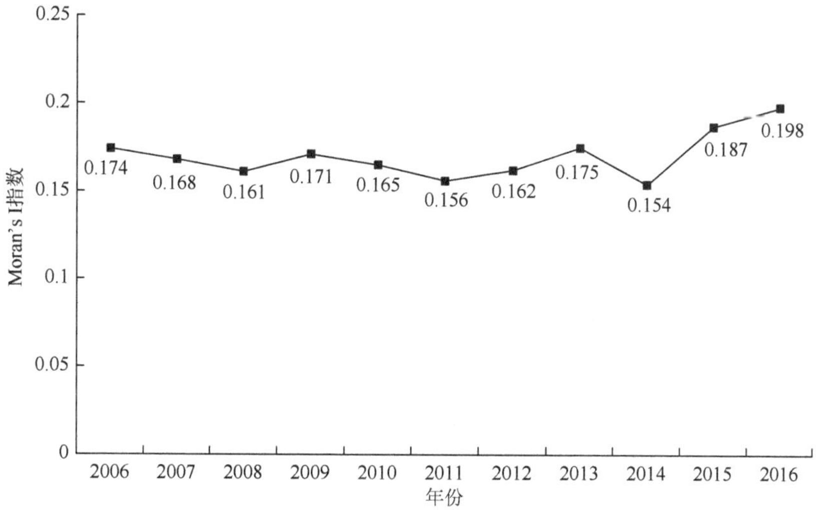

图 7-4　安徽省 2006～2016 年经济水平的全域 Moran's I 指数

注：除 2015 年 Moran's I 指数检验的 Z 值为 1.34 不显著以外，其他年份均通过了 5%以上显著性检验

空间相关性基本分布在第二象限（高-低分布）和第四象限（低-高分布），说明安徽省各地区经济水平差异较大，邻近地区之间经济交流的缺乏导致地区经济增长的不平衡，形成经济“孤岛”，地区经济发展对邻近地区经济增长的带动作用有限。根据 2016 年的 LISA 图形可以看出，安徽省经济关联逐渐加强，第一象限的高-高分布与第三象限的低-低分布逐渐分化，池州市位于第三象限说明池州地区经济水平较低，邻近地区的经济水平也相对偏低，芜湖、亳州等地区处于第一象限，邻近地区经济发展水平高于本地区，这就验证了安徽省近年来经济增长的实现，高值分布地区不断增加，地区之间的差异逐渐减小，但是需要注意的是这样也会导致省内经济发展的失衡。

（二）产业耦合对安徽省经济增长的影响

表 7-11 为采用本章建立的空间模型对安徽省产业融合影响经济增长的空间模型回归结果。本章建立的动态空间计量模型在估计之前需要选择模型，一般使用 LM 检验，检验原则为：首先对比空间滞后和 SEM 的 LM 检验，显著性较好的模型为合适模型，在 LM 检验无法判别时对比两个模型的稳健 LM 检验（robust LM test）。在考虑 SDM 的情况下，可以通过模型已有的参数结果检验原假设：H_0：$\theta=0$ 且 H_0：$\theta+\delta\beta=0$，从而判断 SDM 模型与 SAR 模型和 SEM 模型之间的相关关系。由于 SDM 模型是包含空间滞后模型和 SEM 模型更为广泛化的模型，模型选择的原则如下。

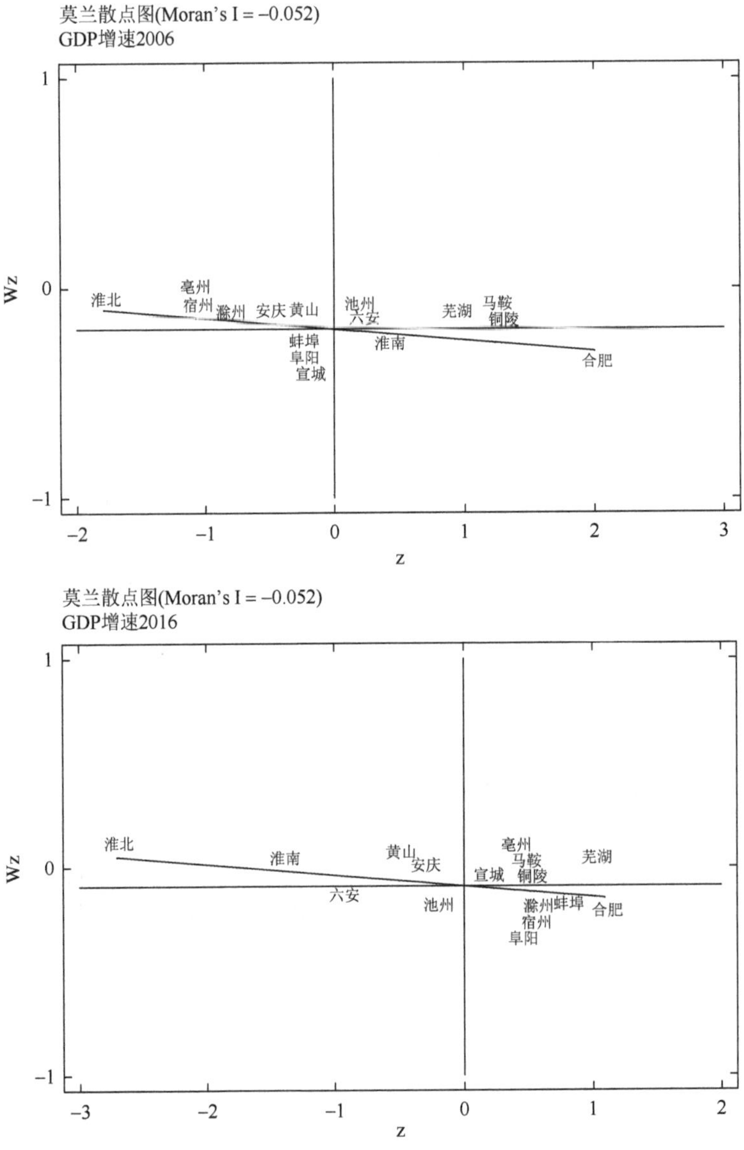

图 7-5 安徽省经济增长的 LISA 图

（1）全部拒绝原假设则选择 SDM 模型。

（2）拒绝第一个原假设，且 LM 检验符合 SAR 则选择 SAR 模型。

（3）拒绝第二个原假设，且 LM 检验符合 SEM 则选择 SEM 模型。

（4）一个条件都不能满足或者 LM 和 Wald/LR 检验不一致时则采用 SDM。

表 7-11　产业融合与安徽省经济增长的空间模型回归

变量	SAR	SEM	SDM
IFD	5.307** (2.416)	4.610** (2.206)	3.093* (1.639)
K	0.598 (0.490)	1.385*** (0.380)	1.365*** (0.291)
RD	−0.243 (7.400)	1.729 (6.286)	1.523** (0.608)
L	−0.825** (0.412)	−0.250 (0.402)	−0.385 (0.301)
OPEN	2.172* (1.206)	1.757* (1.062)	2.379*** (0.907)
FDI	2.166* (1.146)	2.250** (0.978)	1.092 (0.894)
常数项	3.246 (5.431)	−5.453 (5.425)	7.281*** (1.600)
Spatial-rho	0.760*** (0.057)		0.461*** (0.100)
Spatial-lambda		0.854*** (0.035)	
组内 R^2	0.6024	0.7795	0.8891
样本量	176	176	176
LM-err		3.5184 [0.000]	
LM-lag	4.7939 [0.029]		
稳健 LM-err		3.7311 [0.003]	
稳健 LM-lag	5.0066 [0.006]		

注：***、**和*分别表示通过了 1%、5%和 10%的显著性检验，小括号内为标准误，中括号内为 *P* 值。由于篇幅限制，本章未给出 SDM（W^*解释变量）的系数估计值。

根据表 7-11 的估计结果，首先对比 LM 检验，可以看出在 1%的显著性水平下，SAR 模型和 SEM 模型均拒绝原假设，说明 LM 检验无法判断 SAR 模型和 SEM 模型在本节回归中哪个更优，因此进一步检验稳健 LM 模型，在 5%的显著性水平上依然无法判断出最优模型，因此考虑 SDM 模型检验，根据第一条的检验原则：LM 检验和稳健 LM 检验全部拒绝原假设，则 SDM 模型相比于 SAR 模型和 SEM 模型对模型的拟合程度更好。

根据表7-11，无法拒绝SAR模型和SEM模型，根据空间模型选择准则，最优模型应该选择SDM模型。因此以SDM模型为主，结合SAR模型和SEM模型对本章的回归结果进行对比分析。根据SDM模型估计结果可以看出，模型的R^2为0.8891，说明变量解释了模型88.91%以上的信息，这在面板数据模型中样本较大的情况下是十分理想的结果。根据估计结果，可以得到以下结论。

（1）空间相关系数ρ（Spatial-rho）和λ（Spatial-lambda）的检验说明模型空间相关性的存在，无论是SAR模型、SEM模型还是SDM模型，空间相关性系数显著为正说明变量之间存在空间相关性，本章的空间相关性分析具有合理性。SDM 的IFDO值为0.461，且通过了1%的显著性检验，说明SDM模型整体的相关性达到了46.1%。

（2）IFD对于安徽省经济增长的影响显著为正，在SAR模型和SEM模型中通过了5%的显著性检验，SDM模型显著性较差，仅通过了10%的显著性水平。说明安徽省战略性新兴产业和传统优势产业融合直接促进了安徽省经济增长。

（3）从控制变量来看，SDM 模型的整体显著性水平较高，我们省略了空间权重矩阵与解释变量的交互项，这也说明随着交互项的加入，并未影响模型的显著性，SDM模型可以有效地进行变量拟合，SAR模型和SEM模型的显著性则相对较差。在控制变量中，除劳动L和FDI不显著以外，K、RD和OPEN都能够显著地促进安徽省经济增长，是安徽省经济增长的主要驱动因素。

在静态模型的基础上，将模型扩展到动态空间模型，考虑模型式（7-27）的形式，加入空间项和被解释变量的滞后项，考察产业融合对经济动态变动带来的相关影响，模型形式设定为

$$Y_{it} = \alpha_{it} + \tau Y_{i,t-1} + \delta W \cdot Y_{it} + \eta W \cdot Y_{i,t-1} + \beta_1 X_{it} + \beta_2 W X_{it} + v_{it}$$

$$v_{it} = \rho v_{i,t-1} + \lambda W v_{it} + \mu + \varepsilon_{it} \iota_N + \varepsilon_{it} \qquad (7\text{-}28)$$

$$\mu = \kappa W \mu + \xi$$

在模型中加入被解释变量的一阶滞后项$(Y_{i,t-1})$和空间项的一阶滞后$(\eta W \cdot Y_{i,t-1})$以后构成动态空间杜宾模型（DSDM），再用极大似然估计（maximum likelihood estimation，MLE）对这一模型进行估计得到表7-12的估计结果。

表 7-12　产业融合影响经济增长的动态空间杜宾模型回归

变量	系数	变量	参数
L.pgdp	0.394*** （0.076）	L.Wpgdp	−0.105 （0.020）
IFD	1.597*** （0.032）	L.W*gdpd	−1.521*** （0.5496）

续表

变量	系数	变量	参数
K	0.542 （1.026）	Wk	−0.584 （0.411）
RD	0.847 （0.878）	Wrd	6.158 （6.887）
L	1.150** （0.513）	Wl	−3.594*** （0.469）
OPEN	−0.254** （0.116）	Wopen	5.858 （10.871）
FDI	−7.580*** （14.325）	Wfdi	−9.073 （10.942）
Spatial-rho	0.415*** （0.132）	组内 R^2	0.6078

注：***、**和*分别表示通过 1%、5%和 10%的显著性检验，小括号内为标准误。由于篇幅限制，本章未给出 SDM（W^*解释变量）的系数估计值。

根据表 7-12 的模型估计结果，可以得到如下结论。

（1）模型的空间相关系数为 0.415，通过了 1%的显著性检验，再次验证了产业融合影响安徽省经济增长水平具备空间效应，如果单纯地进行普通回归而遗漏空间因素，导致模型的估计偏误。空间项滞后一期（L.Wpgdp）的系数不显著，难以判断上一期邻近地区经济增长对于本地区当前经济产生的影响。

（2）经济增长滞后一期（L.pgdp）系数为正且能够通过 1%的显著性检验，说明安徽省经济增长即使在加入空间变量以后依然存在动态效应，即本地区的经济基础决定了当前发展速度，这就导致经济增长容易出现增长发散，难以出现经济增长速度收敛的趋势，扩大了地区经济差距，给安徽省经济增长整体水平带来不利影响。因此，安徽省在推进产业融合和产业布局时需要考虑经济差异，既要认识到经济发达地区产业融合基础较好，又要统筹兼顾经济欠发达地区的产业融合，发挥地区传统优势产业的优势，促进经济赶超。

（3）IFD对经济增长具有稳定的促进作用，通过了1%的显著性检验，说明当前我国整体经济“软着陆”，在经济发展形势步入“新常态”的条件下，战略性新兴产业和传统优势产业融合正是新的经济增长点。战略性新兴产业的布局不仅是我国赢得国际竞争、实现经济增长的重要因素，也是安徽省寻求自身均衡发展和经济增长的重要支撑，更是当前转变经济发展方式，实现绿色发展、稳定发展的重要途径。因此，安徽省需要加强战略性新兴产业和传统优势产业的融合，促进整体经济增长和地区经济协调发展。

（三）空间效应分析

空间杜宾模型不同于其他模型的一个显著特点是，系数并不能代表边际弹性，这是因为反馈效应的存在，对空间模型的解释最重要的是空间效应，当某一个因素发生变化时，本地区产业结构发生转换，同时也会影响邻近地区并经过传导引起一系列反馈效应。空间效应可以分为直接效应和间接效应：某个变量的变化引起本地区产业结构转变的效应称为直接效应，包括直接影响和经过反馈调整以后的影响效应；本区域变量变化导致的邻近区域产业结构发生变化称为间接效应，也称空间溢出效应，在动态空间杜宾模型中，可以将空间效应分解为长期和短期两种情况，为了得到空间效应，对本章的 SDM 模型进行分解，得到表 7-13 的空间溢出效应分析结果。

表 7-13　产业融合影响经济增长的空间溢出效应

变量	直接效应	间接效应	总效应
IFD	2.081*** （0.753）	2.824*** （0.082）	4.906** （0.115）
K	1.284*** （0.317）	−1.940 （2.603）	−0.656 （2.755）
RD	2.898*** （0.918）	3.807*** （1.161）	6.705*** （2.367）
L	−0.950 （0.577）	−1.655 （1.496）	2.606*** （0.776）
OPEN	3.618*** （1.316）	3.528* （1.983）	7.146* （3.821）
FDI	1.053 （1.095）	−3.004** （1.227）	−1.951** （0.852）

注：***、**和*分别表示通过 1%、5%和 10%的显著性检验，小括号内为标准误。由于篇幅限制，本章未给出 SDM（W^*解释变量）的系数估计值。

根据表 7-13 的空间溢出效应分析结果，可以看出 SDM 模型将变量的空间效应分解为直接效应、间接效应（溢出效应）和总效应，通过对表 7-13 的分析得到以下结论。

（1）IFD 的直接效应为正，通过了 1%的显著性检验，直接效应表示变量 IFD 对自身被解释变量的影响，与 IFD 的回归系数较为接近，说明 IFD 对本地区经济增长的影响显著为正。IFD 的间接效应为正，总效应同样为正，表示 IFD 对于邻近地区存在溢出效应，且这一效应是正向的促进作用，意味着本地区产业融合度水平的提升，能够带来邻近地区经济的增长。这是由于本地区产业融合发展，带来技术溢出效应，并带动邻近地区产业升级，从而引起经济水平的提升。

（2）K 的直接效应显著为正，溢出效应和总效应不显著。这说明资本的内敛特征十分明显，资本投资对于本地区经济发展具有重要作用，对邻近地区产生的作用则相对较小。在招商引资背景下，中国地方政府竞争主要途径之一就是通过本地区资本投资赢得经济主动权或者政治晋升，因此资本对本地区的效应最大，安徽省各地区需要加强自身资本投资水平，实现经济增长。

（3）从其他控制变量来看，RD 的三种空间效应都显著为正，这就说明了 RD 支出不仅对于本区域的经济增长存在正向作用，也会带来技术溢出效应，促进邻近地区的经济增长。L 的直接效应和间接效应不显著，总效应显著为正，对安徽经济增长存在促进作用。对外 OPEN 的直接效应、间接效应和总效应显著为正，显著性偏低，但是可以看出对外开放程度的提升对于经济增长具有较大促进作用。FDI 的溢出效应和总效应显著为负，说明 FDI 对邻近地区产生不利影响，FDI 是资本投资的一种形式，对于本地区发展有利，但是当前安徽省不合理的 FDI 投资结构，导致环境污染和产业结构落后。FDI 以劳动密集型低端制造业为主，已经不满足当前安徽省经济结构调整的需求，需要优化 FDI 投资结构，使得 FDI 能够有效地服务于安徽省经济增长需求。

三、对安徽省绿色全要素生产率的影响

（一）安徽省绿色全要素生产率的估计方法

为了评估安徽省产业融合对区域全要素生产率的影响，需要采用准确的方法对绿色全要素生产率进行评估。在绿色全要素生产率的估计模型中，DEA分析由于可以考虑经济环境的非期望产业，对区域发展的最大产出和最小冗余进行衡量，成为全要素生产率估计的一种常用且有效的方法。非期望产出是指在经济活动中不希望产生的负向经济效益，具体到绿色全要素生产率的评估上，最大产出和最小冗余也即最大化经济效益，最小化资源使用或环境污染。在处理非期望产出问题上，Tone（2002）首先提出了SBM-DEA可以对这一问题进行有效处理（Song and Wang，2015），因此本节采用这一方法进行绿色全要素生产率的估计。

目前，国内外学者常采用传统的 DEA 模型，如 CCR（A. Charnes & W. W. Cooper & E. Rhodes）及 BCC［Banker，Charnes & Cooper（1984）］模型对全要素生产率进行测算，但是传统的 DEA 模型都是基于径向和角度的思想，无法测算松弛变量对相对效率产生的影响，由此可能高估决策单元的效率。Tone（2002）提

出的 SBM-DEA 模型是基于松弛变量的非径向和非角度的效率评价模型，通过纳入松弛变量解决了投入和产出变量的松弛性问题，并且避免了由径向和角度选择的不同导致评价效率时产生的偏差。但是在构建模型中，如果多个决策单元同时有效，那么就会导致传统的 SBM-DEA 模型无法继续进行评价，此外，为测度安徽省各地区能源和环境双约束的绿色全要素生产率，将非期望产出纳入评价指标体系是十分必要的。因此，本章选取考虑非期望产出的超效率 SBM-Undesirable 模型。假设有 N 个决策单元，在 t 时期决策单元的投入变量、期望产出和非期望产出可以分别表示为 $x_{kn}^t \in R_+^N$ 、 $y_{kn}^t \in R_+^M$ 和 $b_{kn}^t \in R_+^I$ ，对应的矩阵表示为 $X=[x_1^t,\cdots,x_n^t]\in R_+^{N\times n}>0$ 、 $Y=[y_1^t,\cdots,y_n^t]\in R_+^{M\times n}>0$ 和 $B=[b_1^t,\cdots,b_n^t]\in R_+^{I\times n}>0$ ，在规模报酬不变的情况下，生产可能性集 P 可以用如下集合进行表示： $P=\{(x_{kn}^t,y_{kn}^t,b_{kn}^t)\mid x_{kn}^t\geqslant X\lambda_k^t,y_{kn}^t\geqslant Y\lambda_k^t,b_{kn}^t\geqslant B\lambda_k^t,\lambda_k^t\geqslant 0\}$ ，其中， λ 表示 R_+^n 上的一个非负权重向量。 s_n^x ， s_m^y 和 s_i^b 分别表示投入、期望产出和非期望产出的松弛向量。该模型的数学表达为

$$\rho^* = \min \frac{1-\dfrac{1}{N}\sum_{n=1}^{N}\dfrac{s_n^x}{x_{kn}^t}}{1+\dfrac{1}{M+I}\left(\sum_{m=1}^{M}\dfrac{s_m^y}{y_{km}^t}+\sum_{i=1}^{L}\dfrac{s_i^b}{b_{kt}^t}\right)}$$

$$\text{s.t.}\begin{cases}\sum\limits_{k=1,k\neq j}^{K}\lambda_k^t x_{kn}^t + s_n^x = x_{kn}^t,\ n=1,\cdots,N \\ \sum\limits_{k=1,k\neq j}^{K}\lambda_k^t x_{kn}^t - s_m^y = y_{km}^t,\ m=1,\cdots,M \\ \sum\limits_{k=1,k\neq j}^{K}\lambda_k^t b_{kt}^t + s_t^b = b_{ki}^t,\ i=1,\cdots,I \\ \lambda_k^t\geqslant 0,\ s_n^x\geqslant 0,\ s_m^y\geqslant 0,\ s_i^b\geqslant 0,\ k=1,\cdots,K\end{cases} \tag{7-29}$$

使用 DEA 方法测度绿色全要素生产率时，潜在假设认为所有决策单元拥有相同或类似的技术水平，即具有同一生产前沿。在实际研究中，安徽省 16 个地级市在经济发展、对外开放等方面具有较大的差异。如果对所有决策单元构建同一个生产前沿面将无法准确衡量各省市真实的绿色全要素生产率，结果可能产生较大偏差。针对这一问题，Hayami 和 Ruttan（1970）首次提出能够测度不同的生产技术集合下生产者效率的共同前沿生产函数的概念性框架。经过发展，Battese 和 Rao（2002）根据一定的标准将决策单元划分为不同的群组，利用随机前沿分析方法构建所有决策单元的共同前沿及各组决策单元的群组前沿，估计出共同前沿和群组前沿的技术效率，进而对二者之间的共同技术比率（meta-technology ratio，

MTR）进行比较。Rao 等（2003）将随机前沿模型（stochastic frontier approach，SFA）与 DEA 的决策单元潜力相结合，解释了模型的共同前沿和群组前沿问题。Battese 等（2004）以 DEA 法代替 SFA 方法建立了以 DEA 方法构建共同前沿和群组前沿的分析框架，有效地弥补了上述方法的缺陷。

1. 共同前沿与群组前沿

共同前沿和群组前沿的差异主要在于二者所参照的技术集合不同。共同前沿和群组前沿分别代表潜在技术水平和真实技术水平。根据 Battese 等（2004）构建的共同前沿模型，将所有决策单元分为 i 个群组，在考虑非期望产出的情况下，群组技术集合可以表示为

$$T_G=\{(x_i,y_i,b_i):x_i\geqslant 0,y_i\geqslant 0,b_i\geqslant 0;x_i\text{能够生产出}(y_i,b_i)\}\quad(7\text{-}30)$$

式中，x_i 为投入向量；y_i 为经济活动中期望产出的向量集合；b_i 为非期望产出向量。该式可以表示在技术集合 T_G 下，若要达到一定产出 $P_G(y_i,b_i)$ 投入量 x_i 所要达到的条件。其对应的生产可能集表示为

$$P_G(x_i)=\{(y_i,b_i):(x_i,y_i,b_i)\in T_G\}\quad(7\text{-}31)$$

由于共同前沿是群组前沿的包络曲线，因此考虑非期望产出的共同技术集合 T_M 应满足：

$$T_M=\{T^1\cup T^2\cup\cdots\cup T^i\}，\ T_M=\{(x,y,b):x\geqslant 0,y\geqslant 0,b\geqslant 0;x\text{能够生产出}(y,b)\}$$

其对应的生产可能集表示为

$$P_M(x)=\{(y,b):(x,y,b)\in T_M\}\quad(7\text{-}32)$$

群组技术效率（group technical efficiency，GTE）与共同技术效率（meta-technology efficiency，MTE）等价于各自生产可能集的方向性距离函数，即群组技术效率（共同技术效率）等价于以群组前沿（共同前沿）为基础的方向性距离函数。群组距离函数和共同距离函数分别表示为

$$0\leqslant \vec{D}_G(x_i,y_i,b_i)=\sup_\lambda\{\lambda>0:(x_i/\lambda)\in P_G(y_i,b_i)\}=\text{GTE}(x,y,b)\leqslant 1$$

$$0\leqslant \vec{D}_M(x,y,b)=\sup_\lambda\{\lambda>0:(x/\lambda)\in P_M(y,b)\}=\text{MTE}(x,y,b)\leqslant 1$$

式中，$\vec{D}_G(x_i,y_i,b_i)$ 和 $\vec{D}_M(x,y,b)$ 分别为在群组技术水平和共同技术水平下的投入距离函数。当投入量 x_i 或 x 在集合 $p_G(y_i,b_i)$ 或 $p_M(y,b)$ 外部时，距离大于 1；如果二者在集合的边界上，距离等于 1。

在上述方向性距离函数的基础上，定义在非期望产出情况下从 t 期到 $t+1$ 期的 Group-frontier-Malmquist-Luenberger（GML）指数为

$$\text{GML}_i^{t,t+1}=\text{GEC}_i^{t+1}\cdot\text{GTC}_i^{t+1}\quad(7\text{-}33)$$

$$\text{GEC}_i^{t,t+1}=\frac{1+\vec{D}_G^t(x_k^t,y_k^t,b_k^t;y_k^t,-b_k^t)}{1+\vec{D}_G^{t+1}(x_k^{t+1},y_k^{t+1},b_k^{t+1};y_k^{t+1},-b_k^{t+1})}\quad(7\text{-}34)$$

$$\mathrm{GTC}_i^{t,t+1}=\frac{1+\vec{D}_G^{t+1}(x_k^{t+1},y_k^{t+1},b_k^{t+1};y_k^{t+1},-b_k^{t+1})}{1+\vec{D}_G^{t}(x_k^{t+1},y_k^{t+1},b_k^{t+1};y_k^{t+1},-b_k^{t+1})}\cdot\frac{1+\vec{D}_G^{t+1}(x_k^{t},y_k^{t},b_k^{t};y_k^{t},-b_k^{t})}{1+\vec{D}_G^{t}(x_k^{t},y_k^{t},b_k^{t};y_k^{t},-b_k^{t})}$$

（7-35）

式中，$\mathrm{GEC}_G^{t,t+1}$ 指数衡量了决策单元在第 G 个群组前沿下从 t 时期到 $t+1$ 时期之间的移动，$\mathrm{GTC}_G^{t,t+1}$ 指数测度了技术落后地区向技术先进地区技术追赶的可能性，是研究地区绿色全要素生产率差异及进行技术追赶的重要指标。

2. 共同技术比率

构建共同前沿模型的一个核心指标就是 MTR，将其定义为决策单元实际产出在群组前沿所对应的技术水平相对于其在潜在共同前沿所对应的技术水平的比值，反映被评价决策单元实际产出技术水平对共同前沿的偏离程度。以单一投入产出系统为例，假设决策单元被分为三个群组，分别对应的群组前沿为群组 1、群组 2、群组 3，图 7-6 展示了考虑非期望产出情况下群组 2 的某决策单元的投入产出组合 A_3 的 MTR 的测算方法，MTR 计算公式如下：

$$\mathrm{MTR}^i(x_i,y_i,b_i)=\frac{\mathrm{MTE}(x,y,b)}{\mathrm{GTE}(x_i,y_i,b_i)}=\frac{\vec{D}_M(x,y,b)}{\vec{D}_G(x_i,y_i,b_i)}=\frac{BA_3/BA_1}{BA_3/BA_2}=\frac{BA_2}{BA_1} \quad (7\text{-}36)$$

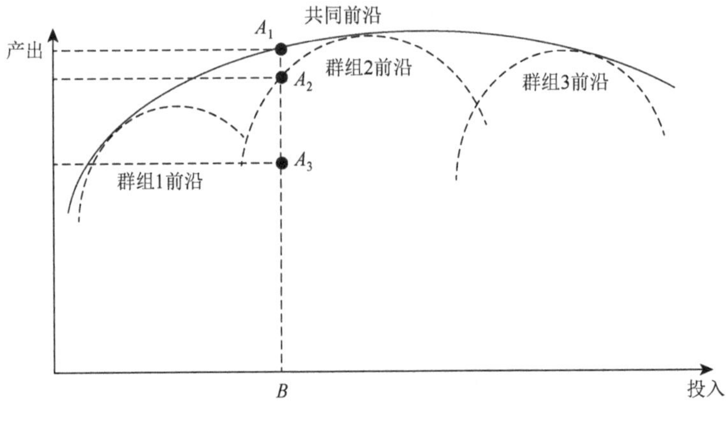

图 7-6　共同前沿、群组前沿与共同技术比率

显然，MTR 的取值为 $0\leqslant \mathrm{MTR}\leqslant 1$。用其衡量在同一决策单元不同前沿下的技术效率差异，MTR 值越接近于 1，表示技术效率越高。图 7-6 为共同前沿和群组前沿的基本图形。

3. MML 指数及其分解

对于全要素生产率的分解，借鉴王兵等（2010）的分解技术，将 MML 指数分解为群组效率变动指数（GEC）、群组技术进步指数（GTC）、纯粹技术追赶（PTCU）和潜在技术相对变动（PTRC），分解式如下：

$$\begin{aligned}\mathrm{MML}&=\mathrm{GML}\times\frac{\mathrm{MML}}{\mathrm{GML}}=\mathrm{GEC}\times\mathrm{GTC}\times\frac{\mathrm{MEC}\times\mathrm{MTC}}{\mathrm{GEC}\times\mathrm{GTC}}\\&=\mathrm{GEC}\times\mathrm{GTC}\times\mathrm{PTCU}\times\mathrm{PTRC}\\\mathrm{PTCU}^{t,t+1}&=\frac{\mathrm{MTR}^{t+1}(x_{t+1},y_{t+1},b_{t+1})}{\mathrm{MTR}^{t}(x_t,y_t,b_t)}=\frac{\mathrm{MTE}^{t+1}/\mathrm{GTE}^{t+1}}{\mathrm{MTE}^{t}/\mathrm{GTE}^{t}}\\&=\frac{\dfrac{\vec{D}_M^{t}(x_t,y_t,b_t)}{\vec{D}_M^{t+1}(x_{t+1},y_{t+1},b_{t+1})}}{\dfrac{\vec{D}_G^{t}(x_t,y_t,b_t)}{\vec{D}_G^{t+1}(x_{t+1},y_{t+1},b_{t+1})}}=\frac{\mathrm{MEC}^{t,t+1}}{\mathrm{GEC}^{t,t+1}}\\\mathrm{PTRC}^{t,t+1}&=\sqrt{\frac{\mathrm{MTR}^{t}(x_t,y_t,b_t)}{\mathrm{MTR}^{t+1}(x_{t+1},y_{t+1},b_{t+1})}\cdot\frac{\mathrm{MTR}^{t}(x_{t+1},y_{t+1},b_{t+1})}{\mathrm{MTR}^{t+1}(x_t,y_t,b_t)}}\\&=\sqrt{\frac{\dfrac{\vec{D}_M^{t+1}(x_t,y_t,b_t)}{\vec{D}_M^{t}(x_t,y_t,b_t)}\cdot\dfrac{\vec{D}_M^{t+1}(x_{t+1},y_{t+1},b_{t+1})}{\vec{D}_M^{t}(x_{t+1},y_{t+1},b_{t+1})}}{\dfrac{\vec{D}_G^{t+1}(x_t,y_t,b_t)}{\vec{D}_G^{t}(x_t,y_t,b_t)}\cdot\dfrac{\vec{D}_G^{t+1}(x_{t+1},y_{t+1},b_{t+1})}{\vec{D}_G^{t}(x_t,y_t,b_t)}}}=\frac{\mathrm{MTC}^{t,t+1}}{\mathrm{MEC}^{t,t+1}}\end{aligned}\tag{7-37}$$

若 PTCU＞1，表示实际技术生产效率和潜在技术生产效率之间的差距逐渐缩小，则存在技术追赶效应，否则不存在追赶效应。若 PTRC＜1，则表示群组生产前沿对共同生产前沿具有追赶效应，若 PTRC＞1，表明群组生产前沿对共同生产前沿技术追赶具有较大难度。

（二）安徽省全要素生产率变动特点

本章测度在环境约束下的安徽省全要素生产率，根据上述对于 DEA 模型的介绍，将数据划分为投入和产出两大类别，其中产出部分由期望产出和非期望产出构成如下具体指标。

（1）劳动投入。其表示地区的劳动要素投入，以年末劳动力数量作为替代指标，单位是“万人”。

（2）资本投入。资本投入表示安徽省各地区的资本实力和经济实力，以资本存量进行衡量，对于资本存量的计算按照公式 $K_{it}=I_{it}+(1-\delta_{it})K_{i(t-1)}$ 得到，其中 K_{it} 表示实际资本存量，是需要计算的指标，I_{it} 为地区固定资本投资总量，δ_{it} 则表示资产的折旧率，因此不同地区经济水平和经济发展方式的差异，必然导致折旧率的差异，对样本内地区分别采取不同的折旧率进行资本存量的折算。另外，选用不同的初始资本存量会导致估计结果的差异，因此本章采用固定资产投资比例法来确定基期物质资本存量，其计算公式为：$K_{io}=I_{io}/(\delta+r)$，K_{io}为基期物质资本存量，I_{io}为基期固定资产投资，δ和r分别为折旧率和固定资产投资增长速度，这里选取2006年作为基期。

（3）能源投入。这里采用2006～2016年各地区的能源消费总量表示，单位是“万吨标准煤”。

（4）期望产出。期望产出直接与安徽省经济发展水平相关，由于本节计算的是安徽省绿色全要素生产率，因此产出指标使用地区GDP来表示，为了消除通胀因素按照各年的价格进行平减。

（5）非期望产出。非期望产出主要衡量地区经济活动的环境污染程度，我国环境主要污染物来源于工业污染，因此采用工业SO_2排放量、工业烟尘（粉尘）排放量和工业废水排放量三个指标表示，这三个指标是目前监测的主要污染指标。

本章通过总计2006～2016年《安徽统计年鉴》及《安徽统计公报》获取安徽省16个市区的面板数据，其中2011年巢湖市撤销地级市，一区四县分别并入合肥、芜湖和马鞍山，因此针对2006～2010年巢湖市相关指标的数据，本章对相应的数据咨询安徽省统计局并进行了处理，将其分别划分到合肥、芜湖、马鞍山三市的相关指标中。

Malmquist指数是技术变化（technical change, TC）和效率变化（efficiency change, EC）的综合作用，可以很好地衡量安徽省各地区全要素生产率的变化情况，本章结合软件MaxDEA6.0可以得到安徽省16个市2006～2016年的节能减排效率的全要素生产率，具体如表7-14所示。

表7-14 安徽省各地区全要素生产率

地区	2006年	2007年	2008年	2009年	2010年	2011年	2012年	2013年	2014年	2015年	2016年
合肥	1.224	1.233	1.227	1.266	1.096	1.158	1.113	1.188	1.046	1.170	1.171
芜湖	1.108	1.206	1.079	1.155	1.141	1.002	1.016	1.036	1.114	1.093	1.081
宣城	1.112	1.065	0.802	1.119	1.317	1.041	1.006	1.055	0.975	1.047	1.046
淮北	0.993	0.969	1.061	1.015	0.993	1.030	1.013	1.013	1.018	1.011	1.014
马鞍山	1.138	1.154	0.904	1.030	0.987	0.889	0.988	0.984	0.982	1.003	1.010
淮南	1.047	2.132	0.753	0.932	1.031	0.803	0.707	1.520	0.686	0.995	0.992
蚌埠	1.080	1.082	0.735	0.766	1.202	0.963	1.048	1.146	0.967	0.986	1.067
阜阳	0.982	1.310	0.759	0.966	1.035	0.979	0.973	0.979	0.961	0.985	1.033
宿州	1.256	0.971	0.782	0.927	1.050	0.992	0.931	1.008	0.990	0.983	0.987
黄山	1.011	0.960	0.912	0.972	1.016	1.025	0.960	1.011	0.947	0.979	0.979
滁州	0.839	0.857	0.794	0.985	1.357	0.955	0.966	1.071	0.967	0.965	1.001
六安	1.190	1.098	0.641	0.930	1.307	0.951	0.874	0.728	1.115	0.959	0.954

续表

地区	2006年	2007年	2008年	2009年	2010年	2011年	2012年	2013年	2014年	2015年	2016年
安庆	0.932	1.086	0.764	0.955	1.518	1.031	0.729	0.652	1.145	0.950	0.966
铜陵	0.939	0.884	0.887	0.999	1.018	0.994	1.007	1.114	0.740	0.948	0.951
亳州	0.883	0.861	0.754	0.816	0.979	0.974	0.954	0.982	0.940	0.901	0.934
池州	0.378	1.059	0.649	0.484	1.445	0.868	0.851	0.966	0.842	0.782	0.863
均值	1.007	1.120	0.844	0.957	1.156	0.978	0.946	1.028	0.965	0.985	1.003

根据表7-14可以看出，2006～2016年安徽省各地级市的全要素生产率指数总体接近或者超过1，说明各地区全要素生产率的进步向生产前沿面靠近，也就是说各地区的综合效率有着明显的提升。从分地区来看，进步速度最快的是安徽、淮北、宿州、蚌埠、芜湖和宣城，全要素生产率指数均超过1，进步速度较快。效率较低的是池州，在2006年生产前沿面进步速度仅有0.378，虽然2010年达到1.445，以及在2011年以后进步速度加快，但是整体效率依然偏低。铜陵和黄山的水资源使用效率进一步呈现一定的下降趋势，2014年全要素生产率甚至低于2006～2007年，特别是铜陵地区2014年节能减排综合效率进步速度仅有0.740，属于省内最低值。

虽然整体上安徽省各地级市的全要素生产率不断提高，但是部分地区形式仍然不乐观，图7-7为安徽省16个地级市绿色全要素生产率的基本变动趋势，可以看出大部分地区绿色全要素生产率的变动趋势基本呈现平稳状态，部分年份出现突然增加或者降低的趋势。在所有的地级市中亳州市、芜湖市、黄山市和马鞍山市绿色全要素生产率出现较为明显的上升趋势，淮南市2008年以后变化较为平缓，2012年以后出现下降趋势。

图7-8为安徽省绿色全要素生产率空间相关性的变动趋势。可以看出安徽省绿色全要素生产率存在正向的全域空间自相关性。在2006～2016年中，安徽省绿色全要素生产率Moran’s I值最低为0.038，最高为0.228。在2006～2011年安徽省绿色全要素生产率的Moran’s I指数除2009年出现短暂波动外基本呈现下降的趋势，2008年金融危机给安徽省经济带来较大的影响同时我国“四万亿”投资计划给经济发展带来了新的动力，短暂地带动了绿色全要素生产率的提升，然而由于安徽省开始进行环境治理和结构调整，绿色全要素生产率依然呈现下降趋势。2011～2013年绿色全要素生产率开始攀升并达到第一个极值点，随后在2013年快速下降以后出现较高速度的提升，2013年是安徽省战略性新兴产业布局的重要节点，因此需要检验这一增长是否是由于战略性新兴产业和传统优势产业融合带来的影响。

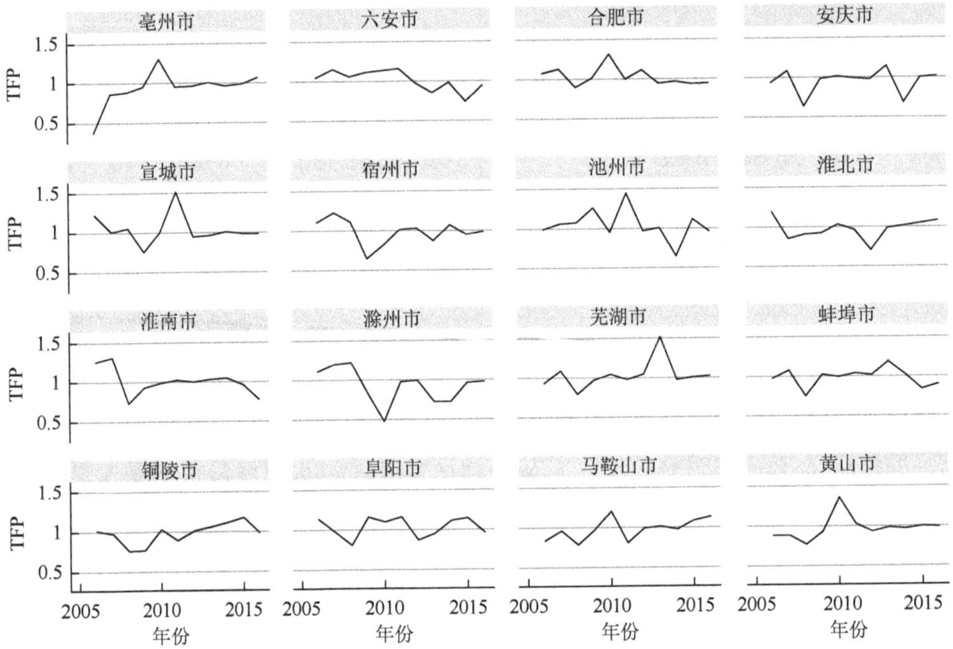

图 7-7 各地区全要素生产率变动趋势

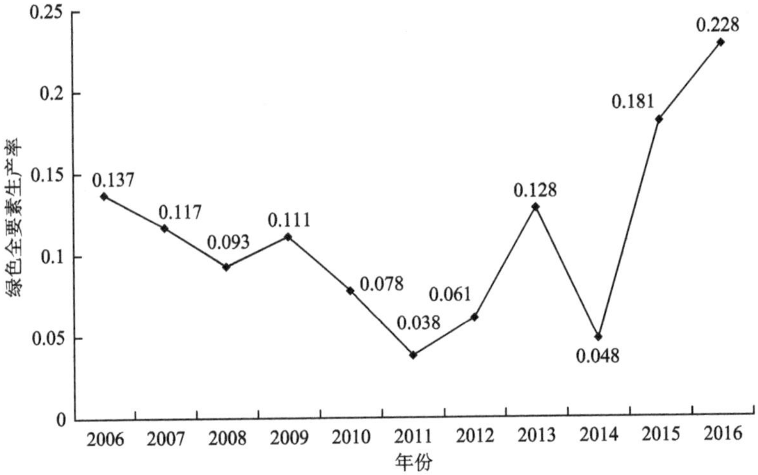

图 7-8 安徽省绿色全要素生产率空间相关性变动趋势

（三）产业融合对安徽省绿色全要素生产率的影响

表7-15给出了安徽省战略性新兴产业和传统优势产业融合的空间计量模型估计结果，依次是SAR模型、SEM模型和SDM模型。首先以LM检验判断模型的

显著性，LM 初始检验结果显示 SAR 模型和 SEM 模型均在 1%的显著性水平上拒绝原假设，因此 LM 检验无法判断模型选择。进一步进行稳健 LM 检验，稳健 LM 检验在 5%的水平上依然无法进行模型判断，因此考虑 SDM 模型的适用性。

表 7-15 产业融合影响绿色全要素生产率的空间模型回归

变量	SAR	SEM	SDM
IFD	0.471*** （0.138）	0.529*** （0.146）	0.372** （0.145）
K	0.044*** （0.017）	0.079*** （0.029）	0.022*** （0.009）
RD	–4.214 （4.085）	–5.261 （4.102）	–3.023 （4.190）
L	0.011*** （0.005）	–0.002 （0.028）	0.049* （0.029）
OPEN	–0.064 （0.059）	–0.068 （0.060）	–0.059** （0.029）
FDI	0.506 （0.612）	0.662 （0.635）	0.163** （0.072）
常数项	1.326*** （0.393）	2.285*** （0.296）	2.140** （0.947）
Spatial-rho	0.393*** （0.132）		0.158*** （0.059）
Spatial-lambda		0.250*** （0.103）	
组内 R^2	0.6401	0.6295	0.6692
样本量	176	176	176
LM-err		7.1748 [0.007]	
LM-lag	7.3783 [0.000]		
稳健 LM-err		3.6274 [0.037]	
稳健 LM-lag	3.4239 [0.000]		

注：***、**和*分别表示通过 1%、5%和 10%的显著性检验，小括号内为标准误。由于篇幅限制，本章未给出 SDM（W^*解释变量）的系数估计值。

根据表 7-15 的估计结果，可以看出 SDM 的空间相关性系数为 0.158，显著为正，因此模型存在空间相关性，邻近地区之间的绿色全要素生产率能够相互作用。

IFD 的估计系数为 0.372，通过了 5%的显著性检验，说明战略性新兴产业和传统优势产业融合能够促进安徽省绿色全要素生产率的提升。根据本章对绿色全要素生产率的界定，绿色全要素生产率是在既定投入情况下所得到的最大有效产出和最小非期望产出，本章以经济增长代表期望产出，以环境污染代表非期望产出。进行高能耗产业布局和传统优势产业升级实际上是对产业布局的优化，一方面战略性新兴产业带来了更多的经济增长，是当前经济新的增长点，另一方面传统优势产业升级改造淘汰了落后产业，降低了高能耗高污染企业比例，以及技术水平的提升降低了污染物的排放，因此战略性新兴产业和传统优势产业融合可以有效地促进安徽绿色全要素生产率的提升。

（四）溢出效应分析

根据表 7-16 对于安徽省产业融合对绿色全要素生产率的空间效应分解可以看出，IFD 对安徽省绿色全要素生产率的直接效应为 0.364，通过了 5%的显著性检验，说明 IFD 对本地区绿色全要素生产率存在正效应，提升本地区 IFD 水平可以促进本地区绿色全要素生产率的提升，这与表 7-15 模型估计系数具有一致性。IFD 对绿色全要素生产率的间接效应为 0.221，通过了 1%的显著性检验，说明 IFD 存在空间溢出效应，本地区 IFD 的提升可以促进邻近地区绿色全要素生产率的提升，因此安徽省各地区需要加强战略性新兴产业和传统优势产业的融合交流，充分利用产业融合带来的正向溢出效应。IFD 对绿色全要素生产率的总效应为 0.585，通过了 5%的显著检验，说明 IFD 对于本地区和邻近地区绿色全要素生产率总是存在促进作用。

表 7-16　IFD 影响绿色全要素生产率的空间效应分析

变量	直接效应	间接效应	总效应
IFD	0.364** （0.152）	0.221*** （0.081）	0.585** （−2.12）
K	0.022*** （0.009）	−0.119*** （0.046）	−0.097*** （0.040）
RD	−2.394 （4.008）	−1.400 （2.651）	−3.794 （2.759）
L	0.048* （0.028）	0.072*** （0.027）	0.119** （0.116）

续表

变量	直接效应	间接效应	总效应
OPEN	−0.049 （0.059）	−0.656 （0.457）	−0.705 （0.464）
FDI	−0.042 （0.620）	−6.478** （3.039）	−6.520** （3.221）

注：***、**和*分别表示通过1%、5%和10%的显著性水平，小括号内为标准误。

四、对安徽省产业结构升级的影响

（一）安徽省产业结构的衡量

战略性新兴产业和传统优势产业融合的实质就是产业结构的调整和优化升级，两种产业的融合带来的效应最直接地体现在两方面：第一，带动相关产业发展，特别是促进配套生产性服务业发展，促进劳动力向服务业转变；第二，促进产业结构内部优化，促进低端制造业向高端制造业发展，低附加值产业向高附加值产业过渡。这在产业发展理论上分别被称为产业结构高级化和合理化，本节通过建立产业融合度影响安徽省产业结构的空间计量模型，分别检验其对产业结构高级化和合理化的影响。

对于产业结构高级化的衡量，多采用配第-克拉克定律以非农产业产值占比进行衡量，然而这一指标难以反映目前信息技术冲击下的“经济服务化”趋势，产业发展从工业化社会向服务型社会转变，第三产业的增长快于第二产业，许多学者认为中国经济的高速增长源于前期第一产业向第二产业的加速转移所产生的“结构性加速”，当面临第二产业向第三产业转移阶段时，由于劳动生产率限制而产生“结构性减速”，为了反映产业结构的“服务化方向”，本节以第三产业产值与第二产业产值的比值（产业结构高级化指数，TS）作为产业结构高级化的代理变量。TS值越大表示经济发展越趋向于服务型经济。

产业结构合理化的含义是产业发展的协调度，反映了区域资源的有效利用，目前多数采用产业发展偏离度衡量，其公式为

$$E=\sum_{i=1}^{n}\left|\frac{Y_i/L_i}{Y/L}-1\right|=\sum_{i=1}^{n}\left|\frac{Y_i/Y}{L_i/L}-1\right| \tag{7-38}$$

式中，E为以偏离度表示的产业结构合理化程度；Y和L分别为产业产值和劳动数量；n为国民产业部门数量；i为产业，在经济均衡的状态下Y/L表示生产效率，当经济处于均衡状态时部门效率等于整体效率，即$Y_i/L_i=Y/L$，此时产业结构不存在偏离，偏离值$E=0$，也就是说产业部门处于劳动和经济完全均衡的状态。由于产业部门投入和产出效率的差异，部门间基本存在投入冗余和产出不足

等状态，此时 E 越大表示产业偏离程度越高，区域产业结构越不合理。干春晖等（2011）认为在偏离度基础上考虑产业部门在国民经济中的地位差异，结合泰尔指数（TLI）能够更好地反映产业结构合理性，其公式为

$$\mathrm{TLI}=\sum_{i=1}^{n}\left(\frac{Y_i}{Y}\right)\ln\left(\frac{Y_i}{L_i}/\frac{Y}{L}\right) \tag{7-39}$$

本章选取 TLI 作为产业结构合理化的度量指标，TLI 越大表示产业偏离程度越高，由于 TLI 是适度指标，因此我们将其转换为正向指标，由于 TLI 值以 0 为临界值，取值范围为[0, 2]，各地区历年 TLI 均未达到 0 的均衡状态，产业合理化指数 $\mathrm{TL}=-|\mathrm{TLI}-k|$，其中 k 是适度指标，其临界值为 0，在不改变数据分布规律的情况下将指标正向化，TL 值越大，产业结构越合理，其他符号含义与偏离度指数公式符号一致。

图 7-9 为经过测算得到的安徽省产业结构高级化和合理化指标的年平均值。可以看出 2006～2016 年安徽省产业结构高级化和合理化变动趋势并不十分明显。从产业结构高级化来看，产业结构高级化表示产业间的结构转移，产业从第一产业向第二产业、第三产业转移，以及第二产业向第三产业转移。2006～2009 年安徽省产业结构高级化出现缓慢的下降，高级化指数从 0.992 下降到 0.845，这一时期安徽省第三产业比例逐渐增加，但是其比例依然低于第二产业，因此以第三产业产值和第二产业产值的比值作为替代变量的产业结构高级化出现下降。2008～2011 年，受到经济危机的冲击及我国“四万亿”基础设施投资，使得安徽省产业得到了短暂的发展，此时产业结构高级化指数有所提升，在经济刺激计划实施以后，基础设施投资带来了效应递减，产业结构出现短暂下降，从 2011 年的 0.895 下

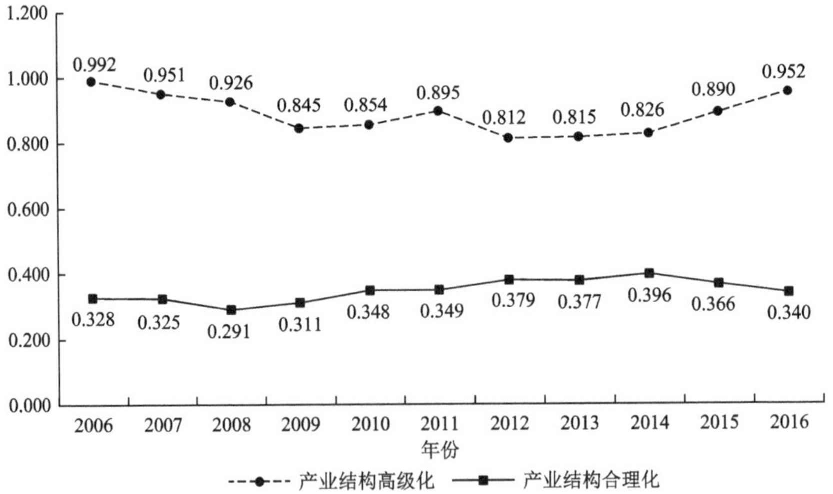

图 7-9 安徽省产业结构高级化和合理化变动趋势

降到 2012 年的 0.812，此后安徽省第三产业调整力度加大，第三产业赶超第二产业，产业结构高级化指数提高，此时由于地级市发展水平的差异，平均值较低，但是产业结构高级化指数达到了 0.9 以上。

从产业结构合理化方面来看，合理化表示产业之间要素配置的合理性，2006～2014 年安徽省产业结构合理化缓慢提升，保持稳定增长的状态，此时随着安徽省产业结构的不断完善、产业链的延长，产业部门之间的资源配置逐渐实现优化，带动了产业结构合理化指数的提升。2014 年以后，安徽省经济的高速增长带来了产业结构的变动需求，在 2014 年以前形成的产业合理结构不再适应当前经济发展需求，特别是我国经济新常态的出现，以往的产业资源配置阻碍了经济结构的优化，因此产业合理化指数出现下降趋势，给安徽省经济带来了冲击，但也为产业调整创造了契机。为了解决这一问题，需要政府进行产业干预，布局战略性新兴产业，促进传统优势产业优化升级，实现产业资源的重新配置。

图 7-10 为安徽省产业结构高级化和合理化的全域空间相关性 Moran's I 检验。从空间相关性来看，安徽省历年产业结构合理化具有较高的空间相关性，但是相关程度呈波动状态，在 2012 年以后空间相关性开始迅速下降。产业结构高级化指标的 Moran's I 指数相对较低，在 2006～2009 年呈现下降的趋势，在 2009～2011 年稳步提升，此后再次下降，在 2016 年 Moran's I 指数为 0.048，空间相关性程度较低。

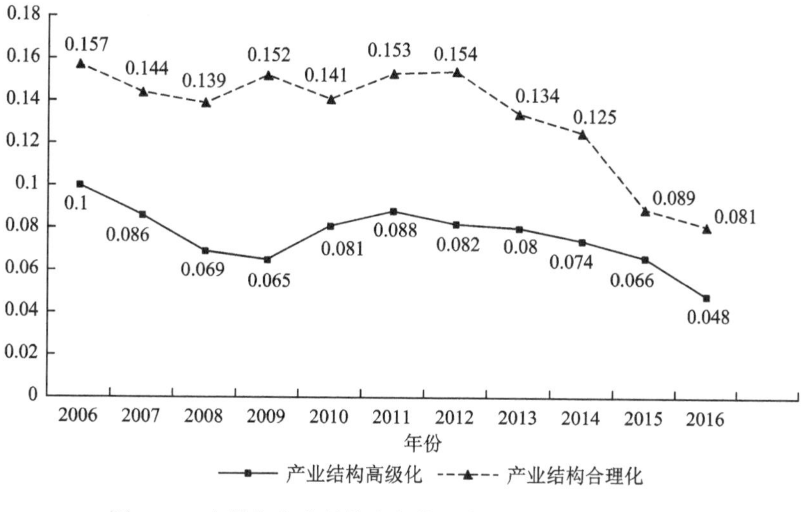

图 7-10 安徽省产业结构高级化和合理化空间相关性检验

（二）产业融合对安徽省产业结构的影响

根据空间相关性检验结果，采用空间计量模型进行实证检验具有合理性。我们分别对以产业结构高级化和产业结构合理化为被解释变量的模型进行空间SAR模型、SEM模型和SDM模型的检验，如表7-17所示。

表7-17 产业融合影响产业结构的空间模型回归结果

变量	产业结构高级化			产业结构合理化		
	SAR	SEM	SDM	SAR	SEM	SDM
IFD	0.058*** (0.002)	0.211*** (0.089)	0.187** (0.084)	0.242** (0.121)	0.239* (0.123)	0.138** (0.067)
K	−0.071*** (0.027)	−0.103*** (0.038)	−0.058 (0.044)	0.021 (0.023)	0.020* (0.011)	0.032 (0.039)
RD	5.426 (4.070)	3.929 (3.893)	6.813*** (2.661)	2.156 (3.536)	2.102 (1.322)	1.042** (0.457)
L	0.023 (0.026)	0.008 (0.028)	0.035 (0.029)	−0.029 (0.023)	−0.029 (0.023)	−0.030 (0.258)
OPEN	−0.171*** (0.059)	−0.169*** (0.058)	−0.182*** (0.059)	−0.005 (0.052)	−0.005 (0.052)	−0.004** (0.002)
FDI	−0.312 (0.619)	−0.302 (0.598)	−0.147 (0.642)	0.629 (0.534)	0.636*** (0.233)	0.550** (0.276)
常数项	1.080*** (0.320)	2.177*** (0.582)	1.974 (1.261)	0.091 (0.229)	0.095*** (0.004)	−0.865 (0.894)
Spatial-rho	0.718*** (0.061)		0.416*** (0.140)	0.605*** (0.257)		0.374*** (0.144)
Spatial-lambda		0.781*** (0.055)			0.386** (0.174)	
组内 R^2	0.5381	0.4485	0.7510	0.1237	0.1244	0.1369
样本量	176	176	176	176	176	176
LM-err		11.102 [0.001]			5.09 [0.024]	
LM-lag	7.499 [0.006]			8.428 [0.004]		
稳健 LM-err		2.434 [0.011]			13.166 [0.000]	
稳健 LM-lag	6.036 [0.014]			9.836 [0.002]		

注：***、**和*分别表示通过1%、5%和10%的显著性检验，小括号内为标准误，由于篇幅限制本章未给出SDM（W^*解释变量）的系数估计值。

在表 7-17 中，空间相关性系数 Spatial-rho 和 Spatial-lambda 均通过了 5%及其以上的显著性检验，因此认为模型具有空间相关性。LM 检验的结果显示，无论是产业结构高级化还是产业结构合理化，LM 检验和稳健 LM 检验的结果在 5%的水平上均拒绝原假设，因此依然认为 SDM 模型对于变量的拟合程度较好，采用 SAR 模型、SEM 模型和 SDM 模型对比来进行回归系数的分析，具体结果如表 7-17 所示。

根据表 7-17 的回归结果，从安徽省产业结构高级化方面来看，战略性新兴产业和传统优势产业的融合促进了安徽省产业结构高级化发展。SAR 模型、SEM 模型和 SDM 模型的估计系数均为正且在 5%及其以上的显著性水平显著。产业融合促进了安徽省战略性新兴产业相关产业的发展，特别是与战略性新兴产业相互关联的第三产业中的生产性服务业。战略性新兴产业布局促进了安徽省城镇化进程，促进更多的农业劳动力流向第二产业和第三产业部门。

从产业结构合理化方面来说，除了 SEM 模型在 10%水平上显著为正以外，SAR 模型和 SDM 模型中 IFD 对于产业结构合理化的系数估计都通过了 5%的显著性检验，且显著为正，说明战略性新兴产业和传统优势产业融合促进了产业结构合理化。产业融合本身就是产业内部资源优化配置的一个重要方面，安徽省战略性新兴产业和传统优势产业融合促进了劳动密集型产业向技术密集型产业转移，战略性新兴产业以新兴制造业部门为主，促进了安徽省制造业从低端服务加工向高端制造转变，提高了安徽省产业整体资源配置水平。

（三）溢出效应分析

表 7-18 为空间模型效应分解得到的产业结构高级化和合理化的直接效应、间接效应和总效应分解。

表 7-18　产业融合影响产业结构的空间效应分解

变量 IFD	直接效应	间接效应	总效应
产业结构高级化	0.104*** （0.039）	−2.955*** （0.525）	−2.852*** （0.542）
产业结构合理化	0.131** （0.068）	0.401* （0.241）	0.532** （0.211）

注：***、**和*分别表示通过了 1%、5%和 10%的显著性检验，小括号内为标准误。

从直接效应来看，产业融合在直接效应上对安徽省产业结构高级化的影响系数为 0.104，通过了 1%的显著性检验，说明产业融合直接促进了产业结构高级化，这与表 7-17 模型的系数估计结论是一致的。同样，IFD 指标对于安徽省产业结构合理化程度具有显著的促进作用，直接效应系数估计为 0.131，通过了 5%的显著性检验。

从溢出效应来看，产业融合对安徽省产业结构高级化产生负向的溢出效应，意味着本地区 IFD 的发展促进了本地区产业结构高级化，但是对于邻近地区的产业结构高级化却存在不利影响。造成这一情况的主要原因是产业融合吸引了大量的劳动力，特别是高素质劳动力，促进了劳动力的流动，农业人口和低端制造业人口受到本地区产业融合的发展影响，在企业层面上，企业更加倾向于在 IFD 较高的地区进行布局，从而吸引大量的企业入驻，这对于邻近地区的产业竞争是十分不利的。然而产业结构合理化却不必担心这一问题，主要是因为产业结构合理化是产业内部的资源配置，是劳动力在行业内部的流动，无非是从低端制造业流向本地区高端制造业，且低端制造业内部劳动和要素配置实现了优化，从企业层面来看，产业结构合理化是企业内部生产结构的调整，较少涉及技术和产品变革，更多的是对生产要素进行重组从而提高企业效率。因此，产业融合对于安徽省产业结构高级化和合理化的空间效应存在相反的效应。

第三节　小　　结

本章从实证角度出发，研究了安徽省产业融合的相关影响因素，并对产业融合以后带来的影响效应进行了分析。

本章首先分析了安徽省产业融合的影响因素，将影响因素确定为资本要素、劳动要素、技术水平、经济发展水平和对外开放程度等，将这些指标进行量化。采用安徽省 16 个地级市 2006～2016 年的数据，建立面板数据模型，以安徽省产业融合为被解释变量进行分析。为了检验模型估计结果的稳健性，采用静态面板、动态面板相结合的分析方法进行实证检验，研究发现：安徽省产业融合和本书选取的相关影响因素之间存在明显的相关关系和长期稳定趋势，因此计量模型设定具有合理性。静态面板的随机效应、固定效应和动态面板的 GMM 估计都说明本章选取的影响因素对安徽省产业融合有影响，多种模型估计和检验方式显示本章研究，得到以下结论。

（1）各地区产业融合受到自身产业发展水平的影响。动态面板的 GMM 估计将产业融合的滞后效应纳入模型中发现，上一期产业融合水平较高的地区倾向于对本期产业融合具有正向的促进作用。因此，各地区产业融合发展程度应该坚持与自身发展水平相适应，采用连续渐进的发展方式，避免过快发展，脱离本地区市场实际需求，导致产业低水平融合带来产能过剩。对于产业融合程度较高的地区而言，应该保持自身的优势，不断促进产业在更高水平融合；产业融合程度较低的地区应该打好自身产业融合的基础，为未来产业发展提供良好的根基。

（2）社会固定资本、研发水平、人力资本等要素资源的估计显示，这些因素在安徽省传统优势产业和战略性新兴产业的融合过程中发挥了至关重要的作用。社会资本、研发水平和人力资本是产业发展的基本要素，安徽省要在更高层次促进两种产业有机协调融合需要加大招商引资力度，吸引更多的资本流入产业发展中，吸引民间资本进入两种产业发展和协调领域。同时安徽省需要做好技术研发支持和人才支持，建立技术创新支撑体系、人才培养和引进体系，为安徽省产业融合带来更多的要素支撑。

（3）对外开放程度和服务业发展水平等外部因素对安徽省战略性新兴产业和传统优势产业融合也起到了催化和带动作用。安徽省应该加强对外开放程度，特别是在战略性新兴产业发展领域和技术引进领域，吸引国外发达国家战略性新兴产业和先进技术入驻安徽省产业基地，吸引更多的外商投资解决安徽省资本不足的问题。同时加强安徽省自身建设，发展与产业融合相关的生产性服务业体系，为安徽省产业融合提供金融服务和技术平台支撑。

在安徽省战略性新兴产业和传统优势产业融合发展以后，将会给安徽省带来怎样的影响？本章第二部分主要围绕这一主题展开，考虑到产业融合可能带有空间作用，因此采用安徽省 16 个地级市 2006～2016 年的面板数据建立空间面板数据模型，从静态和动态的角度考察了安徽省战略性新兴产业和传统优势产业融合对经济增长、绿色全要素生产率提升和产业结构升级的影响，研究发展安徽省产业融合和相关因素存在明显的空间关联，产业融合对安徽省经济各项指标具有直接影响和空间溢出效应影响，得到以下结论。

（1）从经济增长来看，2006～2016 年安徽省经济增长的空间关联逐渐加强，区域之间的经济水平差异变大。根据空间面板数据模型的估计，安徽省战略性新兴产业和传统优势产业融合对于安徽省经济增长的系数估计为正，直接促进了安徽省经济增长，但是战略性新兴产业和传统优势产业融合的趋势尚未完全发挥，未来需要进一步强化安徽省两种产业对经济增长的拉动作用，将产业融合作为安徽省经济增长的新动力。产业融合对安徽省经济增长的直接效应和溢出效应均为正，说明产业融合带动了邻近地区经济增长，意味着安徽省各地区促进产业融合可以有效地拉动安徽省整体经济水平的提升，有利于缩小安徽省各地区发展水平的差异。

（2）从绿色全要素生产率来看，本章首先采用 DEA 模型估计了安徽省资源与环境双重约束下的绿色全要素生产率，发现 2006～2016 年，安徽省各地市的全要素生产率指数总体效率有着明显的提升。但是部分区域绿色发展程度较低，需要加强绿色全要素生产率的建设。产业融合对绿色全要素生产率的直接效应和空间效应均为正，意味着安徽省战略性新兴产业和传统优势产业的融合能够带动安徽省绿色全要素生产率整体水平的提升。绿色全要素生产率包含生态环境与经济增长两个层面，进行产业融合能够淘汰落后产能，对安徽省传统的高能耗和高污染企业进行治理和淘汰，且战略性新兴产业以高新技术和清洁生产为主，降低了环境污染水平。战略性新兴产业的发展可以带动经济增长水平的提升，因此产业融合可以从整体上促进安徽省绿色全要素生产率的提升。

（3）从产业结构来看，安徽省战略性新兴产业和传统优势产业融合会从产业结构高级化和合理化两个层面影响产业结构。高级化是指产业从第一产业向第二产业、第三产业转移，为了反映当前产业服务化的发展趋势，本章以第三产业产值与第二产业产值的比值作为产业结构高级化的代理变量；产业结构合理化是指产业内部资源配置效率的提升，本章以产业偏离度和泰尔指数相结合的方式进行衡量。实证发展产业融合有利于产业结构高级化和合理化，但是空间溢出效应存在差异。产业结构合理化的溢出效应为正而高级化的溢出效应为负，说明产业融合对两种产业发展态势的空间效应影响存在差异。安徽省两种产业融合，可以促进产业结构高级化和合理化，但是需要正确处理好地区产业结构升级之间的竞争问题。依托两种产业的发展和融合，促进良性竞争，避免恶意竞争。

第八章　促进产业融合的政策建议

第一节　促进产业融合的基本原则

一、坚持产业融合和经济发展相协调原则

安徽省战略性新兴产业的发展首先需要坚持产业规模为主的原则。战略性新兴产业规模只有达到一定水平才能产生规模效应，降低产业发展成本，吸引更多的战略性新兴产业在安徽省内布局，能够促进技术的交流和提高科研成果的产业化速度。安徽省形成较为完善的战略性新兴产业发展体系，才能充分地融入长江三角洲城市群，带动长江经济带沿线产业的发展，带动东部地区传统优势产业升级改造和战略性新兴产业的发展，从而将战略性新兴产业作为安徽省的主导产业部门。

其次，考虑战略性新兴产业在国民经济中的比例问题。安徽省属于经济较不发达的地区，传统优势产业在安徽省国民经济发展和促进就业中起到了十分关键的作用，当前其是安徽省的主导产业和支柱产业，在发展安徽省战略性新兴产业的过程中需要考虑两种产业之间的协调，使得传统优势产业不断地进行技术改造，从而发展成为战略性新兴产业部门，安徽省应重视两种产业的互动发展，逐渐提升信息产业在国民经济中的地位和比例。

最后，考虑安徽省的资源、经济和社会条件。根据安徽省现有产业优势和未来发展优势产业与资源，选择合理的战略性新兴产业部门。安徽省传统优势产业和战略性新兴产业发展需要根据安徽省人才、自然资源和产业基础进行选择，虽然强调政府在战略性新兴产业发展和传统优势产业在转型升级中的主导地位，但是社会经济规律依然起到了基础性作用，政府产业引导上应该坚持客观经济规律。另外，其需要跟周边地区产业相互促进，与长江三角洲地区、长江经济带和中部地区进行互动发展，采取合理规划、统一布局的方式，对战略性新兴产业和传统优势产业进行循序渐进的改革，避免产业重复建设带来的资源浪费和内部不良竞争导致的产业整体实力的削弱。

二、坚持产业融合政策应符合产业发展规律

无论是安徽省传统优势产业的发展还是战略性新兴产业的发展都需要服从基

本的产业发展规律，不符合产业规律和经济规律的产业注定不可持续发展并且损害安徽省经济的健康发展，在安徽省传统优势产业和战略性新兴产业融合过程中需要遵循以下产业规律。

第一，保持政策的连续性和合理性，安徽省战略性新兴产业的发展政策应该与省内传统优势产业结构的调整和升级相适应。当前安徽省正处于传统优势产业结构转型调整升级阶段，安徽承接长江三角洲、长江经济带和中部地区经济腹地，地理位置和经济地位十分重要。在这一产业发展阶段，需要认识到传统优势产业仍然是安徽省国民经济支柱产业，对于安徽省经济增长、劳动就业和居民生活有重要地位，战略性新兴产业培育和发展并达到主导产业的地位需要较长的一段时间。安徽省在制定相关战略性新兴产业发展政策规划时，需要结合省内现状，综合权衡考虑各方面的经济、社会和居民生活因素，既要保证传统优势产业的技术改造，又要不断促进战略性新兴产业能够得到充分发展，使其拥有发展的良好环境。

第二，充分考虑区域差异。安徽省地级市发展水平差别较大，皖南地区虽然经济基础较为雄厚但是以传统工业和旅游业为主，是安徽省传统优势产业的主要集聚地；皖中地区是安徽省的经济和政治中心，也是安徽省战略性新兴产业重点布局的地区；皖北地区自然资源丰富，人口较为稠密是安徽省主要的农业生产基地，但是经济水平相对落后。在布局战略性新兴产业时，需要考虑各地区产业和经济的差异，皖南地区需要重视传统优势产业的技术改造，皖北地区需要建立完善的工业基础，依托农业发展优势建立起相关产业的战略性新兴产业门类。在制定各地区战略性新兴产业发展的政策规划时，应充分考虑各地级市和产业园区产业发展的自然和社会经济条件，使各地区能够形成具有本区域独特优势的产业门类。

第三，保持政策渐进性。战略性新兴产业的发展不是一蹴而就的，战略性新兴产业与传统优势产业一样是一个不断发展的过程，符合产业生命周期的基本规律，现有新兴产业不断成熟，新的产业不断涌现。根据本章的分析，不同阶段的战略性新兴产业发展的重点和需要的政策各有不同。因此，安徽省战略性新兴产业发展中各个新兴产业部门处于不同的发展环节，就需要不同的相对政策倾向及不同方面的产业政策扶持。安徽省各地方政府在制定本地区战略性新兴产业发展相关政策时，应充分考虑产业不同时期、不同产业生命周期的发展目标和重点，有针对性地给战略性新兴产业的发展提供合理有效的政策支持。

三、理顺市场与政府的关系

根据本书的分析，无论是在国际范围还是我国整体层面的战略性新兴产业发展经验，任何时候要保持战略性新兴产业的合理发展，都需要重视政府引导在相关产业发展中的重要地位，但是政府引导需要与客观经济规律相结合，只有正确地处理市场和政府的关系，才能促进战略性新兴产业健康有序的发展。在战略性新兴产业发展中，市场与政府之间的关系必须坚持以下基本原则。

首先，政府引导与市场开发有机结合。政府在进行战略性新兴产业发展过程中需要摆正自身的位置，始终处于产业引导地位，政府对于企业的引导主要体现在产业政策层面；广泛的市场需求是战略性新兴产业相关产业和产品发展的基础，可以促进战略性新兴产业的规模扩大和技术创新。政府在制定产业发展政策时，需要重点关注战略性新兴产业相关产品和企业的宣传力度，正确引导消费者接受及消费相关产业新型产品，为战略性新兴产业发展提供良好的市场环境，建立较为持续稳定的市场需求，从而使得战略性新兴产业的发展具有可持续性。

其次，保证企业的主体地位，重视中小企业发展。在政策制定过程中，企业需要处于市场的主体地位，政府处于引导和服务的地位。企业是创新和产品生产的主要力量，要保证相关企业的主体地位，重视中小企业发展，解决中小企业融资困难的问题，促进中小企业技术创新。在产业发展中，以政府的相关政策支持为企业发展的辅助手段，保证产业规模效应的发挥。

最后，政府多种调节政策相结合。战略性新兴产业的发展不仅需要对相关产业的直接支持，也需要配套的财政政策、税收政策、金融政策、贸易政策和科技创新政策等的支持。各地方政府在促进战略性新兴产业发展的过程中，需要结合行政立法政策、财政和税收政策及政府服务政策，为企业发展创造较好的法制环境、政策环境和服务环境，充分利用各种政策的优点进行相互补充。在相关政策的制定和执行过程中，应结合战略性新兴产业地区和行业发展的特点，在不同时期、不同生命周期发展阶段综合使用各种类型的配套政策。

第二节　建立合理的产业发展定位

一、强化比较优势，实现竞争优势

安徽省的装备制造业、原材料生产、能源相关产业等传统优势产业以劳动密集型产业和初级加工业为主，具有较强的产业比较优势，但在传统优势产业比较优势逐渐减弱，对经济贡献逐渐降低的情况下，发达地区的资本和技术密集型产业迅速发展，这样安徽的产业与经济较为发达地区的产业相比又处于较为明显的竞争劣势地位。因此，安徽省如何强化自身的比较优势并建立具有自身特色的竞争优势，是当前安徽省传统优势产业发展必须面对的主要问题。解决这一问题最根本的方式就是要能够有效地提高生产力水平。然而劳动生产力水平的提高并不是具体的单一的，而是由多种相关因素综合交叉决定的，其中技术与研发水平是最为关键的核心因素。近几年来，随着全球技术的发展和科技革命成果的扩大，新材料、新技术、新设备的使用使安徽省的一些传统优势产业的生产力得到了较大幅度的提高，从而重新具有了相对竞争优势，使得部分产业在市场竞争中重新具有优势。因此，安徽省产业发展充分利用最新的高新技术和先进的产业技术，通过对传统优势产业的升级改造，提高传统优势产业的产业附加值和技术含量，提升传统优势产业相关技术水平，增强产业综合竞争力，并提升传统优势产业对经济增长的贡献。

安徽省具有丰富的劳动力资源，在两种产业融合过程中一方面需要发挥这一比较优势，将劳动力资源转化为现实生产力，另一方面需要在产业升级的过程中解决劳动力就业问题。高端装备制造业的发展必然对劳动力素质提出更高的要求，智能制造业的发展也必然带来劳动力需求的降低，因此安徽省在战略性新兴产业和传统优势产业融合的过程中需要正确处理好发展与就业的关系。使安徽省丰富的劳动力资源有效地转化为区域竞争优势的目标可以通过以下两条途径实现：第一，提高技术创新水平，将高新技术的发展与劳动力培育相结合，在技术引进与创新以后加强对劳动力的培育，使得劳动力能够以最快的速度掌握新的技术，实现产业“干中学”，提升劳动力素质，这样安徽省可以利用丰富的劳动力资源降低生产成本，并发挥高新技术产品的竞争优势。第二，通过对传统优势产业深加工，提高产业附加值，延长产业链，将劳动力纳入战略性新兴产业发展的产业链条中，对于无法进行知识更新的劳动力，单纯进行劳动培训难以提升劳动者素质，特别是在老龄化背景下劳动力年龄层次偏高，此时需要对传统优势产业进行技术改造，将传统优势产业纳入战略性新兴产业的产业链中，可以为战略性新兴产业提供低廉的原材料支持，此时安徽省可以凭借劳动密集型产业和传统优势相结合获取竞争优势，创造地区产业发展特色。

二、以传统优势产业为基础，淘汰落后产能

战略性新兴产业需要依托传统优势产业的技术积累、市场和产业组织等方面的支持，没有传统优势产业提供产业配套设施，那么战略性新兴产业的发展将是不可持续的。我国的战略性新兴产业发展战略确定以后，各地区抢先进行战略性新兴产业的布局，选择本地区的战略性新兴产业并进行大规模的招商引资，布局战略性新兴产业发展集聚基地。然而在发展过程中，大多数省份将新能源产业、新材料产业、生物产业和新一代信息技术作为本地区的战略性新兴产业，产业相似程度较高，致使我国在全国层面上的产业发展面临着总体结构性产能过剩的风险，对我国自然资源、生态环境、土地和劳动力等生产要素造成了较大的供给压

力，不利于全国战略性新兴产业的整体发展和区域协作，也对我国战略性新兴产业链和产业生态系统的构建造成了较大的危害，因此安徽省需要与周边地区的战略性新兴产业布局加强协作，避免与邻近省份的重复建设，同时安徽省内也要避免产业部门的重复建设和内部不良竞争。

安徽省战略性新兴产业的布局一定要坚持总体规划与区域特色相结合的原则，在主题功能区合理规划的基础上，结合地区传统优势产业发展和要素条件进行战略性新兴产业布局。对战略性新兴产业的产业部门布局、传统优势产业结构调整、未来产业发展等方面进行统筹规划，避免为了地方政府政绩及和享受国家和省内补贴，进行低水平的战略性新兴产业布局和建设，从而在产业布局和产业结构上对战略性新兴产业的布局进行规划，缓解战略性新兴产业领域新的结构性产能过剩。各地级市和产业园区应该确定自身战略性新兴产业发展的优势目标，具有产业的整体布局规划和科学的指导思想，建立具有比较优势的差异化战略性新兴产业发展战略。依托本地区和经济特色和产业基础，对战略性新兴产业的行业特征进行细化和特色化，扩展战略性新兴产业的新领域，找到战略性新兴产业中与本地区相匹配的优先和重点发展领域。与邻近省份、地区和产业园区进行合作交流，避免产业趋同和重复竞争带来的资源浪费，避免产业间恶性竞争给我国或者安徽省整体产业发展带来的不利影响。

安徽省地区经济表现出十分明显的区域特色，皖中地区集中了安徽省内优势的科技、人才和产业部门，是安徽省重要的战略性新兴产业布局地区，带动了全省战略性新兴产业的发展。皖南地区传统优势产业发展力量雄厚，与长江三角洲地区的区位距离较近，是安徽省连接长江三角洲的重要战略区域，因此可以承接长江三角洲产业转移，依靠长江三角洲技术优势首先进行传统优势产业的技术升级改造。皖北地区农业基础较为雄厚，人口密集劳动力丰富，传统工业基础相对薄弱，但是具有发展生物产业的独特优势。安徽省应该在现有地区经济和产业发展特色的基础上，对技术先进、具有国内甚至国际竞争力的产业部门和产业基地进行重点布局，对于经济发展水平较低的地区而言，短期内难以布局大规模的战略性新兴产业集群，盲目地进行产业建设将会造成失业严重、生态恶化及大规模的产能过剩。对于落后地区而言，应该承接东部沿海和省内先进地区的产业转移，建立战略性新兴产业发展的基础，强化现有产业优势，逐步推动产业的优化升级。

对于落后产能而言，无论是传统优势产业还是重复建设的低端战略性新兴产业，应及时淘汰不符合产业发展趋势的产业部门。落后产业是指科技含量较低、经济效益较差、环境污染较多的产业部门。由于落后产业的生产设备和制造工艺较为落后，多数传统优势产业存在较为严重的产能过剩，特别是安徽省钢铁、水泥等行业的产能过剩更为严重。安徽省淘汰落后产业产能、治理产能过剩，能够从多个层面影响传统优势产业的发展，特别是对于产业组织结构的优化可以提升产业效率，营造良好的产业外部环境。因此安徽省在进行传统优势产业升级改造的过程中需要积极与战略性新兴产业进行产业对接，从不同的层面和渠道进行产业合作和交流，积极扩展自身发展与产品增值的渠道。传统优势产业可以与战略性新兴产业通过转型、升级、关联和共享等方式进行产业对接。传统优势产业转型即传统优势产业通过自身技术进步与产品革新，将自身生产的产品转变成与战略性新兴产业相关的产品；产业升级也即通过对自身生产工艺的改进，延长产业价值链，并提高产业附加值，向产品价值链的前端和后端进行扩展；产业关联即将传统优势产业作为战略性新兴产业的产业链关联部门，为战略性新兴产业发展提供原材料、技术、人才以及服务等；产业共享也即是传统优势产业与战略性新兴产业的发展并存，共享产业要素、人才和技术等，传统优势产业和战略性新兴产业双向发展，共同作为地区经济的主要驱动因素。安徽省战略性新兴产业和传统优势产业的发展需要正确处理二者之间的产业发展模式，只有这样才能对战略性新兴产业和传统优势产业进行合理定位。

第三节　建立产业融合发展的支撑体系

一、创建基础支撑体系

首先，完善基础设施体系的建设。促进战略性新兴产业和传统优势产业的融合需要稳定的市场和较为完善的配套体系，完善的服务体系可以增强产业的自主创新能力。战略性新兴产业的发展具有超前的产业发展特征，在产业生命周期阶段属于萌芽期和发展期的生命周期内，面临市场不稳定及消费者接受能力较弱的问题。因此，需要合理地安排战略性新兴产业相关项目发展的进度，努力提升相关产业配套基础设施建设的技术水平和技术标准，只有这样才能有效地解决战略性新兴产业市场不足的问题。战略性新兴产业部门之间是相互联系的，如智能电网的建设对电网材料具有较高的要求，带动了新材料产业的发展，智能电网也为新能源产业、新一代信息技术等提供了基础，战略性新兴产业 7 个主要产业分类在产业发展中的定位是不同的，因此需要统筹发展，及时为产业部门建立完善的配套设施。

其次，进行适当的财政倾斜。安徽省地区经济水平的差异导致其在战略性新兴产业支撑中财政资金的差异，因此在安徽省战略性新兴产业发展中，除了产业的重点支持以外，需要对产业不平衡的地区适当地给予政策照顾和财政倾斜，可以有效地促进地区发展的平衡性，带动落后地区经济发展，缩小省内经济和城乡收入差距。政府对于战略性新兴产业的财政支撑应该更多地向基础设施建设领域倾斜，同时广泛地吸纳社会资本进入战略性新兴产业领域，进一步降低政府财政负担和地方债务风险，发挥社会资本在战略性新兴产业发展中的重要作用。政府应该鼓励社会资本参与战略性新兴产业投资，对于此政府可以采取多种措施进行调节：①限定政府投资范围，将政府的投资主要用于具有外部性的公共物资，特别是社会公共属性和非营利领域的基础设施建设，具有经营性和营利性的基础设施领域则可以向企业和社会开放，保障投资者具有收益性；②制定社会资本参与战略性新兴产业投资的法律法规和实施细则，对于社会资本的进入进行必要的规范，保障社会资本投资和收益的合法性，保障投资者的合法权益；③扩宽民间资本和企业资本参与战略性新兴产业投资的融资渠道，发行企业中长期债券和股份，在企业担保和资产抵押方面创造比较好的融资环境，吸引更多的中小企业进入战略性新兴产业领域。战略性新兴产业的发展基础最重要的是创新基础和信息技术，欧洲等地区也将新一代信息技术的布局作为战略性新兴产业的基础进行建设，因此基础设施建设要引导企业在传统优势产业调整和自主创新方面的作用，通过降低产业信息化融合成本来推动战略性新兴产业和传统优势产业的融合。

最后，建立生产性服务业基础。战略性新兴产业是具有很强产业关联的产业，与金融服务、技术服务等生产性服务业之间存在着较强的产业关联。生产性服务业是服务业的主要门类之一，是指为产业生产的中间投入提供服务的平台或者企业，主要是为其他企业生产经营提供研发、采购、金融、人才和物流支持等，降低企业的生产成本。生产性服务业是制造业和服务业交叉形成的产业部门，是当前产业发展的趋势之一。生产性服务业的发展水平决定了地区产业的发展程度和可持续性，对其他产业也具有很强的带动作用。发达国家的传统优势产业向新兴产业转移，企业的价值链不断提升，中间投入环节增加，此时生产性服务业起到了更加重要的中介作用。生产性服务业在企业研发设计、品牌管理和战略运行等环节提升自身价值链。发达国家十分重视战略性新兴产业的发展，生产性服务业超过服务业总量的70%，而且发达国家服务业占经济总量的比例也基本超过 70%，因此生产性服务业对产业的发展至关重要。这就意味着战略性新兴产业的发展需要依托良好的生产性服务业。安徽省应该顺应全球生产性服务业的发展趋势，并结合我国当前大力发展生产性服务业的历史前提，大力发展效率高、层次高的生产性服务业，为传统优势产业和战略性新兴产业的发展融合提供更加全面和多角度的服务，推动两种产业在更高的水平上实现协调发展。

二、建立创新和人才体系

1. 营造良好的创新环境

技术创新是战略性新兴产业与传统优势产业融合的关键影响因素。无论是战略性新兴产业发展还是对传统优势产业的技术改造，都离不开对技术的创新和生产工艺的改进，创新是两种产业协调融合及我国整体产业升级转型的基本动力源泉。战略性新兴产业本身就是第三次科技革命的直接成果。因此，技术创新是促进产业发展的关键所在，技术创新需要完善的发展环境和支撑体系。

第一，建立产业支撑的科技体系。科技创新是当前产业体系的基础支撑，对于现代产业体系的建立具有十分重要的作用。在安徽省战略性新兴产业和传统优势产业融合发展的过程中，需要建立健全科技的长效投入机制，鼓励技术创新并加强对于知识产权的保护，建立创新鼓励机制，对于具有前沿科研成果的产业转换提供政策和财政支持，全面提升安徽省技术创新水平，促进创新成果突破和自主知识产权申请。安徽省传统优势产业的发展需要的核心装备和关键技术作为产业升级改造的核心，加强政策和研发支持力度，纳入安徽省科技发展的相关规划，提高传统优势产业产品的科技附加值。对于战略性新兴产业的重点发展项目应该安排专项的财政资金进行研发支持，支持相关企业和产业基地在新一代信息技术、高端装备制造业、新能源、新材料、新能源汽车、生物产业和节能环保产业方面具备核心技术能力。对于国外的先进技术，要及时引进并吸收改造，培育自身的自主创新能力和科技转换能力。

第二，加快创建区域技术创新平台。创新平台是地区科技发展和交流的重要平台，也是创新体系建设的关键节点。创新平台的建设可以有效地促进共性技术和技术性技术的发展与交流，促进创新资源和技术资源整合，促进研发机构、企业进行技术研发和应用合作。当前安徽省区域创新平台的建设较为落后，是产业发展的薄弱环节，特别是一些地区没有创新平台导致研发机构、高等院校与企业之间难以建立长期稳定的研发合作关系。研发机构和高等院校难以了解企业应用层面的技术需求，企业也缺乏相应的人才和技术支撑，企业之间可共享的技术同样缺乏交流渠道，造成了科技研发工作的分散性，导致技术扩散和技术积累速度的降低。因此，需要加快建立安徽省特色技术创新平台，建立科研机构、高等院校和研发型企业相互协调、共同参与的全省性和区域性相结合的各层次技术创新平台，形成共性技术和技术性技术的有效扩散和应用机制。鼓励高等院校、科研机构成为扶持企业研发的中坚力量，企业成为高等院校和科研院所创新实践及成果转换的重要平台，促进产学研紧密的结合并降低企业创新成本和风险。对于技术交流和技术扩散，政府部门应该给予支持和资助，通过加强知识产权和专利保护促进企业的研发和技术推广，维护企业技术扩散的基本利益。

第三，促进企业成为技术创新的主体。我国早已提出企业应该成为技术创新和成功转换的主体，但是实行起来遭到重重困难，难以真正地落到实处。安徽省战略性新兴产业和传统优势产业要有效地协调融合就必须将这一理念推广应用。安徽省应该推动研发体系的改革与创新，坚持产学研有机结合的创新体制，引导科研力量向企业特别是拥有高新技术的中小企业进行转移。扩展企业与高等院校的合作机制和合作途径，建立并巩固企业的研发主体地位，为安徽省创新链和产业发展有效对接奠定基础。发挥企业在核心技术和基础性研发中的作用，加强研发主体之间的有效协调和创新，突破当前安徽省产业发展和产业融合的技术瓶颈，掌握前沿技术和核心技术。在政府合理有效的战略性新兴产业和传统优势产业发展融合的总体规划下，鼓励并引导企业在技术创新的过程中更加关注产业应用前沿技术，建立自身的研发中心，开发自主知识品牌，加强研发投入对大型企业和国有企业的支持，充分发挥其资本、人才、设备的优势，培育自身具备国内甚至国际前沿技术的研发中心。重视中小企业研发中心的建立，鼓励中小企业向应用型技术进行研发。形成大中型企业及中小型企业在技术创新的前沿领域与应用领域的优势互补和协调发展。

2. 加强人才体系建设

在安徽省战略性新兴产业和传统优势产业融合的过程中，人力资本同样发挥了重要的作用。人力资本作为技术的基本载体，对于产业发展的作用仅次于技术创新能力，是战略性新兴产业发展的基础条件之一。无论是战略性新兴产业还是传统优势产业的发展，高素质人才都是稀缺的要素，也是企业的最主要核心竞争力。安徽省皖中地区能够成为战略性新兴产业的主要集聚地，最主要的因素就是这一地区集中了安徽省的主要高等院校，拥有大批高素质人才。因此，只有建立完善的人才培养、人才吸引和引进机制，鼓励人才创新，才能为安徽省战略性新兴产业和传统优势产业融合和发展提供保障。

第一，建立人才培养机制。安徽省应该围绕战略性新兴产业和传统优势产业的融合和发展建立完善的多层次人才培养机制，培育高素质复合人才、一线技术人才和高级管理人员。安徽省集中了中国科学技术大学、合肥工业大学和安徽大学等一批国家“双一流”建设高等院校及一批国内知名的高等院校，具备完善的学科体系和人才培养体系，但是现有人才的培养与战略性新兴产业的发展仍然存在脱节现象，因此开展新的学科体系，培育战略性新兴产业高级创新型人才是高等院校未来改革的主要方向，高等院校还需要与国内外企业和研究机构进行重点合作，培育高技能的复合型人才。与此同时需要加强职业教育培育，围绕战略性新兴产业的发展，对现有产业劳动力和其他劳动人员进行职业培育，为战略性新兴产业发展和传统优势产业技术升级改造提供一批高素质的一线技术人才。对于重点企业和重点领域的管理人才，需要建立高级经理培训机制，使得管理人员掌握行业的最新动态；培育一批具有国际战略影响力和较高管理能力、创新能力的企业管理者。

第二，建立人才引进机制。安徽省需要建立有效的人才吸引政策，引导来自国内外的战略性新兴产业发展和传统优势产业技术改造领域的人才入驻。设立安徽省产业发展的急缺人才目录，并制订相应的人才引进计划，为引进的人才提供物质和政策等多层面的保障。发挥政府在人才引进领域的主导作用，为国内外掌握现代核心技术的人才、产业管理领军人才、技术研发人才和产业应用人才等高层次人才的引进提供政策保障。为引进的人才提供住房，解决其子女和配偶的生活工作问题，建立完善的保障机制，提高人才引进的服务效率。为引进的高层次人才提供科研、资金等支持，达到引得进和留得住人才的目的，完善人才引进、留住、创新和考核体制。

第三，创新人才激励机制。采取公平公正的人才激励措施，无论是安徽省自身培育的高素质人才还是引进的高层次人才，都需要建立一系列的激励措施。首先建立人才发展基金，通过政府专项资金、社会捐助和企业参与的方式设定人才发展基金，为安徽产业发展培育人才和引进人才进行支持，对人才知识、专利和创新成果进行奖励。其次设定产权激励制度，对安徽省战略性新兴产业和传统优势产业发展和融合具有突出贡献的人才实行股权奖励、年终分红等形式的奖励措施，鼓励创新成果产业化。最后建立完善的人才评定和考核机制，将人才培养和引进分成若干专业技术等级并享受不同待遇。定期对高层次人才进行考核，对符合特定条件的人才实行等级晋升等制度，为高层次人才的发展提供目标和优厚的待遇，从而鼓励高层次人才不断创新。

三、完善政策支撑体系

战略性新兴产业和传统优势产业的融合离不开政府的引导，目前安徽省虽然已经出台了一系列的政策措施来促进产业融合，但是仍然没有达到预期效果。因此，安徽省和各地级市政府及产业园区需要不断地强化引导机制和推动机制，确定本地区长期和短期的产业发展规划，保持政策的稳定性和渐进性。

第一，产业政策。在对战略性新兴产业进行有效扶持的同时，坚持战略性新兴产业发展和传统优势产业升级改造相辅相成，加强两种产业的融合发展和统筹兼顾，不能顾此失彼，导致安徽省产业发展的不均衡。对于企业的金融和科技支持应该同时兼顾公平和效率，创造企业获取两类产业发展资源的公平竞争的制度环境，有效地避免过度关注战略性新兴产业而导致传统优势产业在要素资源分配上的不公平性，影响安徽省整体经济复兴。在相关产业的人才培养政策和科研经费划拨上，具备技术改造条件的传统优势产业和要重点培育的战略性新兴产业享受同样的产业优惠政策，有效地促进两类产业进行融合发展，促进技术研发的合作与交流，从而为技术的扩展和产业化应用提供有效保障。在人才培育和引进政策上，同时重视传统优势产业相关人才和战略性新兴产业人才，具备技术改造潜力的传统优势产业的人才待遇也应该与战略性新兴产业相匹配，缩小与战略性新兴产业人才待遇的差距，避免不公平性。

第二，财政政策。确定战略性新兴产业和传统优势产业发展在技术、产品和市场上的明确的关系，有效地引导社会资本合理流动。与此同时对地区现有产业进行定期的监督，坚决淘汰落后产能。通过多种政策解决战略性新兴产业发展和传统优势产业升级的资金问题。发挥财政对产业融合的有效促进作用，建立完善的财政促进产业融合政策和机制。安徽省战略性新兴产业的发展处于起步加速阶段，当前人才匮乏，人力资本成本较高，研发费用较大投资回报周期较长且面临较大的研发风险，另外产品市场范围较小，较难打开产品销售市场。这就导致民间资本不敢贸然进入安徽省产业融合相关领域。此时政府需要强化自身的引导属性，引导更多的战略性新兴产业吸纳民间资本进入，扩宽民间资本投资战略性新兴产业和传统优势产业升级改造的途径和领域。

第三，金融政策。首先需要鼓励科技金融产业进行有效的创新。战略性新兴产业的大多数企业以高新技术企业为主，且多数企业是中小型企业，我国中小型企业发展面临较大的问题。安徽省需要在政策上给予中小型科技型战略性新兴企业更多的支持。特别是我国中小型企业发展最大的限制是融资困难，这一现象在安徽省的表现同样突出，因此安徽省需要解决中小型企业的融资难题，降低企业融资成本。加强中小型企业政府融资和民间融资的有效结合，提升两种融资的对接效率。另外，需要培育一批具有带动作用的重点战略性新兴产业相关企业进行上市，进行股权融资。对于部分核心科技企业，需要政府部门对其进行扶持，鼓励其在主板市场顺利上市，对于实力较好的中小型企业而言，鼓励并扶持一部分企业在中小板或者创业板顺利上市，解决其融资难题。

第四，贸易和开放政策。安徽省近年来经济高速增长的主要原因是对外开放程度的提升，但是由于其对外开放程度低于东部沿海地区，安徽省经济增长和战略性新兴产业发展也落后于东部沿海地区。从短期来看，对外开放有可能会使安徽省部分贸易受到冲击，造成失业率提升和环境污染等问题。但从长期收益来看，坚持对外开放有利于利用外资企业的知识溢出，有利于安徽省企业学习国外战略性新兴产业发展和产业融合的先进技术和管理经验，对于安徽省战略性新兴产业和传统优势产业的发展具有明显的促进作用。与此同时对外开放可以促进安徽省产业内部各部门的融合交流，使其共同参与国际竞争。因此，安徽省在产业融合发展的政策上，应将重点加强区域对外开放程度，积极与国外先进产业进行交流学习，引进先进的技术和产品。

安徽省提升战略性新兴产业和传统优势产业对外开放程度，需要从以下方面进行：第一，推进国际技术创新合作与进行全方位交流。鼓励企业和高等院校积极与国外进行创新和人才交流，建立长期的交流机制，学习先进技术，引进并吸收先进设备和管理经验。通过政策优惠吸引知识密集型的高新技术战略信息产业在安徽设立研发合作机构，促进安徽省创新水平的提升。支持安徽省内部相关企业与外部企业展开合作，开展研发服务外包活动。吸引战略性新兴产业发展水平较高的企业特别是大型跨国企业入驻安徽省战略性新兴产业基地，带动安徽省战略性新兴产业的发展和传统优势产业的改造。第二，推动企业扩大战略性新兴产业出口。而要支持企业扩大出口，对于有条件的企业鼓励其积极开展跨国经营。通过财政和贸易政策的有效激励，争取国外对产业发展和融合有利的战略资源，特别是重视技术先进的地区或者企业间的交流合作，与新兴产业发展突出的发达国家和地区进行跨国经营与合作。加大产品的出口力度，以发达国家的技术标准进行产品生产，加强与发达国家和地区在战略性新兴产业相关领域的合作交流，引进资本，学习并吸收先进的技术和管理，全面提升安徽省产业发展和产业融合的国际化水平。安徽省各地级市和战略性新兴产业集聚基地应结合自身战略性新兴产业和传统优势产业当前发展的实际需要和未来产业发展的战略定位，努力营造出有利于外商投资的良好环境。在战略性新兴产业和传统优势产业投资项目的选择上，需要重点引进一批在国际上具备技术含量较高、产业关联度高、发展潜力较大等特点的项目，从而实现优势互补和强势整合，最终实现战略性新兴产业与传统优势产业的相互融合和发展。

参 考 文 献

敖永春，金霞. 2012. 区域战略性新兴产业选择基准和方法研究——以重庆市工业行业为例. 科技管理研究，32（17）：121-124.

毕克新，王禹涵，杨朝均. 2014. 创新资源投入对绿色创新系统绿色创新能力的影响——基于制造业 FDI 流入视角的实证研究. 中国软科学，（3）：153-166.

陈晓峰. 2012. 生产性服务业与制造业互动融合：特征分析、程度测算及对策设计——基于南通投入产出表的实证分析. 华东经济管理，（12）：9-13.

陈晓永，张会平. 2013. 战略性新兴产业与传统产业关系动态分析. 商业研究，55（2）：70-73.

程宇，肖文涛. 2012. 地方政府竞争背景下的战略性新兴产业选择. 福建论坛（人文社会科学版），（2）：30-35.

杜俊涛，陈雨，宋马林. 2017. 财政分权、环境规制与绿色全要素生产率. 科学决策，（9）：65-92.

冯赫. 2010. 关于战略性新兴产业发展的若干思考. 经济研究参考，（43）：62-68.

付帼，卢小丽，武春友. 2016. 中国省域绿色创新空间格局演化研究. 中国软科学，（7）：89-99.

干春晖，郑若谷，余典范. 2011. 中国产业结构变迁对经济增长和波动的影响. 经济研究，1(5)：4-16.

龚新蜀，李津津. 2016. 丝绸之路经济带核心区战略性新兴产业选择与评价——基于 TOPSIS 的灰色关联模型. 科技管理研究，36（21）：68-73.

郭连强. 2011. 国内关于“战略性新兴产业”研究的新动态及评论. 社会科学辑刊，（1）：152-155.

胡大立，谌飞龙，刘志虹. 2017. 技术链驱动下的战略新兴产业全球价值链高端化发展路径研究. 当代经济，（29）：12-13.

赫希曼 A，余幼宁. 1982. 发展经济学的兴衰. 国外社会科学，（7）：32-36.

贺正楚，吴艳. 2011. 战略性新兴产业的评价与选择. 科学学研究，（5）：678-683.

贺正楚，吴艳，陈一鸣. 2015. 生产服务业与专用设备制造业耦合发展研究. 系统管理学报，24（5）：778-783.

贺正楚，张蜜. 2011. 战略性新兴产业的评价指标体系研究——基于几类产业内涵和特征比较的视角. 学海，（6），70-75.

贺正楚，张训，周震虹. 2010. 战略性新兴产业的选择与评价及实证分析. 科学学与科学技术管理，31（12）：62-67.

黄海霞，张治河. 2015. 基于 DEA 模型的我国战略性新兴产业科技资源配置效率研究. 中国软科学，（1）：150-159.

黄建康，赵宗瑜，施佳敏，等. 2016. 江苏省战略性新兴产业发展的金融支持研究——基于上市公司的实证分析. 科技管理研究，36（2）：95-100.

贾根良，杨威. 2012. 战略性新兴产业与美国经济的崛起——19 世纪下半叶美国钢铁业发展的历史经验及对我国的启示. 经济理论与经济管理，V31（1）：97-110.

焦俊，李垣. 2011. 基于联盟的企业绿色战略导向与绿色创新. 研究与发展管理，23（1）：84-89.
克鲁格曼 P. 2010. 战略性贸易政策与新国际经济学. 海闻等，译. 北京：中信出版社.
黎春秋，熊勇清. 2011. 传统产业优化升级模式研究：基于战略性新兴产业培育外部效应的分析. 中国科技论坛，（5）：32-37.
李少林. 2015. 战略性新兴产业与传统产业的协同发展——基于省际空间计量模型的经验分析. 财经问题研究，（2）：25-32.
李晓华，吕铁. 2010. 战略性新兴产业的特征与政策导向研究. 宏观经济研究，（9）：20-26.
梁军，赵方圆. 2016. 新兴产业与传统产业互动的影响因素研究——基于省际面板数据的实证分析. 软科学，30（2）：13-18.
梁威，刘满凤. 2017. 我国战略性新兴产业与传统产业耦合协调发展及时空分异. 经济地理，37（4）：117-126.
林学军. 2012. 战略性新兴产业的发展与形成模式研究. 中国软科学，（2）：26-34.
林毅夫. 1999. 中国的奇迹：发展战略与经济改革. 上海：上海人民出版社.
林毅夫，蔡昉，李周. 1999. 比较优势与发展战略——对“东亚奇迹”的再解释. 中国社会科学，（5）：4-20.
凌江怀，胡雯蓉. 2012. 企业规模、融资结构与经营绩效——基于战略性新兴产业和传统产业对比的研究. 财贸经济，（12）：71-77.
刘洪昌. 2011. 中国战略性新兴产业的选择原则及培育政策取向研究. 科学学与科学技术管理，32（3）：87-92.
刘铁，王九云. 2012. 区域战略性新兴产业选择过度趋同问题分析. 中国软科学，（2）：115-127.
刘文辉. 2009. 企业绿色经营创新研究. 青岛：中国海洋大学.
刘艳. 2013. 中国战略性新兴产业集聚度变动的实证研究. 上海经济研究，（2）：40-51.
柳光强，田文宠. 2012. 完善促进战略性新兴产业发展的税收政策设想——从区域税收优惠到产业优惠. 中央财经大学学报，（3）：1-5.
陆立军，于斌斌. 2012. 传统产业与战略性新兴产业的融合演化及政府行为：理论与实证. 中国软科学，（5）：28-39.
马媛，侯贵生，尹华. 2016. 企业绿色创新驱动因素研究——基于资源型企业的实证. 科学学与科学技术管理，37（4）：98-105.
聂爱云，何小钢. 2012. 企业绿色技术创新发凡：环境规制与政策组合. 改革，（4）：102-108.
沈孟康. 2012. 因子分析法对区域战略性新兴产业选择的实证研究. 企业经济，（9）：108-111.
宋德金，刘思峰. 2014. 战略性新兴产业选择评价指标与综合决策模型. 科技与经济，27（1）：66-70.
宋马林，金培振. 2016. 地方保护、资源错配与环境福利绩效. 经济研究，（12）：47-56.
宋马林，王舒鸿，汝慧萍，等. 2010. 基于省际面板数据的 FDI 绿色创新能力统计分析. 中国软科学，（5）：143-151.
孙军，高彦彦. 2012. 产业结构演变的逻辑及其比较优势——基于传统产业升级与战略性新兴产业互动的视角. 经济学动态，（7）：70-76.
汪涛，赵国栋，王婧. 2016. 战略性新兴产业创新政策研究：以 NEVI 为例. 科研管理，37（6）：1-9.
王兵，吴延瑞，颜鹏飞. 2010. 中国区域环境效率与环境全要素生产率增长. 经济研究，（5）：95-109.

王洪波，刘艳，肖凤军. 2017. CEO调节焦点、绿色创新与企业绩效研究. 科技进步与对策，34（7）：82-87.
王小明. 2016. 区域传统优势产业与战略性新兴产业协同融合发展研究. 经济体制改革，（4）：50-55.
王新新. 2012. 战略性新兴产业的理论研究及路径选择. 科技进步与对策，29（8）：52-57.
王宇，刘志彪. 2013. 补贴方式与均衡发展：战略性新兴产业成长与传统产业调整. 中国工业经济，（8）：57-69.
王宇露，江华. 2012. 企业环境行为研究理论脉络与演进逻辑探析. 外国经济与管理，（8）：26-34.
王哲，沙国，胡伟. 2017. 安徽省战略性新兴产业全要素生产率测度——基于DEA-malmquist指数模型. 华东经济管理，31（6）：25-30.
王忠宏，石光. 2010. 发展战略性新兴产业 推进产业结构调整. 中国发展观察，（1）：12-14.
翁钢民，李凌雁. 2016. 中国旅游与文化产业融合发展的耦合协调度及空间相关分析. 经济地理，36（1）：178-185.
吴传清，周勇. 2010. 培育和发展战略性新兴产业的路径和制度安排. 学习月刊，（19）：8-9.
吴慈生，沈玉龙，李洋，等. 2010. 安徽省战略性新兴产业发展现状分析与建议. 安徽科技，（2）：20-22.
谢丹. 2016. 福建省制造业与服务业融合发展研究. 福州：福建农林大学.
熊兴华. 2015. 战略性新兴产业选择的实证研究——以浙江省为例. 决策与信息旬刊，（4）：5，7.
熊勇清，郭杏. 2014. 战略性新兴产业对传统产业溢出效应的实证检验——基于两部门模型的多维视角分析. 软科学，28（10）：1-5.
熊勇清，李世才. 2010. 战略性新兴产业与传统产业耦合发展的过程及作用机制探讨. 科学学与科学技术管理，31（11）：84-87.
杨栩，管国政，杨增煜. 2017. 基于DMF-AHP-EM-WT的战略性新兴产业优选——以黑龙江省为例. 科技管理研究，37（3）：138-145.
应瑞瑶，周力. 2009. 资源禀赋与绿色创新——从中国省际数据的经验研究看“荷兰病”之破解. 财经研究，35（11）：92-102.
应天元. 1997. 系统综合评价的赋权新方法——PC-LINMAP耦合模型. 系统工程理论与实践，17（2）：9-14.
筱原三代平. 1990. 产业结构论. 北京：中国人民大学出版社：74-75.
于会娟，姜秉国. 2016. 海洋战略性新兴产业的发展思路与策略选择——基于产业经济技术特征的分析. 经济问题探索，（7）：106-111.
于津平，吴小康. 2016. 战略性新兴产业发展中的区域竞争与地方政府补贴. 经济理论与经济管理，（3）：101-112.
苑清敏，赖瑾慕. 2014. 战略性新兴产业与传统产业动态耦合过程分析. 科技进步与对策，（1）：60-64.
张春玲，吴红霞，刘遵峰. 2013. 低碳经济下区域战略性新兴产业评价与选择. 生态经济（中文版），（5）：132-135.
张钢，张小军. 2011. 国外绿色创新研究脉络梳理与展望. 外国经济与管理，（8）：25-32.
张钢，张小军. 2014. 企业绿色创新战略的驱动因素：多案例比较研究. 浙江大学学报（人文社会科学版），44（1）：113-124.
张敬文，江晓珊，周海燕. 2016. 战略性新兴产业技术创新联盟合作伙伴选择研究——基于

PLS-SEM 模型的实证分析. 宏观经济研究，（5）：79-86.
张小军. 2012. 企业绿色创新战略的驱动因素及绩效影响研究. 杭州：浙江大学.
张银银，邓玲. 2013. 创新驱动传统产业向战略性新兴产业转型升级：机理与路径. 经济体制改革，（5）：97-101.
赵玉林，石璋铭. 2014. 战略性新兴产业资本配置效率及影响因素的实证研究. 宏观经济研究，（2）：72-80.
甄志勇，毕克新. 2011. 制造业绿色创新与地方政府行为关联分析. 哈尔滨工程大学学报，32（8）：1091-1097.
周力. 2010. 中国绿色创新的空间计量经济分析. 资源科学，32（5）：932-939.
周叔莲，裴叔平. 1984. 试论新兴产业和传统产业的关系. 经济研究，（8）：35-41.
周远翔. 2015. 安徽省战略性新兴产业和传统产业耦合发展的统计研究. 合肥：安徽财经大学.
朱李鸣. 2010. 加快培育战略性新兴产业："十二五"优化产业结构重中之"重". 浙江社会科学，（12）：11-14.
Anderson T W，Hsiao S. 1981. Estimation of dynamic models with error components. Publications of the American Statistical Association，76（375）：598-606.
Andonova L B. 2003. Openness and the environment in central and eastern europe：Can trade and foreign investment stimulate better environmental management in enterprises? Acoustics Speech & Signal Processing Newsletter IEEE，12（2）：177-204.
Arellano M，Bond S. 1991. Some tests of specification for panel data：monte carlo evidence and an application to employment equations. Review of Economic Studies，58（2）：277-297.
Arellano M，Bover O. 2004. Another look at the instrumental variable estimation of error-components models. Journal of Econometrics，68（1）：29-51.
Balassa B. 1982. Structural adjustment policies in developing economies. World Development，10（1）：23-38.
Barro R J. 1989. A cross-country study of growth，saving，and govemment. Nber Chapters：2855.
Battese G E，Rao D S P. 2002. Technology gap，efficiency，and a stochastic metafrontier function. International Journal of Business and Economics，1（2）：87.
Battese G E，Rao D S P，O'donnell C J. 2004. A metafrontier production function for estimation of technical efficiencies and technology gaps for firms operating under different technologies. Journal of Productivity Analysis，21（1）：91-103.
Baudat G，Anouar F. 2000. Generalized discriminant analysis using a kernel approach. Neural Omputation，12（10）：2385-2404.
Beise M，Rennings K. 2003. Lead markets of environmental innovations：a framework for innovation and environmental economics. ZEW Discussion Papers，13（2）：193-201.
Blundell R，Bond S. 1998. Initial conditions and moment restrictions in dynamic panel data models. Economics Papers，87（1）：115-143.
Bond S R. 2002. Dynamic panel data models: a guide to micro data methods and practice. Portuguese Economic Journal，1（2）：141-162.
Braun E，Wield D. 1994. Regulation as a means for the social control of technology. Technology Analysis & Strategic Management，6（3）：259-272.

Brunnermeier S B，Cohen M A. 2003. Determinants of environmental innovation in US manufacturing industries. Journal of Environmental Economics & Management，45（2）：278-293.

Carrillo-Hermosilla J，Río P D，Könnölä T. 2013. Diversity of eco-innovations：reflections from selected case studies. Journal of Cleaner Production，18（10）：1073-1083.

Chakrabarti A K，Lester R K. 2002. Regional economic development：comparative case studies in the US and Finland. Engineering Management Conference，（2）：635-642.

Chen Y S，Lai S B，Wen C T. 2006. The influence of green innovation performance on corporate advantage in Taiwan. Journal of Business Ethics，67（4）：331-339.

Chenery H B，Watanabe T. 1958. International comparisons of the structure of production. Econometrica，26（4）：487-521.

Claude-Gaudillat V，Quelin B V. 2003. Dynamic competition and development of new competencies. Enhancing Inter-Finn Net-works and Inter-organizational Strategies，（3）：137.

Cleff T，Rennings K. 1999. Determinants of environmental product and process innovation. European Environment，9（5）：191-201.

Dawson N，Martin A，Sikor T. 2015. Green revolution in sub-saharan africa：implications of imposed innovation for the wellbeing of rural smallholders. World Development，78（5）：204-218.

Day G S，Schoemaker P J H，Gunther R E. 2004. Wharton on Managing Emerging Technologies. New York：John Wiley & Sons.

de Vries F P，Withagen C. 2005. Innovation and environmental stringency：the case of sulfur dioxide abatement. SSRN Electronic Journal，（18）：1-34.

Demirel P，Kesidou E. 2011. Stimulating different types of eco-innovation in the UK：government policies and firm motivations. Ecological Economics，70（8）：1546-1557.

Dollar D. 1993. Technological differences as a source of comparative advantage. American Economic Review Papers and Proceedings，83(2)：434-435.

Eiadat Y，Kelly A，Roche F，et al. 2008. Green and competitive? An empirical test of the mediating role of environmental innovation strategy. Journal of World Business，43（2）：131-145.

Eskeland G S，Harrison A E. 2003. Moving to greener pastures? Multinationals and the pollution haven hypothesis. Journal of Development Economics，70（1）：1-23.

Freeman C，Perez C. 1988. Structural crises of adjustment，business cycles and investment behaviour//Dosi G，Freeman C，Nelson R，et al. Technical Change & Economic Theory. London：Frances Pinter：38-66.

Fussler C，James P 1996. Eco-innovation：a breakthrough discipline for innovation and sustainability. London：Pitman Publishing.

Gambardella A，Torrisi S. 1998. Does technological convergence imply convergence in markets? Evidence from the electronics industry. Research Policy，27（5）：445-463.

Geels F W. 2002. Technological transitions as evolutionary reconfiguration processes：a multi-level perspective and a case-study. Research Policy，31（8）：1257-1274.

Granger G A，Shacks S J，Williams T W，et al. 1969. Lymphocyte *in vitro*，cytotoxicity：specific release of lymphotoxin-like materials from tuberculin-sensitive lymphoid cells. Nature，221（5186）：1155-1157.

Hartwig J. 2009. A panel Grangercausality test of endogenous vs. exogenous growth. KOF Working Papers.

Hartwig J. 2010. Is health capital formation good for long-term economic growth? Panel Granger-causality evidence for OECD countries. Journal of Macroeconomics，32（1）：314-325.

Hayami Y, Ruttan V W. 1970. Agricultural productivity differences among countries. The American Economic Review，60（5）：895-911.

Hemmelskamp J. 1997. Environmental policy instruments and their effects on innovation. European Planning Studies，5（2）：177-194.

Huber J. 2004. New Technologics and Environmental Innovation. Northhampton：Edward Elgar Publishing.

Kammerer D. 2009. The effects of customer benefit and regulation on environmental product innovation.：empirical evidence from appliance manufacturers in germany. Ecological Economics，68（8）：2285-2295.

Keizera J A，Halman J I M，Song M. 2002. From experience：applying the risk diagnosing methodology. Journal of Product Innovation Management，19（3）：213-232.

Kilkenny M，Nalbarte L. 2002. Keystone Sector Identification// Hewings G J D，Sonis M，Boyce D. Trade，Networks and Hierarchies. Heidelberg：Springer-Verlag.

Klemmer P，Lehr U，Löbbe K. 1999. Environmental Innovation：Incentives and Barriers. Berlin：Analytica.

Klepper S. 2010. The origin and growth of industry clusters：the making of silicon valley and detroit. Journal of Urban Economics，67（1）：15-32.

Kong T，Feng T，Ye C. 2016. Advanced manufacturing technologies and green innovation：the role of internal environmental collaboration. Sustainability，8（10）：1056.

Kremer M. 1993. Population growth and technological change：one million B.C. to 1990. Quarterly Journal of Economics，108（3）：681-716.

Ley M C,Stucki T,Woerter M. 2016. The impact of energy prices on green innovation. Energy Journal，37（1）：41-75.

Momaya K，Ajitabh A. 2005. Technology management and competitiveness：Is there any relationship? Biological Sciences in Space，17（17）：249-250.

Oltra V，Jean M S. 2009. Sectoral systems of environmental innovation：an application to the french automotive industry. Technological Forecasting & Social Change，76（4）：567-583.

Osterwalder A，Pigneur Y，Tucci C L. 1998. Clarifying business models：origins，present，and future of the concept. Communications of the Association for Information Systems，16（16）：751-775.

Porter M E. 1996. What is strategy? Harvard Business Review，74（6）：61-78.

Qi G Y，Shen L Y，Zeng S X，et al. 2010. The drivers for contractors' green innovation：an industry perspective. Journal of Cleaner Production，18（14）：1358-1365.

Rao D S，O'donnell C J，Battese G E. 2003. Metafrontier functions for the study of inter-regional productivity differences. Centre for Efficiency and Productivity Analysis. Working Paper Series, No. 01/2003.

Rehfeld K M，Rennings K，Ziegler A. 2007. Integrated product policy and environmental product innovations：an empirical analysis. Ecological Economics，61（1）：91-100.

Rostow W W. 1990. The Stages of Economic Growth：A Non-Communist Manifesto. Cambridge：Cambridge University Press.

Schiederig T，Tietze F，Herstatt C. 2011. What is Green Innovation? A Quantitative Literature Review. Hamburg University of Technology Working Paper.

Segura-Bonilla O. 2003. Competitiveness，systems of innovation and the learning economy：the forest sector in Costa Rica. Forest Policy and Economics，5（4）：373-384.

Shu C，Zhou K Z，Xiao Y，et al. 2016. How green management influences product innovation in china：the role of institutional benefits. Journal of Business Ethics，133（3）：471-485.

Song M，Guan Y，Wang J，et al. 2016a. Evaluation of urban industrial ecological transformation in China. Clean Technologies & Environmental Policy，18（8）：1-14.

Song M，Wang S. 2015. Environmental efficiency evaluation of china based on a kind of congestion and undesirable output coefficient. Panoeconomicus，62（4）：453-468.

Song M，Zheng W. 2016. Computational analysis of thermoelectric enterprises' environmental efficiency and bayesian estimation of influence factors. Social Science Journal，53（1）：88-99.

Song M，Zheng W，Wang Z. 2016b. Environmental efficiency and energy consumption of highway transportation systems in China. International Journal of Production Economics，181：441-449.

Song M L，Zhou Y X，Zhang R R，et al. 2015. Environmental efficiency evaluation with left-right fuzzy numbers. Operational Research，17（3）：697-714.

Sturgeon T J. 2002. Modular production networks：a new american model of industrial organization. Industrial & Corporate Change，11（3）：451-496.

Sudaryanto. 2003. A Fuzzy Multi-Attribute Decision Making Approach for the Identification of The Key Sectors of an Economy：The Case of Indonesia. Aachen：RWTH Aachen University.

Suzuki J，Kodama F. 2004. Technological diversity of persistent innovators in Japan：two case studies of large japanese firms. Research Policy，33（3）：531-549.

Thomas B，Stephanie E，Daniel K，et al. 2007. Explaining green innovation：ten years after porter's win-win proposition：How to study the effects of regulation on corporate environmental innovation? Politische Vierteljahresschrift，39：323-341.

Tone K. 2002. A slacks-based measure of super-efficiency in data envelopment analysis. European Journal of Operational Research，143（1）：32-41.